本书受江西省教育科学"十四五"规划2021年度青年专项课题"'一带一路'视域下江西省留学生教育的跨文化传播实践研究"(课题编号:21QN001)资助和南昌大学"来华留学生教育的跨文化传播实践研究"项目(批准号:NCUCTWH202306)支持。

媒介权力与总统操纵的变奏

——特朗普与主流媒体的博弈

张 焱 著

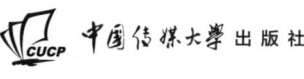
中国传媒大学出版社

·北京·

目 录

第一章 特朗普与媒体博弈的研究背景与意义 / 001
第一节 研究背景 / 002
第二节 研究问题及理论价值 / 004
第三节 实践意义 / 005

第二章 总统与媒体权力博弈的理论基础综述 / 007
第一节 "感知操纵"的研究综述 / 008
第二节 传播政治经济学研究综述 / 013

第三章 美国主流媒体权力面临挑战 / 018
第一节 作为"第四权力"的媒体权力 / 019
第二节 总统权力：美国政治权力运行的中心 / 020
第三节 媒体权力对政治权力的影响 / 020
第四节 美国主流新闻界面临的六重困境 / 022
第五节 新闻专业主义：遭受攻击的美国媒体权力壁垒 / 035

第四章 "后现代总统"的崛起 / 047
第一节 后现代主义的争议与解释价值 / 047
第二节 "后现代总统"的定义和特点 / 051
第三节 "后现代总统"特朗普的媒体修辞特点分析 / 063

第五章　特朗普对媒体的操纵策略与模式　/ 074

第一节　传统媒体时代总统对媒体的操纵模式　/ 075

第二节　特朗普对主流媒体操纵的外部条件　/ 079

第三节　特朗普对美国主流媒体的操纵策略　/ 090

第四节　特朗普对传统媒体的操纵模式　/ 099

第六章　传播政治经济学视域下权力的博弈　/ 103

第一节　特朗普与媒体的关系：利用与对抗的叠加态　/ 104

第二节　特朗普对民粹主义的政治考量　/ 109

第三节　双方博弈的经济共识　/ 122

第四节　新语境下话语权的重新分配　/ 126

第五节　权力的博弈预示着媒介向熵增的方向进化　/ 130

第七章　结论　/ 148

参考文献　/ 151

第一章

特朗普与媒体博弈的研究背景与意义

哈贝马斯在其《公共领域的结构转型》中认为,自19世纪后半叶以来,尤其是从1873年经济大萧条开始,资本主义发展进入一个新阶段,即从"自由资本主义"(liberalcapitalism)转型为"当下资本主义"("late capitalism",也被译为"晚期资本主义")或"有组织的资本主义"(organized capitalism)、"发达资本主义"(advanced capitalism)。[①] 在此阶段,国家干预社会领域与公共权限向私人组织转移同步进行,这一转变逐渐破坏了资产阶级公共领域"公""私"的界限,消解了原本属于私人领域的话语空间。

特朗普现象就生动阐释了哈贝马斯的私人领域与公共领域相融合的趋势,以及大众媒体式微的论断。公共领域研究总是要讨论大众媒体这个话题,但哈贝马斯等人了解到"公共领域"和"私人领域"正在融合,而"社会领域"和"内心领域"正在分化,公众正在从"文化批判"走向"文化消费",[②]这些现实变化让他们不得不承认公共领域的政治结构与社会功能正在发生变革,大众传播在其中的角色也正在退化。

特朗普批评的主流媒体制造"假新闻"问题,与大众媒体过去一百多年里不断为谋取商业利益而牺牲公共利益,过度迎合消费集体的娱乐需求而丧失批判性有关。美国历史学家丹尼尔·布尔斯廷提出了"假事件"(pseudo-event)这一术语,后该术语演变成"媒介事件"(media event)(Boorstin,1961),是指美国的政治所经历的娱乐化和广告化现象。哈贝马斯借用传播学学者威尔伯·施拉姆(Wilbur Schramm)的术语阐述:即时报偿新闻(内容涉及腐败、事故、灾难、漫画、体育、娱乐、社会新闻和

---

① 哈贝马斯. 公共领域的结构转型[M].曹卫东,译. 北京:学林出版社,1999.
② 哈贝马斯. 公共领域(1964)[J].天涯,1997(3):139-142.

有人情味故事的新闻)不断排挤延期报偿新闻(内容涉及公共事务、社会问题、经济事件、教育和健康的新闻),使公众由"文化批判"转向"文化消费",公众被操纵了。[①]

美国著名语言学家乔姆斯基1997年在 *Z Media Institute* 杂志发表了一篇题为《主流媒体何以成为主流》(What Makes Mainstream Media Mainstream)的文章,他将《纽约时报》和哥伦比亚广播公司等这类媒体称为主流媒体,同时也将它们叫作精英媒体。此类媒体运用财团的社会资本和影响力,宣称为社会多数的中产阶级服务,它们有足够的能力设置新闻的报道方式与框架,因此它们也被称作"议程设定媒体",报道严肃、解剖深入、信誉卓著、社会地位高,是这类主流媒体的基本特征。[②] 而在新媒介生态中,主流新闻媒体[③]不仅面临着比以往更严峻的生存危机,还面临着传播权力被挑战的境遇,例如"议程设置"权力会被社交媒体的流量裹挟,主流媒体往往只能充当跟进者的角色。这导致它们比以往更容易向资本与政治家妥协,且注定先于公众被操纵。正如学者罗宾·卡普兰(Robyn Caplan)和达纳·博伊德(Danah Boyd)所说,政治家、营销人员和模因制造者都在利用新闻媒体的动机来操纵其议程。[④] 新闻界长期以来盲目相信它们自己可以决定什么新闻有价值,这让许多新闻企业无法看到它们已经成为棋子的现实。特朗普与媒体的较量中,一方面体现了西方国家媒体的商业化成为私人利益侵略公共领域的入口;另一方面,商业性媒体在商业化过程中体现出越来越容易被操纵的趋势。[⑤] 尤其是在社交媒体出现之后,原本稀缺的注意力资源变得更加紧张,媒介技术的发展让原本压力巨大的新闻业更加无暇顾及"深度",只能被裹挟进与全民媒体的竞争之中。

第一节　研究背景

2016年的美国大选是一场令人大跌眼镜且盛况空前的"媒体奇观"(media spectacle)。"奇观"(spectacle)的概念由学者盖伊·德波德(Guy Debord)提出,认为晚期资本主义社会是无数"奇观的集合",这些奇观在构建商品化、大规模生产、消费和

---

① 于海. 公共领域的起源和演化——读哈贝马斯的《公共领域的结构转变》[J]. 社会,1998(6):47-48.
② CHOMSKY N. What makes mainstream media mainstream[J]. Z magazine,2015(10):17-23.
③ 正文中的"主流媒体"专指"美国主流媒体"。另外,国内主流媒体的内涵强调意识形态,与美国"主流媒体"的内涵不同,此处一并说明。
④ LAWRENCE R G. Book review:Trump and the media Trump and the media[M]. Cambridge:The MIT Press,2018:272.
⑤ LAWRENCE R G. Book review:Trump and the media Trump and the media[M]. Cambridge:The MIT Press,2018:272.

高度中介化关系的社会中起到了非常突出的作用。① 道格拉斯·凯尔纳（Douglas Kellner）在此基础上提出"媒体奇观"（media spectacle）概念，认为"媒体奇观"可以让受众统一观念，使得人们可以用一种特定的框架（例如娱乐）来审视这个世界。技术、政治与媒体奇观的关系使得受众进入特定的信念体系。用这个方法可以检视美国总统的选举和就任。② 2016年的这场美国大选已经被载入史册，"驴""象"之争中的共和党总统候选人特朗普，作为一个政治素人，凭借地产大亨、媒体红人的人设，以及其"推特总司令"的强大号召力，在共和党内初选中杀出重围，并最终以一匹黑马的姿态击败了本已胜券在握的民主党候选人希拉里，制造了美国这个超级大国近年来政坛最大的"黑天鹅"事件。

人们惊异于这样一个口无遮拦的房地产商人，究竟凭借什么力量攻击了建制派媒体，在所有候选人对媒体"和颜悦色"之时，他竟然猛烈挑战在美国享有第四权力之称的新闻媒体，最不可思议的是，他还胜利了。

"第四权力"是杰斐逊总统对新闻媒体的指称，媒体被看作"三权分立"之外的第四大权力，能够代表人民监督政府的权力。而在美国当时的历史条件下，"第四权力"具有自身概念的边界，即指被财团控制的、传播精英价值并设定议程框架的大众媒体。相对于现在的社交媒体，它是一种精英口味的媒体，传播的是精英团体想要传播的价值理念。而特朗普借助基于互联网的社交媒体这一新技术平台，公开"叫板"主流媒体，反复抨击它们违背了其奉若圭臬的"公正性""真实性""客观性"，在2016年的选战中，特朗普不但挑战了历届总统讳莫如深的"第四权力"，还以胜利告终。这一实践不得不令人深思，以麦克卢汉、英尼斯为代表的"技术决定论"在当下又一次一语成谶。

"第四权力"的概念发端于美国，然而对"第四权力"的最强挑战也出现在美国，特朗普表面看似在声讨传统媒体，背后则是在抨击美国一直引以为豪的新闻自由，是对精英政治的一次反抗，是他借助民粹主义对精英价值的挑战，是用美国优先对抗平等自由，体现了普通美国人与一直秉持"政治正确"的美国政客们的决裂。

特朗普作为美国第一个能够从精英媒体中成功突围的"推特总统"，是美国历史上最富有的总统，也是第一位在当选之前未在军队或政府任职过的总统。他的出现给美国本土和国际社会带来了极大的不确定性，其本人也饱受争议，尤其是他和媒体之间

---

① DEBORD G. Society of the spectacle[M]. Kalamazoo: Black & Red, 2002.
② BLANKENSHIP C M. President, wrestler, spectacle: an examination of Donald Trump's firing tweets and the celebrity apprentice as response to Trump's media landscape[J]. Journal of communication inquiry, 2020, 44(2):117-138.

的"战争",成了世界性的议题。

特朗普作为"后现代总统"成功问鼎白宫,带给人们很多难以解释的问题。例如,特朗普和媒体的博弈,表面上是特朗普与媒体的分裂,但特朗普一人能否和一个建制的集团博弈,到底是什么让特朗普有了战胜主流媒体的胜算?他荒谬的言论背后有怎样的逻辑?博弈背后揭示了怎样的媒介演化规律?特朗普和主流媒体的博弈中是否有一些力量被我们忽视了?这些没有出现的力量,以上帝视角,看着特朗普和主流媒体"你方唱罢我登场",媒体和特朗普像是厮杀在一起的野兽,而谁才是驯兽师?

本书拟以美国主流媒体和特朗普之间的权力博弈为研究对象,主要从传播政治经济学、符号学、后现代理论的视角,采取内容分析法、访谈法等,试图找到分析特朗普行为的有效框架,超越"左与右"的二分法,探讨博弈之中特朗普对主流媒体的操纵策略;分析博弈背后的传播权力转移所揭示的媒介演进方向;阐释"新闻专业主义"发端于美国,现今却又在美国受到前所未有挑战背后的思想与社会基础;揭示总统权力与媒体权力博弈背后,美国主流媒体和总统对话语权的争夺。

第二节 研究问题及理论价值

本书旨在通过对特朗普与主流媒体之间权力博弈的考察,探讨特朗普在新的媒介生态语境下对"第四权力"进行挑战和操纵的背景、策略、模式等。

本研究有如下理论价值。

首先,特朗普是美国第一个能够从精英媒体中成功突围的"推特总统",本书拟以他为切入点,从传播政治经济学理论视角,对美国的新闻自由观进行再审视,分析美国式新闻专业主义的局限性,探讨特朗普现象在美国发生的社会基础,以反思、发展有关媒介权力的已有理论。

其次,从媒介批评、符号学、后现代理论的角度对特朗普现象进行解释,总结其后现代风格的修辞特点,试图找到分析特朗普行为的有效框架,概括社交媒体时代特朗普操纵媒体的策略以及模式。

再次,借鉴物理学"熵增"原理,对后现代主义大师鲍德里亚的"熵"的概念在媒介演进方面的理论分析做进一步扩展,阐释传统传播理论例如"议程设置"等在美国当前媒介环境中所面临的局限性，对比传统媒体传播模式与"高熵媒体"传播模式的区别，提出权力博弈预示着媒介有向"高熵媒体"方向进化的规律。

最后，超越"左与右"的二分法，运用传播政治经济学的原理，结合特朗普与主流媒体博弈的过程，揭示当前美国新闻界遇到的新问题，探讨"第四权力"发端于美国，现今却又在美国受到前所未有的挑战这种现象背后暴露出的实质问题，阐释"资本势力"与政府、社会、新闻界之间矛盾的变化和所带来的深层次影响。

第三节　实践意义

笔者用一年时间赴美访学，既走访了美国各类社区，访谈了专家学者，又以"虚拟民族志"①的方式对美国社交媒体等网络社区中有关特朗普的议题进行了观察，记录了诸多相关案例和评论，以此分析特朗普的媒体修辞特点及其感知操纵策略，调查美国不同网民群体对特朗普的看法。

首先，本书以特朗普与主流媒体的博弈为研究对象，分析特朗普操纵主流媒体、挑战"第四权力"，获得选民信任的策略，揭示特朗普通过其个人演员般的表演手法，运用感知操纵的信息战方法，制造出"用美国反对美国""用后现代反对后现代"的幻象，并出其不意地发动政治攻势，扰乱世界既有政治秩序的行为；并概括其对传统媒体和选民进行感知操纵的策略、模式和特点。

其次，本书以特朗普本人的经历、性格特质，美国分裂的社会心态，"另类右翼"和反建制派运动为背景切入，旨在呈现特朗普用感知操作的方式制造出的政治幻象；并结合特朗普的成长经历以及社会身份的多重性，调查他执政后对主流媒体的态度及其管理方式多变的深层次逻辑。

再次，本节从媒介进化的角度，重新总结传播模式，审视既有理论对实践的指导意义，通过分析特朗普和美国主流媒体博弈的过程，总结政治传播和危机传播过程的管理经验。本书还对目前民粹主义等思想潮流予以关注，为如何避免相关风险提供参考案例。

---

① 高崇,李敏.虚拟民族志在传播研究中的运用——以对"SZ人在北京"QQ群组的研究为例[J].青年记者,2015(2):11-12.

最后,笔者通过走访医院、流浪汉社区,发现总统与媒体博弈之外的政治和经济利益所在。美国资本势力、政府权力、民主社会之间的矛盾变化,启发我们重新认识美国,以及美国内部的根本矛盾。

第二章

总统与媒体权力博弈的理论基础综述

新闻专业主义是美国媒体权力的天然壁垒。新闻界的监督权在1804年被时任美国总统杰斐逊(Thomas Jefferson)誉为对美国三权分立起制衡作用的"第四权力",其理论基础是以新闻专业主义为核心的新闻理念,其法律保证是美国宪法第一修正案,许多学者与政治家将其称为美国最重要的民权法案。第一修正案为新闻专业主义进行了合法性背书,使之成为保证媒体权力实施的基础。

总统长久以来与新闻界保持着微妙的关系。如何与媒体打交道,甚至操纵媒体议程,成了美国总统们的必修课。无论是"炉边谈话"的罗斯福,还是"电视总统"肯尼迪,他们都有着一套操纵媒体的方法论。而到了以特朗普为代表的"后现代总统"时代,社交媒体为总统提供了直达选民的通道,而社交媒体通过流量又倒逼主流媒体进入总统设置的议程,这无疑将传统媒体时代的"媒体操纵"相关理论进一步扩展到"感知操纵"的新语境。

媒体通过监督政府来实施自己的权力,总统通过行政和经济的干预手段来操纵媒体,这个动态关系背后是双方对话语权力的争夺,以及政治权力与经济利益对传播体系的干预与驱动。郭镇之在20世纪90年代末回顾了新闻专业主义的思想缘起,并且批判性地指出西方媒体在新闻专业主义话语下,有意无意地与政府和资本保持暧昧关系,甚至越来越成为一体。学者虞鑫、陈昌凤在其《政治性与自主性:作为专业权力的新闻专业主义》中,借用齐泽克"拜物教式的拒认"(fetishistic disavowal)的概念,表明了恰恰是新闻专业主义阻碍了西方新闻业的改革进程——从业者并非不知晓来自外部权力的间接控制,[①]但躲在新闻专业主义的话语之下,他们将这种经济与政治控制

---

① 虞鑫,陈昌凤. 政治性与自主性:作为专业权力的新闻专业主义[J]. 新闻大学,2018(3):8-16.

的认知假定为不可能,从而使得控制也变得常态化。① 故而分析总统与媒体的权力博弈,就无法回避传播政治经济学的理论框架,只有在传播政治经济学的视域下,我们才能更清晰地看到权力博弈背后的动因和机制。综上所述,本章将从感知操纵以及传播政治经济学两个方面进行文献综述,为后文的分析提供理论框架。

第一节 "感知操纵"的研究综述

本书选择感知操纵而不用媒体操纵为理论工具的原因在于,传统媒体时代要操纵公众,必须通过主流媒体,也就是说传统媒体时代的操纵重点是主流媒体,这显然已经不能说明目前的媒介生态新语境。社交媒体的出现让操纵者可以绕过传统媒体直接操纵公众,而所产生的巨大流量,又将主流媒体裹挟进来,收编主流媒体的议程,这成为操纵者对主流媒体进行操纵的新途径。"感知操纵"的对象包含两个:第一个是传统媒体;第二个是社交媒体用户。因此,"感知操纵"概念的外延更广,更能全面地说明特朗普与美国主流媒体博弈的背景、工具、策略和模式。

感知操纵(perception manipulation),又叫意识操纵,是信息化战争心理战体系中一种最基本也是最重要的方法,亦属于媒介效果研究范畴。最早这个概念出现于弗兰克·韦伯斯特(Frank Webster)的《信息社会理论》(*Theories of the Information Society*)一书的一个小节中,所以目前来说,直接以感知操纵为理论框架的研究并不多,但是感知操纵的相关概念和理论仍然大量散见于"信息战""舆论""宣传"等传播学议题的论著中,本节通过综合国内外相关研究,对感知操纵的产生背景、意义特征,以及与宣传的关系作简要论述。

一、"感知操纵"概念的产生背景

总统选举在美国被称为"选战",诚然,相较于武力的战场来说总统选举更贴近于信息战的形式,一场没有硝烟但火药味十足的"战争",弹药是每位候选人对各方面信息搜集、掌握、运用与传播的能力。弗兰克·韦伯斯特在其《信息社会理论》中提出,② 他们这一代人经历了工业战争的逐渐解体,信息战取代工业战,与以往战争相比,战争

---

① HEARNS-BRANAMAN J O. Journalistic professionalism as indirect control and fetishistic disavowal[J]. Journalism, 2013, 15(1):21-36.
② 韦伯斯特.信息社会理论[M].曹晋,译.北京:北京大学出版社,2011.

的信息维度乃是需要着重强调的,在信息战中,无论是对敌人的监视、资源的配置,还是针对国内外公共舆论的操纵,信息都扮演了一个非常强大的角色。随着军队的全球性分散,以美国为首的北约已经开发出一种异常复杂而耐用的命令和控制系统,以协调、评估和监管信息资源。保护和处理信息流的计算机通信基础设施是当代战争开展的前提条件,这亦是弱势的来源,因为命令和控制系统会在任何战争中成为首要被攻击的目标。

曼纽尔·卡斯特所预言的未来,大部分冲突将是"即时战争"(instant war),指相对比较短暂的对抗,在即时战争中,积极的战争行动往往只会持续几天或几个星期,美国及其北约盟友对中东的打击便是例子。也就是说,对外战争的发动将会依赖相对少的职业士兵,也预示着军队内部向"知识战士"转变,赤手空拳的肉搏能力将不被强调。关于战争的合理性会成为人们关注的重中之重,即对本国民众和全世界民众的感知操纵将成为重中之重,对于民主国家来说更为紧要,因为公共舆论会影响战争成果的核心因素,民众对战争领袖的担忧会促成国内的反战行动,这都直接影响军队战斗力的发挥。此外,政府忧心于公众因"误导类型"的图片产生激烈情绪,例如血泊中的尸体。因此,将领们就需要精心设计和操纵与战争相关的各种信息,但囿于"自由的媒体"抑或"新闻专业主义"的理念,要实现感知操纵就需要多种手段相结合——在操纵的同时最好能让人相信这些信息是来自媒体的"客观报道",以增加说服力。对1991年海湾战争的报道就是美国主导的传统媒体一流的感知操纵案例,大量的报道引起世界关注,但同时在信息上美国传统媒体也大量进行过滤。相比较而言,第二次海湾战争的感知操纵就不那么成功了,犯罪嫌疑人被电刑的画面不断被传送到后方电视荧幕上,美国国内反对的声音因此此起彼伏。

感知操纵带来了一种自相矛盾的结果。据弗兰克·韦伯斯特描述,一方面,它产生了更先进的宣传技巧;另一方面,传播手段的不断丰富导致信息不能够一直被引导至一个有利方向,结果难以尽如人意。新的变量正在不断加入感知操纵的实践。[1] 在信息社会到来后,感知操纵深陷矛盾境地。安东尼·吉登斯在描述"信息、自反性和监控"时强调,现代性民族国家必须拥有配置型资源和权威型资源,即管理与权力,这两项的核心在于控制和集中。这就陷入了"现代性的矛盾",在"非嵌入化"的后传统社会中(嵌入化是指人们受到所在村庄、自然的束缚,扮演着角色,只能做必须做的事而没有选择),人们的自由得到加强,选择增多,但民族国家为了保证安全与统治,就必须加强监控、信息搜集和风险评估。正如吉登斯所说的:"信息的爆炸会带来许多焦虑和不

---

[1] 韦伯斯特.信息社会理论[M].曹晋,译.北京:北京大学出版社,2011.

确定性,从而使我们身处矛盾之中,与我们的祖先相比,现在的我们可以更自由地选择和控制我们的生活,但是我们更不确定我们究竟应该怎样去行动,而我们的祖先只是'做他们所必须做的事'而已。"人们徘徊在自我选择与强大监控的悖论之间,感知操纵的手段日益丰富,而操纵的难度也在不断增加。

二、"感知操纵"的意义和特征

感知操纵,又叫意识操纵,谢·卡拉-穆尔扎(C. Kapp-Mypza)在其所写的《论意识操纵》(*Manipulate Conscience*)中,从社会学的角度剖析苏联解体的原因,并使用了"意识操纵"一词,"意识操纵"是"通过为人的行为编制程序来对人施加精神影响的一种统治方法"[①]。这种观点对我们理解感知操纵十分具有启发意义,只要理解了特定群体的思维框架,即谢·卡拉-穆尔扎所说的"行为编制程序",无论这个群体是穷白人还是所谓的主流媒体,都会被操纵。弗拉基米尔·亚历山大罗维奇·利西奇金、列昂尼德·亚历山大罗维奇·谢列平与谢·卡拉-穆尔扎看待战争的态度也非常接近,在利西奇金和谢列平二人所著的《第三次世界大战——信息心理战》中,他们也提出意识形态领域的攻击是苏联解体的原因,甚至更为直接地将1946年到1991年间美苏两大阵营在意识形态领域的争斗称为"第三次世界大战",指出其本质是信息心理战。而他们的局限,也体现在对"敌方"的理解上。当然,从另一个角度来看,作者们对意识形态的理解颇为深入,将对社会意识及社会意识形态的把握设为全书的核心,对美苏心理战的实施步骤进行分析论述,指出信息心理战的方法就是对社会意识和个人心灵直接施加影响,任务就是将公众的行为导向所需要的方向,甚至让他们放弃自己的利益;而信息技术,尤其是大众传媒技术,是实施心理战最强有力的手段。[②] 虽然说目前来看,大众媒介的提法需要斟酌,但技术对信息传播的重要性依然没有改变;传播者对传媒技术、传播内容与传播对象的共同把握是良好传播效果出现的保证,但良好传播效果的产生又必须建立在传播者对社会文化习俗的全面了解基础上。因此,自然科学为感知操纵提供技术手段,社会科学为感知操纵提供内容与方向,二者相辅相成。

感知操纵的特征是以影响目标对象政治思想为根本目的,以转变价值观为核心目标,以激化民族矛盾为重要任务,以利用宗教心理进行分化瓦解为重要手段,以文化渗

---

① 卡拉-穆尔扎.论意识操纵:上[M].徐昌翰,译.北京:社会科学文献出版社,2004:34.
② 利西奇金,谢列平.第三次世界大战——信息心理战[M].徐昌翰,赵海燕,殷剑平,等译.北京:社会科学文献出版社,2003.

透为重要途径。① 感知操纵的主要策略包括先发制人、吸引注意、保持适当的差距、促进同化和内化、持之有据、以理服人。这些特征和策略有许多我们可以在特朗普与美国主流媒体的博弈中看到。

三、"感知操纵"与宣传的关系

感知操纵是对"宣传"概念的深化和发展。宣传在两次世界大战中经历空前发展之后，西方世界又将其污名化，来针对苏联以及社会主义阵营，而西方世界本身并没有放弃对宣传的研究，这种研究随着技术和社会基础的发展，已经远远超出了原来"传者本位"的宣传理念，用感知操纵来说会更为恰当。

宣传对应的英文词是 propaganda，源自拉丁文"to sow"，最初是一个中性的词，意思是"散布或宣传一个思想"。一战中，此概念被广泛运用，但并没有如今这样含强烈的贬义，宣传的目的在于提振士气，影响敌军，英美等国都成立了宣传机构。二战时，宣传更是被运用到了极致。但在两次世界大战之后，西方学者如拉斯韦尔、李普曼和贝耐斯等人，开始研究和反思宣传带来的弊端和问题，在冷战的意识形态斗争背景下，"宣传"被西方贴上了"邪恶"的标签。尤其是美国，"宣传"等同于纳粹和共产主义，但这并不说明西方不再使用宣传的技巧，他们只是将其用"公关"等术语取代了。

在中国的历史名著《三国志》里，就出现了"宣传"二字。如《蜀志·马忠传》中有："见大司马蒋琬，宣传诏旨，加拜镇南大将军"。当时，"宣传"一词的实际用法和词语含义是一致的。在当代中国，虽然"宣传"一词的定义有许多，但基本意思还是一致的。② 如《中国大百科全书》中的定义是，"运用各种符号传播一定的观念以影响人们的思想和行动的社会行为"③。李良荣在其《新闻学概论》中将"宣传"定义为，"运用各种有意义的符号传播一定的观念，以影响人们的思想，引导人们行动的一种社会行为，它的基本职能是传播一种观念理论、方针、政策、伦理道德、立场态度"④。

由于受到两次世界大战以及冷战的影响，西方语境中的"宣传"经常带有贬义。1927 年，拉斯韦尔的博士论文刊行于世时，一位评论家称其为，"一本马基雅维利式的

---

① 王璐.精神信息战:操纵思想的艺术[D].北京:国防科学技术大学,2008.
② 沈苏儒.关于"宣传"的英语词[J].对外传播,1998(4):14-15.
③ 中国大百科全书总编辑委员会《新闻出版》编辑委员会.中国大百科全书:新闻出版[M].北京:中国大百科全书出版社,1990.
④ 李良荣.新闻学概论[M].4 版.上海:复旦大学出版社,2011.

教科书,即教唆权术的书,应当马上予以销毁"[1]。其实,拉斯韦尔是站在价值中立的角度研究宣传。他认为宣传"通过重要的符号,或者更具体但是不那么准确地说,就是通过故事、谣言、报道、图片以及社会传播的其他形式,来控制意见"[2]。在他们那个年代,也有学者同拉斯韦尔一样,站在中立者的角度来研究宣传,甚至对宣传加以褒扬。如美国公关业的鼻祖爱德华·贝内斯(Edward Bernays),他在他的两本著作《宣传》(*Propaganda*)和《晶化舆论》(*Crystallizing Public Opinion*)中对"宣传"大加褒扬。[3][4] 贝内斯说,任何今天所做的重要的事情,都必须借助宣传的力量去实现,"宣传是一个无形政府的行政手臂"。今天,真正的统治者是那些能够制造大众认同的"舆论工程师",而"通过宣传,一个好的政府可以像一件好的商品一样,出售给公众";[5]他把公共关系业称为"认同的机械制造业",这个制造业中的工程师是宣传家。[6] 当时,美国宣传分析研究所还出版了阿尔弗雷德·M.李(Alfred M. Lee)和伊丽莎白·B.李(Elizabeth B. Lee)合编的《宣传的完美艺术》(*The Fine Art of Propaganda*),这些学者对宣传的研究也基于中立或者褒扬的立场。

德国使西方世界对宣传(propaganda)更加憎恶。但事实上,在英美等西方国家内部,宣传手段一直被运用,且得到了长足发展。在沃纳·J.赛佛林(Werner J. Severin)、小詹姆斯·W.坦卡德(James W. Tankard)所著的《传播理论:起源、方法与应用》中,[7]"宣传"指代了更广范围的事物,它包括恐怖分子的恐怖行为、跨国公司的公关行为、战时国际关系中的国家形象和联合企业的广告等。举不胜举的例子可以证明,事实上,在西方国家的政府运作、游说、企业公关、广告说服等领域,宣传策略被广泛运用。另外,西方国家一些学者开始探讨政府如何通过宣传手段,为自己的侵略行为谋求合法化理由,以达到自己的政治目的。爱德华·S.赫尔曼(Edward S. Herman)和诺姆·乔姆斯基(Noam Chomsky)的《制造共识:大众传媒的政治经济学》(*Manufacturing Consent: The Political Economy of The Mass Media*)[8],费策·格林(Fitzhugh Green)的《美国的海外宣传》(*American Propaganda Abroad*)[9],拉夫·

---

[1] 赛佛林,坦卡德.传播理论起源:方法与应用[M].郭镇之,徐培喜,等译.北京:华夏出版社,2000:106.
[2] BERNAYS E L.Propaganda[M].Singapore:Ig Publishing,2005.
[3] 拉斯韦尔.世界大战中的宣传技巧[M].张洁,田青,译.北京:中国人民大学出版社,2003:22.
[4] BERNAYS E L. Crystallizing public opinion[M]. New York:Open Road Media, 2015.
[5] 张巨岩.权力的声音:美国的媒体和战争[M].1版.北京:生活·读书·新知三联书店,2004:107.
[6] BERNAYS E L.Crystallizing public opinion[M].New York:Open Road Media,2015.
[7] 赛佛林,坦卡德.传播理论:起源、方法与应用[M].郭镇之,徐培喜,等译.北京:华夏出版社,2000:106.
[8] HERMAN E S,CHOMSKY N. Manufacturing consent:the political economy of the mass media[M].New Yrok:Random House,2010.
[9] GREEN F. American propaganda abroad[M].New York:Hippocrene Books,1988:36.

M. 哥德曼(Ralph M. Goldman)、威廉·A. 道格拉斯(Willian A. Douglas)的《激励民主：机会和议题》(*Promoting Democracy: Opportunities and Issues*)[①]，乔治·H. 桑托(George H. Szanto)的《剧院和宣传》(*Theater & propaganda*)[②]，奥斯卡·里格尔(Oscar Riegle)的《激起骚乱：新宣传的故事》(*Mobilizing for Chaos: The Story of The News Propaganda*)[③]等，以上著作都用"propaganda"来指代西方政府和企业利用宣传策略来操纵媒体为自己服务的行为。

宣传与感知操纵相伴相生，都是为了达到自身目的而进行的影响受众的行为。但是，从以上文献梳理来看，这两个概念仍然具有策略和战略上的不同。

从策略上来看，感知操纵更加精细化，需要对文化、社会现状、群体特征等变量进行细致分析。宣传更侧重于宏观控制意见，侧重信息增量上的变化；而感知操纵则更偏向于通过对受众的分析和与之互动形成意见，也许信息的存量没有变化，但感知操纵会用修辞和议程设置来让受众达成共识。例如香港问题，西方媒体选择性"失明"，选择性报道，甚至严重双标，不能说仅仅使用了宣传手段，他们深入香港社会选择"代理人"，使用法律机器，运用金融手段和贸易摩擦来配合这种感知操纵。

从战略上来看，如果说宣传是一个侧重于"供给侧"的营销手段，那么感知操纵则侧重"消费端"。它更注重对受众群体特征的划分，以求"精准营销"，特朗普在竞选时，通过分析不同话题在社交媒体上吸引流量的情况来确定他的竞选议题，不能说是特朗普想要宣传什么政治主张，因为他本身也没有什么主张，甚至在竞选期间的言论有140多处是前后矛盾的，特朗普要做的是通过感知操纵手段来营销自己。在2016年的大选中，在多数竞选人把注意力放在售卖政治主张时，特朗普看清楚了趋势，他贩卖他自己，或者说，他营销情感。

第二节 传播政治经济学研究综述

学者赵月枝认为，传播政治经济学源于北美，它以马克思政治经济学和西方文化马克思主义思想为理论基础，在一定的社会、经济、政治、文化背景下，分析媒介和传播

---

① GOLDMAN R M, DOUGLAS W A. Promoting democracy: opportunities and issues[M]. Santa Barbara: Praeger Publishers, 1988.
② SZANTO G H. Theater & propaganda[M]. Texas: University of Texas Press, 1977.
③ RIEGLE O. Mobilizing for chaos: the story of the new propaganda[M]. Connecticut: Yale University Press, 1934.

系统与社会结构的关系,关注传播作为一种经济力量或政治权力对社会的影响,以及社会政治、经济权力机构对传播活动的控制。

一、国外研究综述

西方的传播政治经济学肇始于20世纪后半叶,其研究取向是学术界对资本主义在全球范围内建立与急剧扩张的对抗与批判。文森特·莫斯可(Vincent Mosco)在其《传播政治经济学》[①]中以商品化、空间化、结构化为切入点,开拓了传播政治经济学的学理分析领域。

传播政治经济学学术渊源庞杂而深厚。首先,传播政治经济学是马克思与恩格斯政治经济学在传播领域的具体化,一批批西方学者对资本主义带来的压迫、剥削和不平等现状进行了矢志不渝的批判和反思。马克思和恩格斯在《德意志意识形态》中认为:"一个阶级是社会上占统治地位的物质力量,同时也是社会上占统治地位的精神力量。支配着物质生产资料的阶级,同时也支配着精神生产资料,因此,那些没有精神生产资料的人的思想,一般是隶属于这个阶级的。"[②]在北美,文化传播产业高度商业化,信息传播在资本主义经济中拥有重要地位,传播政治经济学的开山鼻祖达拉斯·斯麦兹(Dallas Smythe)和赫伯特·席勒(Herbert Schiller)分别从不同角度阐述传播技术生产力的发展和文化传播在资本积累和资本主义尤其是垄断和消费资本主义发展中的关键性作用。[③] 在此基础上,丹·席勒(Dan Schiller)从理论的高度阐述了信息商品化的本质,并通过对信息社会理论的批判捍卫了信息社会时代的劳动价值论。[④]美国学者奥斯卡·H.甘地(Oscar H. Gandy)在其《传播政治经济学:一种批判性的挑战》中指出:将政治经济学方法用于大众传播研究,既是对理论所要理解的制度现状,也是对理论本身的现状进行的一致性批判,传播政治经济学学者的批判集中在他们所发现的政治经济学理论和方法上的不足上,这些不足主要通过理想和现实的比较体现出来。同时,他们进一步批判新古典主义范式的基本纬度。这一批判包括直接挑战反映在个人享乐主义假设上的新古典主义理论的基础。[⑤]

传播政治经济学还在文化马克思主义的沃土上汲取了大量养分。从卢卡奇

---

① MOSCO V. The political economy of communication:rethinking and renewal[M].Los Angeles:Sage,1996:13.
② 马克思,恩格斯.马克思恩格斯全集:第3卷[M].北京:人民出版社,1960:52.
③ 曹晋,赵月枝.传播政治经济学的学术脉络与人文关怀[J].南开学报(哲学社会科学版),2008(5).
④ 席勒.信息拜物教:批判与解构[M].邢立军,方军祥,凌金良,译.北京:社会科学文献出版社,2008.
⑤ GANDY O H. The political economy approach:a critical challenge[J].Journal of media economics,1992,5(2):23-42.

(Georg Szegedy von Lukacs,1885—1971)、葛兰西(Antonio Gramsci,1891—1937)到法兰克福学派、阿尔都塞(Louis Althusser,1918—1990),文化马克思主义者的研究为传播政治经济学的发展奠定了基础。其中卢卡奇的物化理论,深刻阐明了经济物化、政治物化对资产阶级统治的说明性、合理化作用,同时也让无产阶级劳工变得麻木,丧失了阶级意识和自我意识。① 葛兰西和阿尔都塞则敏锐地观察到国家权力并不仅仅依赖强制性和镇压性的国家机器获得,他们认为大众媒体和文化机构的意识形态对社会的形塑作用,以及资本主义社会对大众媒体隐蔽而高明的操纵是国家权力存续的重要保证。② 法兰克福学派的马克斯·霍克海默(Max Horkeheimer)和西奥多·W.阿道尔诺(Theodor W. Adorno)则在1944年的《文化产业:欺骗公众的启蒙精神》中提出文化产业妨碍了自主的、独立的个人的发展,不利于一个民主社会的建设。③

进入2000年之后,全球化进入了新阶段,传播政治经济学的研究视野也进一步扩展。加拿大学者赵月枝指出,目前传播政治经济学的前沿论题包括:传播与跨国媒介集团在全球政治经济中的中心地位,传播资源控制问题导致的冲突,劳工对愈加精细的国际传媒分工的后果的干预、妇女及弱势种族对全球的传播权力不平等的抗争,传播中的社会运动,日益私有化的视听空间中的公共领域的状态,把公民身份塑造为消费者的资本主义等。④ 同时,互联网的普及让传播政治经济学学者也越来越关注数字劳工问题,例如,在谷歌学术上此主题下被引用较多的文章是《为数字时代重塑传播政治经济学》(Reconstructing The Political Economy of Communication for The Digital Media Age),学者德韦恩·温塞克(Dwayne Winseck)提出,数字媒体时代出现了流量为王、媒体生态发生变化、用户成为内容的生产者和消费者等新情况,这些应该成为传播政治经济学学者重点研究的内容。⑤

国外对传播政治经济学领域的研究积累十分丰富,笔者在谷歌学术以"political economy of communication"为关键词进行搜索,返回的结果高达347万条之多,且近年来仍然是研究的热点,2016年以后的研究也高达近36万条。然而,西方的传播政治经济学研究仍然存在着其盲点,正如加拿大学者赵月枝所说,目前的传播政治经济

---

① 卢卡奇.历史与阶级意识:关于马克思主义辩证法的研究[M].杜章智,等译.北京:商务印书馆,1995:170-304.
② 阿尔都塞.意识形态和意识形态国家机器[M]//李恒基,杨远婴.外国电影理论文选.李迅,译.北京:生活·读书·新知三联书店,2006.
③ 霍克海默,阿道尔诺.启蒙辩证法[M].渠敬东,曹卫东,译.上海:上海人民出版社,2006.
④ 范敬宜,李彬.马克思主义新闻观十五讲[M].北京:清华大学出版社,2007.
⑤ WINSECK D. Reconstructing the political economy of communication for the digital media age[J].The political economy of communication,2017,4(2).

学研究充斥着西方中心主义的局限性,①主流仍然是西方学者在西方语境下对西方的批判,缺少一种"他者"的视角。

二、国内研究综述

相比而言,国内传播政治经济学研究起步较晚,已有一些研究成果。笔者在中国知网以"传播政治经济学"为主题搜索,返回的论文数量有500篇,从发表的时间来看,最早直接相关的论文是学者李琨于1999年在《国际新闻界》上发表的《传播的政治经济学研究及其现实意义》,作者从传播学的流派上将传播政治经济学划为批判学派,并进行了介绍。②此时已是互联网在中国普及的年代,因此此后的国内学者便先后形成了三种研究取向。

第一种是"历史与理论介绍"的取向,例如学者郭镇之的《传播政治经济学理论泰斗达拉斯·斯麦兹》③,刘晓红的《大众媒介与公共领域——传播政治经济学的观点及启示》④等文章,都是针对传播政治经济学本身的历史、理论,以及相关的重要西方学者和论著进行的阐述;

第二种是对传播政治经济学在中国语境下的"本土化"进行探索,例如复旦大学学者曹晋等人在发表的相关文章中称,本土传播学界倡导重返文化马克思主义经典传统,这不仅提升了中国新闻传播学着眼本土、兼顾国际视野的理论阐释能力,也拓展了中国新闻传播学者与国际学界对话的空间。

第三种则和西方学者近年来的研究热点相同,探讨数字媒体语境下的内容生产、劳动问题和传播权力重构的问题。例如,学者吴鼎铭在其《网络"受众"的劳工化:传播政治经济学视角下网络"受众"的产业地位研究》中谈到,从传播与劳动的互动关系视角出发,可见互联网产业的发展高度依赖网民的参与,并因此形成了以网民为中心的新型产业增值模式。从"受众商品"到"数字劳动"的视角转换有利于人们探索传播政治经济批判视角下的微观文化生产、阐释与斗争实践,以及中观的劳动剥削机制,呈现了更为丰富和多元的信息传播景观。⑤

中国学者在传播政治经济学领域的研究虽然取得了许多本土化和新媒体语境下

---

① 张志华."新地球村"的想象——赵月枝谈传播研究新实践[J].国际新闻界,2016(10):54-67.
② 李琨.传播的政治经济学研究及其现实意义[J].国际新闻界,1999(3):51-55.
③ 郭镇之.传播政治经济学理论泰斗达拉斯·斯麦兹[J].国际新闻界,2001(3):58-63.
④ 刘晓红.大众媒介与公共领域——传播政治经济学的观点及启示[J].新闻界,2005(3):75-76.
⑤ 吴鼎铭.网络"受众"的劳工化:传播政治经济学视角下网络"受众"的产业地位研究[J].国际新闻界,2017(6):126-139.

的创新成果,但存在的问题在于:一是仍然以"西方中心主义"为框架进行研究,还未形成自己的理论话语体系;二是用传播政治经济学中"他者"的视角,分析西方传媒生态变化的研究还不多,这一部分正是西方学者的研究盲点,也是中国学者为西方和世界传播政治经济学研究所提供的独特视域和理论贡献。

第三章

美国主流媒体权力面临挑战

主流媒体与总统博弈的核心是权力,媒体权力在美国被誉为"第四权力",用以制衡其他三权,但在当前的媒介生态和社会基础下,媒体权力在经济基础上遭受了断崖式下跌的冲击,原本在媒体和总统之间保持的良好平衡被"后现代总统"特朗普打破,这一切都显示着美国主流媒体的权力面临前所未有的挑战。

广义上讲,权力是一种对社会以及生活在社会中的人的一种带有强制性的支配力;狭义上讲,权力仅指国家权力。列宁在《论国家》中把由"风俗的统治"(族长所享有的威信、尊敬和权力)到"掌握着某种强制机构即暴力机构"的转变看成是"构成国家实质的东西"。① 这是对政治权力表象的一般性共识。但也有人认为,权力以生产技术为保证,李大钊在《物质变动与道德变动》一文中称:"生产技术稍稍进步,农业渐起,军人、宗族这一类的人渐握权力,从前受制于自然,现在受制于地位较高的人类了。"②他认为生产技术的变革是权力转移的重要根据。而马克思在《政治经济学批判》中则把权力的获得归功于人的社会关系的复杂化。马克思对于权力的论述十分独到,他并不认为权力是某种物体所带来的,权力是一种社会关系,人与人之间无时无刻不发生的交互关系构成了权力。这种关系是一种特殊的关系,它需要各个相关方面达成共识。作为"关系"的权力必须借助资源来构成,也就是说,拥有权力就拥有了其他人或者组织所赖以生存的资源,从而可以迫使他人按自己意愿行事。这些资源既包括恩格斯所说的经济资源,又包括经济资源支撑下的政治权力,例如社会舆论、政治形象、群众期望、治理策略、制度体系等。在政治权力体系中,与经济基础相比,社会舆论、政治形象、群众期望、治理策略与制度体系等属于次要矛盾。③ 但是,当社会舆论、治理策

---

① 列宁.列宁选集:第4卷[M].北京:人民出版社,1995.
② 李大钊.李大钊文集:第3卷[M].北京:人民出版社,1999.
③ 马树颜.社会制约权力:一种权力制约的途径研究[D].曲阜:曲阜师范大学,2006.

略等发生严重问题的时候,次要矛盾就可能转化为主要矛盾,可以影响甚至动摇政治权力体系,促使其发生转移。

第一节 作为"第四权力"的媒体权力

美国新闻自由的法律根源是美国宪法第一修正案:"国会不得制定关于下列事项的法律:确立国教或禁止信教自由,剥夺言论自由或出版自由,或剥夺人民和平集会和向政府请愿伸冤的权利。"1789年9月25日,美国诞生了十条修正案,1791年12月15日获得批准,被称为"权利法案"。由于关于言论自由的修正案被列为第一条,故而规定新闻与言论自由权利的修正案也被叫作"第一修正案"。

最早提出"第四权力"的是美国著名思想家杰斐逊(Thomas Jefferson),1804年,他以压倒性优势连任总统,他说,如果一个政府无法接受监督与批评的考验,就应该下台,而联邦政府的真正力量在于接受公众的批评,而且有能力阻止批评;自由报刊理应是对行政、立法、司法三权起制衡作用的"第四权力"。

在学术界"消解神话"的浪潮中,杰斐逊新闻思想和具体实践上的矛盾性被重新发现,如美国著名新闻史专家莱纳德·利维(Leonard Levy)所指出的:"在新闻自由方面,他的思想与他的行动显示出暧昧和张力、矛盾和冲突。"行使"第四权力"的前提是媒体独立行使报道权,但这只是理想化的状态,实际上,传媒集团往往在财团的控制之下,且凭借其大量的经济与社会资源而垄断新闻与信息资源,媒体的独立性不得不让位于商业利润,而记者的绩效也往往被这些利益所牵绊,他们疲于奔命地塑造"第四权力"的形象,但又迫于生计迎合市场。美国的媒体和政府从来没有放弃"第四权力"说,但它们在新闻实践中并没有落实。麦奎尔(Denis McQuail)认为,新闻媒体在民主社会中的一项重要功能是,"曝光政府和政治机构的黑幕,对公共权力形成监督"。媒体可以通过新闻报道和调查性报道,揭露侵害民主和公民权利的丑行。但美国媒体不可能既是追逐利润的私人企业,又担任监督政府的公共角色,如果遇到了两者冲突的情况,媒体作为企业肯定会屈从于利润。学者明安香在《从"叭儿狗"到"牧羊狗":美国传媒与政府关系的角色转变》中提出,新闻媒体并不总是以正义的姿态与政治权力对立,媒体常常为了利润和政治利益而失声,从自我标榜的监督美国政府的"看门狗"变成帮助政府操纵民众的"牧羊犬"。[1]

---

[1] 明安香.从"叭儿狗"到"牧羊狗":美国传媒与政府关系的角色转变[J].国际新闻界,2005(4):16-23.

第二节　总统权力：美国政治权力运行的中心

美国总统在 20 世纪后半叶被认为是美国整个政府甚至政治运作的核心。现代西方资本主义国家通常把国家权力分为立法权、行政权和司法权三部分。美国在建国之初，并没有比较明确的权力分立与制衡制度，一直到 1787 费城制宪会议，美国才围绕政治权力的分工以及运行进行了一系列讨论，其间，对美国总统的产生以及总统权力的运行做了激烈探讨，其中美国政治家汉密尔顿和杰斐逊对当时宪法的制定和整个政治思想产生的影响是比较大的，最后，在这次会议上制定的美国宪法对国家权力归属问题进行了规定，宪法第二条第二款规定，行政权力属于美利坚合众国总统。总统是美国陆军、海军和征调为合众国服役的各州民兵的总司令。① 从这一点来看，美国总统权力首先来源于美国宪法，这种权力是被规定、被设计出来的。但是实际上，美国总统的权力并非只有这些，美国总统是实权国家元首，一直到 20 世纪后半叶，美国总统被看作美国整个政府甚至整个政治运行体制的中心，它既具有其形式上的职权，又有其实质上的权力，并且，自从总统制确立以来，总统权力和国会权力之间的权力意志是此消彼长的态势，尤其是近代以来，随着美国国际地位的不断提高，总统权力不断扩张，已经不仅仅拥有宪法规定的这些权力，总统还是所在党的领袖，是外交首长，还拥有国会赋予的部分立法权。② 综上所述，狭义上的总统权力是指基于宪法、三权分立与制衡的政治体制，被设计出来的国家行政权和军事权；广义上的总统权力是指在狭义的总统权力基础上，随着美国国内环境以及国际环境的变化不断增长的总统所拥有的一系列权力的总和。

第三节　媒体权力对政治权力的影响

在曼纽尔·卡斯特尔（Manuel Castells）看来，传播即权力，是政治权力和其他权力运作的核心，因为权力的实践总是建立在对信息和传播的控制基础上。控制了信息和传播，就能控制人们的思想和行为。③ 在现代社会，媒体构建了我们赖以认识真实

---

① 米尔奇斯，尼尔森.美国总统制：起源与发展（1776—2007）[M].朱全红，译.上海：华东师范大学出版社，2008.
② 张倩.美国总统权力制约机制研究[D].沈阳：辽宁大学，2012.
③ 卡斯特尔.网络社会与传播力[J].全球传媒学刊，2019(2)：74-92.

世界的符号现实,后者是我们头脑感知现实的基础。清华大学金兼斌教授认为,资本对民众意愿的激发和引导,正是通过其所掌控的平台上的符号产品的生产和传播来实现的。① 而媒体通过对政府行为和绩效的报道,也可以影响公众头脑中的政治世界和政治图景。

如果说曾经的媒体和如今的媒体影响美国政治的方式有什么不同,那就是控制政治事件走向的媒体形态发生了变化,而总体来说,总是那些新出现的媒体形态和技术能够产生更大的影响力。罗斯福运用"炉边谈话"的形式得到了民众的支持,而特朗普则是用推特得到了民众的支持。

马克思认为,资本是资本主义社会中一种支配性的权力。② 它不仅是一种支配劳动的经济权力,还是一种影响消费乃至社会组织运行的力量,因而也是一种政治权力和文化权力。③ 如果说资本的力量本质上代表了市场的力量,那么事实上,资本权力的触角已经悄无声息地延伸到了人们生活的各个方面,正成为现代人无法逃避的枷锁。资本因为其逐利本性,必然追求最大限度的利润,利益最大化在西方资本主义社会既是追逐权力的手段,也是目的。本书讨论了美国社会中媒体权力与政治权力博弈,而对于美国来说,媒体背后是资本,因此从这个意义上来看,媒体的权力也就是资本的权力,媒体对政治的影响实质是资本对政治的影响。

对于美国媒体参与政治、影响政治的后果,研究者们一直争论不休。社会批判理论家们分成了以下两个阵营。

一方面,以汉斯·马格努斯·恩岑斯伯格(Hans Magnus Enzensberger)、马歇尔·麦克卢汉(Marshall McLuhan)为代表的研究者们认为,媒体具有潜在的民主化倾向。媒体与政治联姻必然导致媒体对政治的强有力的监督。④ 宪法是保护公民权利的最有力武器,但宪法以及民主制度并非一堵密不透风的墙,当政治之手越位时,媒体就应该发挥舆论监督作用,使其回归本位。

另一方面,西奥多·W. 阿道尔诺(Theodor W. Adorno)、弗雷德里克·詹姆逊(Fredric Jameson)等人看到的突出问题是媒体正在危及自由,更有学者罗伯特·W. 麦克切斯尼(Robert W. McChesney)在其著作《富媒体 穷民主:不确定时代的传播政治》中,深刻批判了媒体在敛财过程中伤害民主的根本的行为,而且他认为这不光是

---

① 张明新,刘伟.互联网的政治性使用与我国公众的政治信任——一项经验性研究[J].公共管理学报,2014,11(1):90-103.
② 哈贝马斯. 公共领域的结构转型[M].曹卫东,译. 北京:学林出版社,1999.
③ 哈贝马斯. 公共领域(1964)[J].天涯,1997(3):139-142.
④ 韩克新,张茂涛.政治与媒体的联姻:第四种权力的强化——以美国"水门事件"为例的研究[J].商业文化(学术版),2007(11):174.

美国的问题,更是世界的问题。在他看来,由于财团游说政府,1934年出台的《通讯法》肯定了广播的商业化发展模式,1996年出台的《电信法》允许媒体跨机构、跨行业兼并,这些导致媒体市场出现寡头垄断的局面,这些寡头为了追逐利润而制作低级趣味且没有公共性的娱乐节目,让民众沉醉其中不可自拔,消解了市民阶层的批判精神以及对公共事务的关心,甚至使他们失去了判断是非的能力,结果媒体越来越富,而民主越来越穷。① 这就是一种"政治疏离"(political alienation)现象,民主变成了一场没有公民的竞选游戏。

特朗普现象的出现,能否说明媒体失去了监督权力?笔者认为恰恰相反,媒体不是"铁板一块",在传统媒体形态成为"铁板一块"时,只有一种新晋媒体形态能够从外围监督这种传统媒体的越位表现。美国对于"政治正确"长期以来心存忌惮,无非就是媒体的泛道德化,造成了反向歧视,政治家的意见一不小心就会被媒体抓住政治不正确的辫子,以至于美国的社会改革很难,特朗普利用推特治国,正是对这种媒体越位表现的反抗,事实证明,他能够利用社交媒体突破大型媒体集团的围剿在2016年顺利当选,正是社交媒体对传统媒体有效监督的一种表现。

第四节　美国主流新闻界面临的六重困境

在2016年美国总统大选之前、其间和之后,那些被分配到政治口的记者,都会感到面临着独特的挑战。他们认同无视从互联网发出的偏执、非理性和被操纵的信息是不可能的。与此同时,他们面对的基本矛盾是,主流媒体对这些无法忽视的"偏执、非理性和被操纵"的信息的回应,会从另一侧面增加这些信息的曝光度,使这些信息传出更大的声音。这说明了通过新闻界放大催化作用,帮助塑造早期"另类右翼"的新闻叙事得以出现。

特朗普竞选的成功,从某种意义上来说,确实体现出媒体权力在和总统权力的博弈中处于下风。然而,究竟是什么让曾经的总统们忌惮三分的主流媒体输给了一个丝毫不把它们放在眼里,甚至敢于公然向它们挑战的特朗普?前文所说的基本矛盾就像是美国新闻业当前面临的"阿喀琉斯之踵",成为其挥之不去的梦魇,也是美国媒体生态自身存在的问题,造成这个基本矛盾的原因,笔者总结为以下六点。

---

① 麦克切斯尼.富媒体 穷民主:不确定时代的传播政治[M].谢岳,译.北京:新华出版社,2004.

一、陷入污染性信息扩散悖论

"污染性信息"（polluted information）是指包含着极端思想、虚假信息、煽动信息、谩骂与恶毒言论的信息。这些信息虽然有害，却十分吸引人们的眼球。在2016年美国总统大选过程中，污染性信息在新闻界的催化作用下被放大。

它反映的不仅仅是个人道德或经验的问题，它还反映了各种政治经济、技术文化和意识形态的力量，这些力量直接或严重地影响了记者能够做出的各种编辑选择，并在新闻生产的各个环节发挥重要作用。

笔者在美国南加州大学访学期间，访谈了诸多新闻传播学领域的学者和从业者，本书所有接受访谈的对象几乎都承认，大多数媒体从业者都对主流媒体的跟进报道客观上放大污染性、破坏性信息的影响表示深切关注。同时，专家学者们对不公布此类信息的影响的现象（例如对言论自由的挑战）也表示同样的关切，因此，对"污染性信息回应与否"的悖论，业界和学界都怀有一种矛盾心理。

（一）认为媒体不该回应污染性信息的观点

放大效应增加了未来类似的错误信息和骚扰策略被使用的可能性。"当你知道如何有效操控传媒机器时，"《华盛顿邮报》的记者艾比·奥尔海瑟（Abby Ohlheiser）说："有人为了引起混乱或获得注意力而一遍又一遍地重复同样的恶作剧和伎俩。"[1]

首先，放大效应使特定报道、群体的理念变得更强大、明显，更有影响力。正如一位记者所指出的那样，将极端主义分子以"沉默的大多数"进行报道是危险的，因为他们为滥用种族主义，非民主意识形态和观点提供了压倒性支持的错觉。

其次，放大效应可以证实错误的叙述。BuzzFeed的一位记者感叹，报道"只会让一些东西在更多的眼球面前更加疯狂地生长；即便先发制人去揭穿这些有害信息（这些事件本身尚未达到大众传播的临界数量）也会造成伤害，因为这表示，至少这些事件值得媒体去回应"。这就是许多研究者所担忧的，关于重复曝光所引发的心理学研究中所说的"回声效应"问题。[2]

---

[1] PHILLIPS W. The oxygen of amplification: better practices for reporting on extremists, antagonists, and manipulators online[EB/OL]. (2018-05-02)[2021-06-05]. https://datasociety.net/wp-content/uploads/2018/05/2-PART-2_Oxygen_of_Amplification_DS.pdf.
[2] LEWANDOWSKY S, ECKER U K H, SEIFERT C M, et al. Misinformation and its correction continued influence and successful debiasing[J]. Psychological science in the public interest, 2012, 13(3): 106-131.

最后，部分报道者利用报道努力产生放大效应，只是为了追求新闻性与提升竞争力，而非出于公共性考虑，因此也就放弃了对媒体操纵者和不良信息的叙述控制。通过叙述关于敏感信息或潜在误导信息的故事，技术部门的一位编辑强调，正如2016年大选中"比萨门"事件所显示的效应，主流媒体对阴谋论的讨论可以激发更严重的骚乱或操纵活动。

反对扩散污染性信息的观点主要集中在防止这类信息进一步扩散上，同时也对公众辨别此类信息的能力表示担忧。诚然，有人认为谣言止于智者，但是当谣言充斥在公共领域时，受众能否有足够的能力分辨哪些是事实，哪些是谣言？对于大多数人来说，并没有这样的意识或能力。

（二）认为媒体应该报道污染性信息的原因

特朗普在总统辩论之后，往往要在现场与媒体互动，经常即兴说一些没有逻辑或者攻击性的言论，媒体如获至宝，哪怕是要批评特朗普，也得要有批评的材料，对于记者而言，没有新闻比坏新闻更可怕。如下是笔者在访谈中总结的一些支持媒体报道污染性信息的观点。

首先，同行压力。同行会因为时效性或者其他新闻要素的要求去报道这件事，但他们也许并非出于维护公共利益，而是他们本身被这些网络流行文化的趣味性所吸引，他们因为同行竞争所做出的报道，并非更加有职业操守和经验。

其次，对污染性信息的报道为教育公众提供了一个机会，如果不告诉公众什么是危险且错误的信息，那么他们会因为拟态环境等效应对社会中出现的事件做出错误判断。如果不去报道这些事件，人们会忽视这些有害信息给当事人造成了多大伤害，以及对他们生活的影响。因此，人们也就无法得知此类事件，受害群体也无法得到社会公众的同情与支持。

最后，报道此类信息，有助于不同观点之间的辩论。一味严防死守，相当于掩耳盗铃，并不能解决问题。Gamergate运动这场起源于游戏的骚扰行动，的确对这几位女性游戏设计者和记者造成了巨大困扰，但如果媒体不把这种事情曝光并吸引大家关注和反思，恐怕今后就会有越来越多的网络暴力堂而皇之地在人们生活中泛滥。媒体曝光是其社会责任，反之，避而远之则是不可行的，且是不负责任的。

极端右翼想方设法攻击新闻机构及记者，利用新闻专业主义的框架制造污染性信息，而这种信息在当前美国自由竞争的新闻制度下必然被放大，因为所有的媒体都想通过富有争议的消息吸引眼球，获得商业利润。对于记者本身来说，无论其水平高低，绩效标准让他们难以拒绝将这些偏执、具污染性的信息放到聚光灯下。而一旦这些信息进入公共领域,其进一步传播、感召、分化社会群体,其影响将无法预测和掌握。因此,放大与不放大两种选择都有其新闻专业要求以及深层次的体制机制原因,对于任何人来说这都是两难的选择。

正如新闻业长期以来的状况,尤其加上现在信息的生产与消费已经转向网络共享,有关报道还是不报道的问题早已不是记者的个人难题,它同时与诸多外界力量相联系。记者总是被其所供职的机构要求设计新闻的结构,即便这是与他自身直觉和道德相违背的。比如,有的受访记者说,一些例如"喷子"(troll)的词汇他自己是不愿用的,但是为了吸引眼球,编辑竟然会把这些词夹在标题里。

二、金元新闻——可量化指标"必要的原罪"

"金元新闻"(Moneylord News)借用了"钱主政治"的概念,指美国媒体因为其私营性质,盈利目的凌驾于公共利益之上的新闻生产模式。长久以来,新闻机构的收入都是来自广告,这是众所周知的。学者们进而从方方面面探讨了商业利益对于新闻业的影响,例如尼尔·波兹曼(Neil Postman)1985 年出版的 *Amusing Ourselves to Death*(《娱乐至死》),展现了收视率与广告收入如何将新闻与娱乐绑在一起;[①]1999 年,麦克切斯尼(Robert W. McChesney)出版了同样分量的奠基之作 *Rich Media, Poor Democracy:Communication Politics in Dubious Times*(《富媒体 穷民主:不确定时代的传播政治》),更加深入地概括了广告资助下媒体对于民主的不良影响。[②] 这些前社交媒体时代的论述在目前社交媒体时代过时了吗?答案似乎令人悲观,不但金元新闻的基本矛盾没有解决,而且社交媒体的出现让原本紧张的注意力资源更加稀缺。

(一)注意力资源在社交媒体时代更为稀缺

主流媒体不仅需要和同行争夺受众注意力,而且它们还需要和自媒体争夺注意力,目前流行的术语"注意力经济"便生动展示了现状。原来只有收视率、订阅量等前社交媒体的指标,而在目前社交媒体时代也衍生出了更多的可量化指标,例如点击量、

---

① POSTMAN N. Amusing ourselves to death[M]. New York:Penguin Books,1985.
② MCCHESNEY R W. Rich media,poor democracy:communication politics in dubious times [M]. New York:The New Press,1999.

流量、评论数、转发数等。① 这些量化指标将媒体的手脚束缚得更加紧固,所有的编辑都在围绕这些数字进行内容制作,可需要知道的是,自媒体和社交媒体的管理者并非受过新闻专业培训的人士,他们是"游击队",他们的战术往往没有下线,出其不意,令专业的媒体从业人员疲于招架,专业的媒体机构不但要考虑和这些"游击队"作战,还要兼顾专业水准和新闻从业道德,最终陷入"秀才遇上兵,有理说不清"的尴尬处境。

(二)流量无法量化新闻业的社会意义

在谈到这个整体系统时,BuzzFeed 一位资深记者称,新闻业对各种量化指标的痴迷(点击量、页面浏览量和其他形式的受众参与指标)让其变成了一个"情绪宣泄行业",谁有流量谁有理,流量大者得天下。而那些不太可量化的却又是指向新闻业真正意义所在的指标(例如一篇文章是否让人思考,或者是文化性上是否重要)在这个时代往往被忽视。

(三)"沉默的螺旋"造成分歧的加剧

数字人类学家和作家拉哈夫·哈福什(Rahaf Harfoush)曾在 The Daily Dot、Wired 和 Fast Company 上进一步强调了基于量化指标的编辑影响模型。她认为,我们目前高度情绪化的环境,不间断的病毒式突发新闻"直接冲击了目前需要培养的审慎且负责任的信息生产"。同样,The Atlantic 的专职作家艾玛·格林(Emma Green)注意到,市场对最极端化的编辑框架的需求可能会使新闻业陷入永久性的紧急模式,这些编辑框架让语言变得强硬且不负责任,意识形态斗争进入白热化,以至于分歧日益增大,最终演变为战争。②

这些疯狂的注意力资源争夺会导致"沉默的螺旋"出现,声音越大、越极端的观点将被公众赋予更长的保质期(并且更容易商品化),互联网的信息超链接优势会让社交媒体轻松将以前发布的内容聚合,然后创造出一种假象,即这就是人们今天在互联网上所关心的事情。

---

① CHROSTIN A.When it comes to chasing clicks,journalists say one thing but feel pressure to do another[EB/OL].(2014-08-01)[2021-07-03]. http://www.niemanlab.org/2014/08/ when-it-comes-to-chasing-clicks-journalists-say-one-thing-but-feel-pressure-to-doanother/.
② PHILLIPS W.The oxygen of amplification:better practices for reporting on extremists,antagonists,and manipulators online[EB/OL].(2018-05-02)[2021-06-05]. https://datasociety.net/wp-content/uploads/2018/05/2-PART-2_Oxygen_of_Amplification_DS.pdf.

(四)生产成本的考虑成就"必要的原罪"(necessary evil)

每个人都知道哪些饮食是健康的,以及绿色食品对健康的重要性,但大多数人仍然无法抗拒垃圾食品的诱惑。受众在媒体内容选择上其实也是这样。对于情绪化、污染性、极端化的新闻内容生产,有的新闻从业者在访谈时认为是"必要的原罪",他们从成本—产出角度来分析这种新闻出现的动因,即调查性报道成本高昂,而从网上找新闻素材成本就低多了,你只需要截图下来,就可以作为报道的依据,不需要事实核查。① 受众口口声声说他们喜欢有深度的文章、值得反思的内容,但他们的身体很诚实,不可否认,有一小部分受众能够坚持自己的格调,但对于大多数受众来说,在经过一天紧张的工作后,他们并不想再花力气去看需要思考的东西,他们只想做那些刺激性新闻的"看客",不需要思考是否真实、是否有意义,他们仅仅想通过这些刺激性的信息来宣泄、放松精神。不光是新闻制作上,甚至在学术圈,人们也有这样的认识,笔者曾经和一位新闻传播类核心期刊编辑讨论这个话题,她说:"那些业界的老总好不容易有时间翻翻你的杂志,你却写了一大堆理论,他们哪还会有兴趣看?"

如今,对新闻工作者来说,只有去迎合所谓的"必要的原罪",才能保证自己活下去,才有资格去谈新闻理想。由此看来,特朗普声称那些痛批他的媒体其实也是"最爱他"的观点不无道理,因为他的推特就可以作为记者报道的依据,坐在办公室就可以完成采访,廉价且快捷,而且特朗普深知如何获得受众的注意力资源,这一点让编辑们的工作更为顺畅,因为他们不用再费尽脑汁去想如何才能通过总统的言论获得流量。

记者们如此关注他们受众的偏好,就不得不对信息时代的算法是如何进行内容推广的进行探讨,搜索引擎就像一个菜单,把内容罗列在一起,不可否认,其中有一些"健康食品",然而,排在顶端的一般都不是最健康的。算法可以告诉人们搜索趋势,也许此项技术初始时是客观的,但只要公开运行之后就会变成人为可以操纵的,并且常常制造恐慌,因为你作为客体无法判断这个搜索趋势到底是自然发生的,还是受到了僵尸账号的炒作;是否"另类右翼"正在操纵;或者是否有些人想要故意吸引人眼球而骗点击率。②

总之,美国新闻界面临着新闻伦理让位于可量化指标的窘境。这些指标看似客观,但实际上早已与商业利润、流量绑在一起,它们影响新闻生产,极大地偏向于让能

---

① LAVINE J M, WACKMAN D B. Managing media organizations: effective leadership of the media[M]. New York: Longman,1988.
② ETSCHMAIER M M, LEE G. Integrating humans and machines into purposeful systems that keep the human in control[J]. International journal of computers and their applications, 2017(24):155-168.

够产生流量的情绪化、充满敌意，以及人为操纵的污染性信息在不同平台广为传播，最后造成像美国大选投票时一样的赢者通吃局面。世界新闻业在技术快速迭代的今天面临着太迅速、太猛烈的变化，在这种环境中我们无法避免地要面对劣币淘汰良币的困境，也亟待走出用"必要的原罪"来换取新闻理想的怪圈。

三、新闻迭代效应导致"网络议程"收编"媒体议程"

新闻生产的基本条件是新闻性，那些与公众利益密切相关的故事才应该被报道。正如《纽约时报》的宗旨：报道所有适合被报道的故事。然而，新闻性经常会被作为新闻操纵者的工具，在网络时代有两个十分具有争议性的利用新闻性进行操纵的现象亟待被重新审视，它们分别是"新闻迭代"与"过度平衡"（为了平衡报道而平衡报道）。这两种新近发生的情况，源于美国，同时也让其不堪其扰。

新闻迭代效应的意思是，一则新闻被报道之后如果取得较高的点击率与流量，那么它将会被其他媒体和新闻客户端疯狂改编并转发。因为在这个流量为王的时代，因为利益驱动，各种网站和新闻机构都希望能够获得高的流量，并最终凭借这些流量变现，那么如果一个新闻在某一客户端上发布并达到了这个目标，则这条新闻会进入被转发的快车道，各种各样的媒体与终端都会竞相复制新闻，就像赶集一样来蹭热度。

但新闻迭代最可怕之处还不是原文转发，而是它像传话游戏一样让信息变得失真，甚至在不同新闻机构的改编下变成完全不同的叙述和故事。Motherboard 的首席编辑杰森·科布勒（Jason Koebler）称，即便他们的宗旨是原创内容，不去反刍已经存在的新闻，这些原创的内容也会被其他机构拿去进行错误迭代，往往在经过三次到四次迭代之后，其中就会夹杂大量情绪化、充满愤怒的错误呈现，尽管有的机构是无意的，但有的人是有意为之。

新闻迭代甚至有时从一开始就是信息操纵者精心策划的，他们所编造的故事甚至连原本的事实都不需要，而是彻头彻尾的谣言或者假新闻，因为这些煽动性信息非常容易被编造出来，信息操纵者运用新闻性进行诠释与改编，目的是引诱相关记者或编辑为了流量来报道他们的故事，只要有一个突破口，那么这些信息将会进入媒体的生态圈进行病毒式扩散，只需要不久的新闻迭代，信息就会在网络上像决堤的洪水一样扩散，并促使网络议程的形成。

在 2018 年 2 月，4chan①的操纵者通过发布多个虚假消息来为记者设置陷阱。他们爆出帕克兰、佛罗里达大规模枪击案和白人至上主义团体之间有联系。信息操纵者知道记者会在 4chan 上寻找可报道的新闻点，他们在 4chan 平台上与参与者讨论，共同制造了这个假新闻，并轻易说服人们。反诽谤联盟（The Anti-Defamation League）是第一个跟进这则虚假新闻的机构，并引用了声称枪手接受过训练的声明（事实证明这都是子虚乌有之事）。其他网站看到这则消息就陆续报道，恶作剧变成了主流媒体的头版头条。Politico 的肖恩·马斯格雷夫（Shawn Musgrave）记录了极右翼圈子中的成员对这个故事的回应。"只是用一篇文章加上一位评论者在 Gab②上的发帖，就能造成这样的影响，并且其他人都接受了这则新闻。"③

当网络议程有流量时，主流媒体的议程就会被收编。网络议程往往与主流媒体设置的议程不太一样，甚至主流媒体最终会被半推半就地裹挟在这个网络议程之中，完全被牵着鼻子走，错误、操纵性的信息在这个网络里被强化，越传越离谱。

主流媒体被网络议程所牵制的经典案例便是 2016 年特朗普与希拉里二人的大选中主流媒体的表现，学者法里斯（Faris）、罗伯茨（Roberts）和埃特林（Etling）分析了 2016 年美国总统大选中主流媒体和社交媒体的报道，发现大多数主流媒体的报道对两位候选人都是负面的，但很大程度上遵循了唐纳德·特朗普的议程：在报道希拉里时，内容主要集中在与克林顿基金会和电子邮件有关的各种丑闻上。报道特朗普时，涉及的主要问题是移民问题。实际上，移民问题最终成为竞选中的核心问题。

四、人的劳动与内容的双重"商品化"

新闻工作者的劳动问题会导致误导性、对抗性以及其他污染性信息的放大。首先，对记者工作绩效设计的缺陷，例如，编辑不合理的供稿需求，会为污染性信息的泛滥提供条件；其次，对记者的骚扰成为新闻生产系统中的"灰色地带"，没有足够的措施能够解决这个问题，没有足够的方法去保护记者，而且社交媒体会刺激这些骚扰行为的增加，并为这些攻击者提供一个靶子。

---

① 4chan：是于 2003 年推出的一个仿双叶频道（2chan）风格，以 ACG 相关讨论为主题的美国贴图讨论版网站，原为分享图片和讨论日本动漫文化而建，现亦与英文互联网的次文化和运动相关，许多英文网络流行物也源于此。此网站是匿名者和玩家们开展网络行动的基地，用户也曾发起各种著名网络攻击事件，该网站用户大部分以匿名身份发文，其机制与具争议的文化引起了美国与他国媒体的关注。
② 一个白人民族主义者欢迎的社交网站。
③ MUSGRAVE S.How white nationalist fooled the media about florida shooter[EB/OL].(2018-02-16)[2021-09-10].https://www.politico.com/story/2018/02/16/floridashooting-white-nationalists-415672.

最直接的劳动问题是，记者，特别是实习生、职业生涯早期的记者和自由撰稿人，他们往往需要在很短的时间内出成果，但只获得很低的工资，因此导致报道匆忙和不精确。一位技术部门的编辑解释说，这种绩效压力有一个额外的缺点，即记者们为了快速写出很多并吸引眼球的稿件，进入他们不了解的社区和领域。因此，他们专注于 4chan、8chan 或"另类右翼"的 Discord 频道，寻找那些刺激性的信息。即使对于全职员工来说，写作压力也会因社交媒体出现导致新闻报道周期缩短而增大，这让记者没有时间去对新闻报道的各个方面影响进行深入评估和思考。此外，2017 年的一项调查显示，目前媒体业裁员的威胁，甚至导致对记者性骚扰的泛滥，并让同事之间充满敌意与恶性竞争，这让媒体精英越来越恐慌，①这一切都让记者的工作环境更加恶劣。

记者与自由撰稿人养活自己的能力与他们发表文章的数量和速度成正比。每个人的收入与其出稿量以及稿件受关注度紧密相关，这与他们遵循的职业伦理常常发生冲突，他们也许想要遵循自己的职业道德与理想，但是现实并没有给他们提供这样的条件。尤其是自由撰稿人，他们对于写什么主题的选择空间十分狭小，因为他们没有固定收入，所有的收入都是由他们发表的稿件数量决定的。

记者受到骚扰与威胁是常态，是"工作的一部分"。目前的问题已经不在于记者是否受到了骚扰，而在于这些骚扰与威胁是否已经从线上迁移到线下，甚至造成了流血事件。对于自由撰稿人来说，当骚扰来临时，他们不像专职记者那样能够获得所供职机构的支持，这使得他们更容易受到伤害。然而，专职记者在新闻机构内得到机构支持的概率也是不一定的，虽然所有记者都知道有骚扰情况的存在，但有些白人男性编辑往往把这称为记者的"魅力"，而根本没有在意其中给记者本人带来的威胁，他们认为接受这些骚扰是"工作的一部分"。

记者和自由撰稿人在媒体生态中成为"促销工具"。他们被要求尽可能地在社交媒体上增加自己的曝光度，以便能够让他们的作品有更高的关注度，从而增加整个出版物的浏览量，流量就是金钱，广告收入也随之增加。记者们从此过上了他们的"推特生活"，虽然有人不情愿，但这是工作要求，一位自由撰稿人说："我曾经因为一篇报道仅仅挣了 250 美元，但我忍受了数周疯狂的、暴力的种族主义者的社交媒体攻击。"维基媒体研究员兼 BuzzFeed 研究员卡罗琳·辛德斯（Caroline Sinders）解释说："网络骚扰很大程度上源于已经成熟的商业促销实践，以及搜索引擎优化（SEO），搜索引擎优化策略使记者和他们作品的曝光度最大化，以实现对内容和人的'商品化'。"新闻机构

---

① PILON M, GUTHRIE M. Panic hits Hollywood and media elite: which harasser will be outed next? [EB/OL]. (2017-11-01) [2021-09-01]. https://www.hollywoodreporter.com/news/general-news/shitty-media-men-list-accused-sexual-harassers-is-spreading-panic-1053468.

有意让记者将文章题目起得博人眼球且充满争议,然后在多个平台上推广,这样关注度就会变成广告收入,新闻机构的盈利就会增加。但这个过程中,记者和自由撰稿人难免会因为他们本人与这些商业化内容相联系而背负骂名,他们在"搜索引擎优化"的助力下,病毒式地增加了自己的报道,同时也病毒式地增加着对自己骚扰和攻击的威胁。并不是所有记者都能在遇到网络暴力时获得帮助,他们的编辑甚至将这种骚扰与威胁看作"市场推广的标准",他们回避这些严肃的问题,因为大多数记者和自由撰稿人在他们看来只不过是"促销工具"。

举一个例子,2017 年 7 月,CNN 记者安德鲁·卡钦斯基(Andrew Kaczynski)发布了 Reddit 用户 HanAssholeSolo 的主页,指责该用户将一张世界摔跤娱乐赛中的老照片改为 GIF 动图(见图 3-1),并被特朗普在 7 月 2 日发布在推特上用来"攻击"CNN。CNN 警告,如果这些极端右翼用户再在网上发布仇恨内容,"CNN 保留在任何时候公布其身份的权利"①。

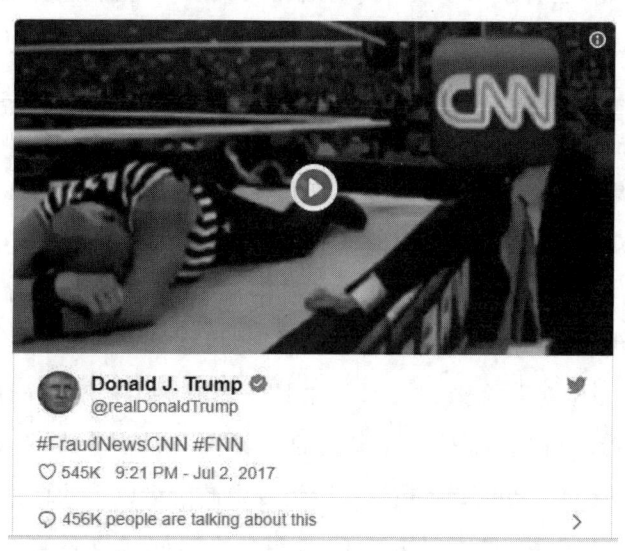

图 3-1 特朗普在推特上转发极端右翼用户动图来"攻击"CNN

极右翼人士闻讯立即动员起来,他们不仅对安德鲁·卡钦斯基提出了多项错误指控,还在社交媒体上对他进行猛烈攻击,甚至还发布了他的一些家庭成员的个人信息。这些攻击还引发了来自其他网站用户的响应,让极右翼煽动者的言论和有关卡钦斯基的谎言持续存在于随后的新闻周期中。这意味着,这些攻击对于极右翼人士来说有着

---

① TANI M. Business insider:the far right is floating conspiracy theories about a CNN reporter who profiled a pro-Trump Reddit user[EB/OL].(2017-07-10)[2021-07-22]. https://www.businessinsider.com/conspiracy-theories-andrew-kaczynski.

一箭双雕的作用,一方面,他们的攻击让这些污染性内容再次被传播;另一方面,他们对反对者进行了恐吓。

五、想象中的受众同质化

自从有了可量化的流量指标之后,数据成为受众喜好度指标的重要测量标准,这种对数据的迷信,以及将新闻业复杂的问题简化为流量的做法,无疑成为新闻业目前的"皇帝的新衣",大家用流量互相敷衍,在数据面前人们很难为经验与理想辩驳。媒体用数据来对受众进行想象,必然导致媒体对受众想象的同质化。数据是用户行为测量工具的进化,数据反过来限制了媒体的想象力。

同样,这也是民粹主义思潮在编辑脑海中作用的结果。污染性信息难以被抵制,在媒介生态圈中广为传播并遭到放大,这不仅仅是内容本身的原因,如前文所说,它与经济因素、劳动问题,还有技术手段等都有着密切关系。而且,这种现象的产生也仰赖于媒体内部的意识形态问题,这些潜意识的想法也许没有被编辑自身意识到,因为造成这些意识形态并不一定是编辑的本意,也不是明确的媒体宗旨,但它往往是在"谁在报道"和"谁在看报道"的互动中形成的。这些种族的、同质化的、污染性的信息不断在这个循环中被强化,导致美国社会撕裂的想象变成了稳定的现实。

想象中的受众同质化,是指媒体编辑通过对流量的追求以及自身的工作经验,对受众群体特征进行的想象性的概括,这种概括并非真正严格的人口统计学测量。正如一位技术板块的编辑所说,只要是关于 iPhone 的报道,即便是没有什么新的、有价值的信息,它的点击量绝对不会差;然而,如果是一篇有关"技术多样性"的严肃讨论文章,则参与度会直线下降。而对于许多大的出版物,如 *Fast Company* 和 *The New Yorker*,它们往往假设自己的受众是中产阶级或中产阶级以上的白人,而非有色人种,一位非白人自由撰稿人称,这不仅影响了"报道什么",同时也影响了"怎样报道"。他援引了国家公共广播电台(NPR)中 Code Switch① 节目某次播出的内容——关于"解释性逗号"的讨论,这种逗号在出版物中只会在解释非白人群体的事物时被使用,而在解释白人群体了解,而其他族群不了解的事时就不会使用这种逗号,意即这些大的出版物在写作时首先假定它们的目标读者都是白人。② 越来越多的出版物依靠脸谱网或其他第三方机构中进行流量追踪,以作为想象自己读者性别、种族、阶层的依据,并

---

① 美国国家广播电台中一档关于种族和身份认同的节目。
② WEBSTER J G, PHALEN P F, LICHTY L W. Ratings analysis: audience measurement and analytics[M]. New York: Routledge, 2014.

且它们认为这些机器所反映出来的"对用户的想象"越来越重要。

想象中的受众同质化让机器算法形构了人类编辑的新闻选择。多数接受访谈的新闻业界人士都能快速说出受众的阅读兴趣。编辑和记者往往是从大学毕业的精英，他们对于受众的判断存在着一种俯视的姿态，他们认为自己受众的品位不高，但又不能不关注他们的阅读期待，对于编辑来说，保证稳定的流量才是工作的重点，因此，有时他们不得不放弃自己认为应该报道的内容。如同脸谱网等社交软件的算法推荐功能一样，无论是根据用户以往的浏览情况进行推送，还是根据朋友和家人所发布的内容进行推送，核心目的是保证流量的稳定性，推送其他类型的信息无疑是一种冒险行为。编辑们当然意识到这会造成受众在这个信息循环中越来越闭塞，但这样推送对于他们来说确实是最为保险的工作方式。可以说，在这一轮人类与技术的竞争中，人类编辑不得不向机器算法学习才能够自保。

六、编辑室霸权

白人主导的媒体编辑室有共同的经济与文化背景，以及共同的盲区。新闻报道出自记者与编辑之手，所谓客观报道只是相对的一种乌托邦式的概念，因为只要是人写出来的新闻，它就自然带有这个写作者的主观意见，也不能忽视这个写作者成长中政治、经济、文化与他所在的社区对他的影响。这不仅仅是观众的问题，无论是实际的还是想象中的，记者不可以免除政治近视的指控，因为他们只是关注了白人想要什么。2008年之后，美国政治生活中产生的一种新力量"另类右翼"获得了大量关注，甚至在2016年成为特朗普赢得选举的重要助手，其原因就是美国仍然存在着相当数量的白人至上主义者，而"Alt-right"这个术语的发明人理查德·斯宾塞（Richard Spencer）甚至在其博客中著文，公开宣扬"种族灭绝"，他因特朗普赢得选举而欢欣鼓舞。因此，如果大多数机构的新闻编辑室里是白人，尤其是白人男性，他们就难免因共享的经济文化背景，以及对受众同质化的想象，生产类似的内容，对其他系统性问题存在相似的盲点。一位白人女记者坦言，她的同事大多数是白人男性，他们缺乏与有色人种或者女性问题的联系，这从一开始就对他们如何进行报道产生了巨大影响。[1]

一个十分有趣的现象是，抨击另类右翼的文章多出自白人记者之手，因为只有他们才有权利进入这些团体。报道另类右翼，按道理应该是其他肤色的记者最想做的，

---

[1] PHILLIPS W. The oxygen of amplification: better practices for reporting on extremists, antagonists, and manipulators online[EB/OL]. (2018-05-02) [2021-06-05]. https://datasociety.net/wp-content/uploads/2018/05/2-PART-2_Oxygen_of_Amplification_DS.pdf.

但实际上,这些新闻报道往往出自白人记者,尤其是白人男性记者之手,因为这些团体一般只允许白人记者进入,因此,编辑室只有白人男性记者能够有这些新闻的信息源与报道这些新闻的资格。这种编辑室的工作分配方式,难保不让有资源的记者感到一种优越感,这本身就体现着一种霸权,这让其他肤色的记者,尤其是其他肤色的女记者感到她们被排除在这个国家之外。

想象最终会照进现实。美国精英所把持的媒体将为他们的想象付诸行动,[①]将原本撕裂的社会不断固化,谎言说了一百遍,就成了真。Code Switch 栏目中讲述了一个旧金山白人女性艾琳·史密斯(Erin Smith)在倡导种族平等时两面不讨好的经历。[②]

> 我一直面临着白人的沉默暴力和将自己的想法说出来的矛盾,因为当我倡导种族平等时,我得到的更多反应是,我们(其他肤色的人)不稀罕你的"白色内疚"和假惺惺的可怜。所以,我真的不知道如何有效地帮助有色人种呼吁种族平等。

2016 年大选之后,记者和编辑开始对新闻业的报道进行反思,他们意识到了对受众的"白色假设"以及这种"白色假设"对现实的影响。正如 VICE 旗下的 *Motherboard* 的编辑伊曼纽尔·迈伯格(Emanuel Maiberg)所说的,除了应该担心什么东西被放大,还应该担心什么声音被忽视。2016 年的大选中,记者们大篇幅地报道另类右翼的观点,确保了"命中"流量的篮板。[③] 这反映了主流新闻媒体的报道只关注白人的观点和经验,即使是批判这些白人至上主义暴力的观点,仍然难以避免地会把讨论的焦点放在白人至上主义的意识形态上而远离对结构性偏见的探讨。

由此看来,美国新闻界的问题并不是因为媒体行业体系出现了问题,恰恰相反,真正的问题是这个媒体行业体系在新的时代仍然在按照很久之前设计的那样运行。商业化内容尽可能快地在各个平台上传播,而且被更多的数字检测工具所捆绑。尼尔·波兹曼(Neil Postman)和罗伯特·W. 麦克切斯尼(Robert W. McChesney)在 20 世纪

---

① ETTEMA J S,WHITNEY C D. Audiencemaking:how the media create the audience[M].London:Sage Publications,1994.
② GARCIA-NAVAPRO L.How to talk race with your family:ask code switch[EB/OL].(2017-08-20)[2020-08-27].https://www.npr.org/sections/codeswitch/2017/08/20/544483288/how-to-talk-race-with-your-family-ask-code-switch.
③ DANIELS J. White lies:race,class,and sexuality in white supremacist discourse[M].New York:Routledge,1998.

对西方世界媒体业的批判到目前来看,不但依然适用,而且因为社交媒体,例如脸谱网和推特的介入,媒体间的竞争愈加激烈。波兹曼认为,被企业控制的媒体对商业利润的追求将会削弱公民参与,让基于事实的讨论成为空谈;①麦克切斯尼也在1999年提出,媒介内容的过度商业化和娱乐化会导致参与式民主的削弱,并且会对政治造成极大的伤害。② 2016年的美国大选则是明证,另类右翼的极端思想伪装成"喷子与戏谑"在媒体间近乎失控地传播,许多当时拿另类右翼开玩笑的记者在事后反思,他们上当了,虽然他们在批评这些言论,但他们为了流量在客观上也让极端的观点大范围传播。他们希望自己没有那么做,但在流量的吸引下又不得不做,流量就是金钱。这不是记者个体的错,他们只是在注意力经济体系下做他们不得不做的事。

第五节 新闻专业主义:遭受攻击的美国媒体权力壁垒

学者郑保卫在其《美国新闻专业主义观念发展史的评述与反思》中写了美国新闻界由"职业"到"专业",再到"专业主义"的发展历程。③ 20世纪早期的新闻专业主义兴起缘于美国的社会环境,一方面是新闻界自身对黄色新闻等问题进行反思,另一方面是专业化成为进步主义时代美国民主社会进程中的重要组成部分。不可否认,从开始的专业化初衷来看,新闻专业主义具有进步色彩,但从另一方面讲,新闻专业主义的理想化和概念随着时代的发展,以及资本对新闻界的渗透与利用,引发人们激烈争议。人们开始反思,新闻专业主义到底是反对政治权威还是希望资本自由?新闻报道是否真的存在原生态的事实?西方新闻界目前的窘境是丧失了新闻专业主义的理念,抑或在新的时代坚持了旧的规则导致的?新闻专业主义原本是新闻界通过一系列职业准则、内容生产流程、绩效方式的规定,在社会大环境中树立的专业壁垒,然而,在社交媒体流行的当代,这个壁垒是否还仍然坚挺?本节试图从新闻专业主义意识形态的乌托邦、资本对新闻专业主义的裹挟、社交媒体对新闻专业主义保护壁垒的攻击等方面进行探讨,以期对上述问题予以回应。

---

① POSTMAN N. Amusing ourselves to death:public discourse in the age of show business[M].New York:Penguin Books,1985.
② MCCHESNEY R W. Rich media,poor democracy:communication politics in dubious times[M].New York:The New Press,1999.
③ 郑保卫,李玉洁.美国新闻专业主义观念发展史的评述与反思[J].新闻与传播研究,2013,20(8):78-91.

一、新闻专业主义已成为一种"乌托邦"式的意识形态

新闻专业主义成了一种意识形态,客观中立成了一套乌托邦式的说辞,用以维护美国传媒业的商业体系和帮助新闻从业者逃避责任。

学者王维佳认为,新闻专业主义产生的两个基本前提:其一是新闻的产业化,其二是美国的进步主义运动,即在工业文明获得巨大物质财富之后对社会价值体系改造的运动。① 而这种改造一方面是为了满足制度对生产力的适应,另一方面是为了既得利益者通过价值观的塑造来保证自身利益不被侵犯或掠夺。由此看来,新闻专业主义不过是媒体精英社群的标准和理想,是媒体精英建构的乌托邦。

吴飞等学者指出,②正是因为精神产业和信息服务的独特性,新闻专业主义虽然成为业界重要的目标和手段,但它实质上是文化精英建构的乌托邦。

其一,新闻业从来没有形成真正的行业壁垒,无论是从新闻产品提供信息而非垄断信息的理念层面,还是从目前日新月异的媒介技术层面,这种壁垒都无法建立。

其二,新闻专业主义是一种服务性行业的操作性价值伦理,它还涉及人类的认知能力,因此面临着哲学层面的根本性挑战。客观性是新闻专业主义最核心的信条之一,但记者的客观性或者媒体的客观性是相对而言的,因为人们都有自己的立场和认知图式,不可能不戴着有色眼镜看世界。虽然新闻专业主义理念上要求做到平衡地呈现多方观点,但事实上仅有统治阶级认可的观点才能得以呈现,马克思、恩格斯在《德意志意识形态》一文中指出:"统治阶级的思想在每一时代都是占统治地位的思想。这就是说,一个阶级是社会上占统治地位的物质力量,同时也是社会上占统治地位的精神力量。支配着物质生产资料的阶级,同时也支配着精神生产资料,因此,那些没有精神生产资料的人的思想,一般是受统治阶级支配。"③赫伯特·甘斯(Herbert Gans)在他的著作《什么在决定新闻》中指出,美国新闻业的恒久价值包括民族优越感、利他的民主、负责任的资本主义、小城镇的田园主义、个人主义、温和主义等。④ 他甚至还发现,新闻报道在用词方面就体现了倾向性。所以,虽然客观性被称为"不死之神",但那就是一种乌托邦。

其三,在19世纪尤其是20世纪初期,美国新闻业用新闻专业主义约束新闻行业

---

① 王维佳.追问"新闻专业主义迷思"——一个历史与权力的分析[J].新闻记者,2014(2):16-22.
② 吴飞,龙强.新闻专业主义是媒体精英建构的乌托邦[J].新闻与传播研究,2017,24(9):5-25,126.
③ 马克思,恩格斯.马克思恩格斯全集:第3卷[M].北京:人民出版社,1956:52.
④ 甘斯.什么在决定新闻[M].石琳,李红涛,译.北京:北京大学出版社,2009:52.

的工作规程和工作伦理,但如果认为新闻业成为一种自主的生产领域,那是罔顾事实的。在对越战的研究中,美国著名新闻传播学者丹尼尔·哈林(Daniel Hallin)曾这样写道:"客观新闻学不是将媒体与政府的关系割裂开来,而是使这种关系理性化。"在哈林看来,媒体与政治场域纠缠在一起,某些新闻报道上媒体确实存在一定自主性,但那不是全部的事实,更不是所有媒体都能够做到这一点。①

皮埃尔·布尔迪厄(Pierre Bourdieu)的场域理论则从象征资本的斗争以及权力的角度为我们提供了一个可靠的理解框架。场域理论研究的核心是"关注经济资本,也要关注持续进行的有关声望和合法性的象征资本的斗争","在这些领域内或者之间,权力关系是决定人们行动的基础,个人的行动并不单单追求他们合理的个人利益的最大化"。②

其四,从严格意义上来说,传统媒体自上而下的传播体系,报道着精英们精心选择的新闻信息,其中自然免不了包含着价值观的选择、态度倾向以及情感偏好等方面或隐或显的控制,这些都是新闻场域中的精英们所玩的游戏。比如,新闻媒体一般要求记者尽可能掌握权威的消息来源。这里权威的消息来源就是那些政治精英、经济精英和文化精英,从而新闻媒体的精英化倾向和对政府的顺从被强化。那些寻求媒体表达机会或正面新闻报道的人,首先要宣布他们对新闻自由和客观性的一种坚持,然后通过能实现他们自身目的的方式来定义一些概念。③

综上所述,新闻专业主义从一开始就体现了精英媒体对传播权力的一种争夺,是一种以精英阶级立场为根本的"意识形态"。从哲学的角度来看,大众传播时代只要是经过记者之手产生的新闻,就没有绝对的中立与客观,那么专业与否应该如何评判? 美国新闻界对此仍然争论不休。从新闻生产的角度来讲,无论是消息源,还是新闻制作者,都有自己的利益诉求和背景,因此,新闻专业主义只是一个乌托邦式的概念,其最重要的功能与专业无关,其在现实中不存在。

二、美国新闻专业主义的传播政治经济学审视

新闻专业主义如果从业务的角度去看,则只是一个行业自律性问题,但如果从权

---

① HALLIN D. The "uncensored war": the media and vietnam[M]. New York: Oxford University Press, 1986: 70.
② 布尔迪厄. 政治场、社会科学场和新闻场[M]//本森, 内维尔. 布尔迪厄与新闻场域. 张斌, 译. 杭州: 浙江大学出版社, 2017: 18-45.
③ 段卉. 新闻客观性原理的职业社会学分析——兼论新媒体环境中新闻客观性的价值[J]. 西部学刊, 2016(6): 13-16.

力和金钱的角度去看,则是一种保护资本免受公共部门干涉的意识形态。传播政治经济学学者文森特·莫斯可认为,"需要以考察企业的发展与广阔的政治经济形式的关系作为探讨传播过程中生产方面的开始"①,学者罗钢、刘象愚则称,"既有经济及政治制度会直接决定并影响媒介的运作及功能"②。文化研究揭示了大众媒介扮演着意识形态生产者角色,并发现其在现实建构和文化霸权中发挥积极作用。法兰克福学派则主要关注大众媒介的文化产业特性,以及在现有社会条件下以交换为目的的商业本质。学者张锦华评论,那种囿于客观、中立的新闻专业主义理念和立场受到了批判,认为新闻专业主义本身即意识形态,具有维护既有体系合法性及保护媒体企业的作用,同时更成为新闻从业者逃避责任与理想的借口。

文森特·莫斯可还在其《传播政治经济学》中提出,他是针对社会生活中控制与生存进行的研究,重点讨论各种社会关系,尤其是权力关系对社会资源的生产、分配、消费的构建。而传播是意义的社会交换,不光是信息和数据的交换,还是组成某种关系的意义的社会生产、分配和消费。其结果是社会关系得以测量。由以上两个概念,他定义传播政治经济学是以政治经济学为学科母体和方法论,把人类传播活动视为与生产、分配、流通、消费及宏观决策相关的经济活动进行考察的学科。③

学者赵月枝在其《传播与社会:政治经济与文化分析》④中肯定了莫斯可的关于传播政治经济学商品化、空间化、结构化的研究切入点之后,直言不讳地提出传播政治经济学"或多或少汲取了马克思的思想遗产";其研究的课题往往涉及权利、资本、社会的宏观层面。从认识论方面看,传播政治经济学是现实主义的(思考和现象都是真实的)、兼容并蓄的(即政治、经济角度都包括,反对用某一维度进行简单本质主义的归纳)、建构的、批判的;从存在论方面理解传播政治学的本质,则传播政治经济学是结构且过程的。

从传播政治经济学的角度来看新闻专业,能够摆脱微观媒体经济学的孤立、暂时性和固定框架的分析。传播政治经济学学者珍妮特·瓦斯科(Janet Wasko)、格雷厄姆·默多克(Graham Murdock)、海伦娜·索萨(Helena Sousa)认为,⑤自20世纪80年代后期以来,在社区和媒体研究领域,对经济学的更多具体关注已经显而易见,学者们将媒体生态经济学视为研究活动中的一个独特焦点。早期的例子包括1979年学者

---

① 莫斯可.传播政治经济学[M].胡春阳,黄红宇,姚建华,译.上海:上海译文出版社,2013.
② 罗钢,刘象愚.文化研究读本[M].北京:中国社会科学出版社,2000.
③ 莫斯可.传播政治经济学[M].胡春阳,黄红宇,姚建华,译.上海:上海译文出版社,2013.
④ 赵月枝.传播与社会:政治经济与文化分析[M].北京:中国传媒大学出版社,2011.
⑤ WASKO J,MURDOCK G,SOUSA H.The handbook of political economy of communications[M].New York:John Wiley & Sons, 2011:1-10.

康柏(Compaine)的《谁拥有媒体?》(Who Owns the Media?)①和罗伯特·皮卡德(Robert Picard)的《媒体经济学:概念和议题》,以及艾莉森·亚历山大(Allison Alexander)等人的《媒体经济学:理论和实践》(1993年)②,这些媒体经济学书籍回应了主流(新古典主义)经济学对文化产业和传媒业的关注,媒体经济学者重点研究微观经济问题而非宏观分析,主要研究媒体市场的生产者和消费者,关注的是媒体行业和公司如何能够成功、繁荣或向前发展。虽然可以评估竞争,但很少有研究强调所有权问题或控制权的影响,大多数研究都强调描述而不是批评。道格拉斯·戈梅里(Douglas Gomery)认为,媒体经济学的模型为媒体工业的经济分析提供了一个强大而有用的分析框架,使用它,分析师可以定义行业结构的规模和范围,然后继续检查其经济行为。这两个步骤都需要分析行业的现状和行业运作;而评估其性能是最后一步,需要仔细权衡"是什么"与"应该是什么"。③ 一般而言,媒体经济学代表了新古典经济学名词在媒体上的应用,避免了政治和历史分析,这两者都是传播政治经济学批判研究的基本组成部分。重要的是,媒体经济学主要接受现状,而传播政治经济学则是研究媒体的一个关键方向,挑战不公正和不公平的权力体系。

资本主义的逻辑已大规模地在媒体产业领域扩展,市场化作为过去几十年的决定性力量而出现。资本主义比以往任何时候都更加全球化,不仅在北美和欧洲,而且扩展到了世界其他地区。实际上,资本主义已成为一种普遍现象,媒介市场全球化现在成为一个中心主题。随着这些的发展,资本利益与公共利益在传媒界的紧张关系已经加剧。要理解这些发展以及当代媒体和通信,批判性传播政治经济学比以往任何时候都更加重要,本节从两个方面对新闻专业主义理念被资本权力裹挟的状况进行简要分析。

(一)新闻专业主义已成为资本追求利润的企业管理工具

美国新闻业同样在19世纪末20世纪初经历着向大规模、一体化企业的转变,作为企业的新闻传媒机构,其最终追求的还是利润的最大化。无论媒体如何标榜自己的公共性,其在追求利润的原始动力下,首要做的是追求商业利益。因此,在内容生产过程中,媒体必然要对速度、利润和效率有所追求,这种追求渐渐趋向常规化、标准化和

---

① COMPAINE B M,GOMERY D. Who owns the media? Competition and concentration in the mass media industry[M].New York:Routledge,2000.
② ALEXANDER A,OWERS J,CARVETH R,et al. Media economics:theory and practice[M].Hillsdale:Lawrence Erlbaum,2004.
③ GOMERY D. Media economics:terms of analysis[J]. Critical studies in media communication,1989,6(1):43-60.

组织化。用甘斯的话来说就是"批量生产":由于新闻组织负责经常、准时地为大群人提供总是新的产品,新闻必须标准化批量生产,而从业人员必须得到严格的控制与管理。① 新闻业的人力资源管理比任何其他行业都重要,新闻业的企业管理比任何其他行业都特殊,因为其产品并不是那些纸张或者屏幕,而是其中承载的内容和观点,对于新闻机构来说,其利润的来源基本是依靠这些新闻从业者的智力劳动,因此,对这些智力工作者的人力资源管理就非常重要,管理的理念进入了新闻机构的"血液"。

然而,新闻媒体生产的产品具有社会属性与文化属性,如果用绩效考核这种简单粗暴的方式则十分不恰当,并且,新闻工作者对自身的期待都很高,这也导致了对他们管理的特殊性。新闻专业主义很好地适应了这种特殊的管理需求,并被机构和从业者双方共同接受。资本运用新闻专业主义的理念培养了员工的忠诚度,甚至还能以此为借口降低他们的物质需求以节约人力开支,还可以让他们自我管理,加强团队协作意识,提升效率,可谓一举多得;而劳动者则通过这种"虚假意识"和想象出来的社会地位提高了自己对职业的认同感和满意度。

乔姆斯基在其《主流媒体何以成为主流》中把主流媒体称为"议程设置媒体",他指出,主流媒体又叫"精英媒体"或"议程设定媒体",其最主要特点是,有着丰富的资源,设置着新闻框架,并主导着社会舆论,其他二、三流的媒体每天基本是在主流媒体设定的这个框架内筛选新闻。② 主流媒体与美国社会中的大公司、高等教育机构等具有相同的内部运作机制,生产并维护着社会的主流价值观。

阿瑟·考尔认为,19世纪30年代便士报的出现,20世纪初"客观性"的出现,以及20世纪40年代社会责任论的提出,实际上与经济模式的变革不无关联。这三个时期,新闻业内部分别出现了三次转向:③一是从职业策略而言,从商业资本向文化资本转向;二是新闻业内部出现阶级冲突;三是利用专业主义意识形态操纵盲目且具有破坏性的劳工激进主义。他对普利策新闻专业主义的评价是:普利策提倡新闻专业主义,是为了保护其企业利益,使其免于遭到当时劳工激进主义的不利影响,并弱化员工在经济上的诉求。④

按照查尔斯·博哲斯的说法⑤:"19世纪末叶的美国正处于痛楚的过渡时期,它要

---

① 甘斯.什么在决定新闻[M].石琳,李红涛,译.北京:北京大学出版社,2009.
② CHOMSKY N. What makes mainstream media mainstream[J].Z magazine,1997,10(10):17-23.
③ KAUL A J.The proletarian journalist:a critique of professionalism[J].Journal of mass media ethics, 1986, 1(2): 47-55.
④ 胡翼青,汪睿.新闻专业主义批判:一种传播政治经济学的视角[J].现代传播(中国传媒大学学报),2013,35(10):46-51.
⑤ 博哲斯.美国思想渊源[M].符鸿令,朱光骊,译.太原:山西人民出版社,1988.

摆脱农业经济、地方主义和故步自封的乡土气,换上那有时不太舒适却是公认的非常重要的城市化、工业化、集权管理化的生活方式,以适应它成为世界大国的地位。"

由此,我们可以基本得出一个结论:从传播政治经济学的视角来看,新闻专业主义是一种对新闻工作者进行人力资源管理的手段,但为了掩盖其节约人力成本、提高生产效率、增加利润的实际功能,它通常被标榜为崇高的职业操守和信仰。新闻专业主义作为一种意识形态,毫无疑问地成为 20 世纪新闻业的神话。

(二)新闻专业主义已成为传媒集团摆脱公共管理的手段

学者郑保卫认为,19 世纪末美国新闻机构逐渐开始互相兼并形成报业集团,竞争与企业化运作趋势明显,广告公司与公关公司等竞相向报业渗透,报业成了政治利益集团、商业利益集团争夺的对象。而当时黄色新闻与煽情主义横行,"偷窥新闻学"成为一种风潮,而之后"扒粪运动"所掀起了负面报道浪潮,又将美国社会推向另一个充满消极情绪的极端。[1] 由新闻界的乱象引发的一系列社会问题,与其说给了专家学者和报业一个反思自我的机会,不如说是给了政客与资本一个争夺新闻界控制权的机会。

这场争夺战最终结果是,借助新闻专业主义,资本取得了胜利。学者黄旦认为,即便是 20 世纪 40 年代的社会责任论,其所遵循的思路仍然是职业化或专业主义,其主要目的是在原来主要是调整政府和报刊关系的新闻自由的思想基础上,进行添加和补充。自从以专业主义为研究取向的新闻史代表作即胡德森(Hudson)的《美国新闻业,从 1690 至 1872》在 1873 年出版后,多数的新闻史研究者认为,真正新闻产业的历史就是报业如何发展到出现本杰明·戴创办的《太阳报》那样的便士报的历史,学者斯洛恩(Sloan)认为,他们解释并评价新闻史的标准就是对现有的新闻专业化所做出的贡献,美国大众传播历史也就是媒介在它们的专业特点方面怎样演变进化的历史,也就是如何摆脱政府管制的历史。脱离政府管制的目标,新闻专业主义的确达到了,但资本的管制,则成为一个长久无法解脱的桎梏,至今让美国人束手无策。

新闻专业主义有一个天然的假设,即新闻自由思想,然而,新闻自由并不等于言论自由,因为对新闻业的专业化改进,就在规定只有一少部分"专业人士"才有发言权,而这少部分专业人士在美国就是报业集团的员工,他们的老板是报业集团,而非美国人民,他们首先要向他们的老板和绩效负责,其次才是考虑承担社会责任。[2] 美国对新

---

[1] 郑保卫,李玉洁.美国新闻专业主义观念发展史的评述与反思[J].新闻与传播研究,2013(8):78-91.
[2] 黄旦.新闻专业主义的建构与消解——对西方大众传播者研究历史的解读[J].新闻与传播研究,2002(2):2-9,94.

闻专业主义的倡导，实际上是打着以理性主义和天赋人权为理论基础的新闻自由的幌子，对媒介与政府的关系做了基本界定，以获取行业自主性，进而获取资本对新闻业控制的自主性。

三、社交媒体对新闻专业主义权力的分化

社交媒体的出现，对美国的新闻业产生了巨大冲击，更将其中曾经难以发现且由来已久的新闻专业主义内生性矛盾充分暴露了出来。社交媒体对新闻专业主义权力的分化，主要体现在以下几个方面。

(一) 社交媒体已经多年雄踞美国民众获取信息主要工具的榜首

皮尤调查显示，2019年，脸谱网是美国成年人中使用最广泛的社交媒体之一。大约七成的成年人(69%)表示他们曾经使用过该平台。而另外两款社交媒体软件Instagram、Snapchat在18岁至24岁人群中特别受欢迎。[①]

皮尤研究中心2018年发布的《2018年美国社交媒体新闻消费行为调查》[②]中显示，约有2/3的美国成年人(68%)表示他们偶尔会在社交媒体上获取新闻。以互联网为基础的社交媒体的发展迅猛和不可遏制。皮尤研究中心对美国成年人进行的一项新调查发现，大多数美国人使用脸谱网(Facebook)和油管(YouTube)等社交媒体，大多数年轻人是Snapchat和Instagram的重度用户。

特朗普选择的主要舆论阵地是推特，这也并非心血来潮，他瞄准的是富有活力且乐于分享的年轻用户群体。因为据皮尤《海外社交媒体人口统计》显示，以脸谱网和油管为代表的社交媒体已经在该领域占主导地位，因为美国成年人中大多数人使用这些网站。与此同时，年轻的美国人(特别是18岁至24岁的年轻人)因拥抱各种平台并经常使用它们而脱颖而出。大约78%的18岁至24岁的人使用Snapchat，这些用户中有相当一部分人(71%)每天多次访问该平台。同样，这个年龄段的71%的美国人现在使用Instagram，接近一半(45%)是推特用户。

如调查所述，社交媒体的使用在不同年龄层中有很大差异，大约88%的18岁至

[①] PERRIN A, ANDERSON M. Share of U.S.adults using social media, including Facebook, is mostly unchanged since 2018[EB/OL].(2019-04-10)[2020-05-08].https://www.pewresearch.org/fact-tank/2019/04/10/share-of-u-s-adults-using-social-media-including-facebook-is-mostly-unchanged-since-2018/.

[②] MATSA K E, SHEARER E. News use across social media platforms 2018: most Americans continue to get news on social media, even though many have concerns about it saccuracy[EB/OL].(2017-08-20)[2021-07-08].https://www.journalism.org/2018/09/10/news-use-across-social-media-platforms-2018/.

29 岁的人表示他们使用任何形式的社交媒体。在 30 岁至 49 岁年龄段中,这一比例降至 78%,在 50 岁至 64 岁年龄段中降至 64%,在 65 岁及以上的美国人中降至 37%。

与此同时,年轻成年人群在各种社交媒体平台的使用上也存在明显差异。与 20 世纪中后期的人相比,18 岁至 24 岁的美国人更有可能使用 Snapchat、Instagram 和推特等平台。当涉及 Snapchat 时,差异尤为显著:18 岁至 24 岁的人中有 78% 的人是 Snapchat 用户,但在 25 岁至 29 岁人群中,这一比例下降到 54%。

(二)社交媒体的传播特征解构了真相的价值

社交媒体是丹尼尔·贝尔所说的信息社会的产物,然而,信息社会的出现绝不是历史的质变,而是让西方传媒的本质属性无法再被掩盖,它是对原有体系的空前加强,以至于扯下了资本控制媒介的最后一块"遮羞布",而上一块"遮羞布"正是新闻专业主义。如果说曾经的《世界新闻报》在 2002 年用窃听来满足读者猎奇心理的手段为人所不齿,并且导致其停刊,[1]那么现在的社交媒体连窃听的手段都可以省略便可炮制新闻。

"后真相"所形容的舆论生态充满畸形,客观事实让位于情感和个体既有心态。2016 年 8 月,《纽约时报》刊发伦敦大学教授威廉·戴维斯(William Davis)的时评,指出社交媒体时代,传统主流媒体长期以来视若至宝的"真相"已陨落神坛,逐渐失去了主导社会共识的力量,世界已经进入了"后真相时代"。

美国学者罗森豪尔特指出,危机是对一个社会系统的基本价值和行为准则架构构成严重威胁,并且在时间压力和不确定性极高的情况下必须对其做出关键决策的事件。[2] 希斯认为,危机是一种能够带来高度不确定性及严重威胁的、特殊的、不可预测的非常规事件或一系列事件。[3] 许文惠认为,从系统观角度出发,危机是一种令系统平衡状态改变或破坏的现象,也可以认为是系统的一种失衡现象,许文惠认为,危机的本质就是一种不一致、矛盾、冲突等导致的紧张状态。[4] 薛澜认为,危机是一种决策情势,在此情势下,作为决策者的组织所认定的社会基本价值及行为准则架构面临严重威胁。[5] 社交媒体危机事件的传播特点包括:高度不确定性、传播前置性、情绪感染性、主体多元性、即时交互性与事实模糊性。

---

[1] 周烈琼.《世界新闻报》窃听事件的成因分析[D].北京:中国青年政治学院,2013.
[2] 邹东升.危机管理视角下的现代政府形象塑造[J].社会科学战线,2005(2):325-326.
[3] 希斯.危机管理[M].王成,等译.北京:中信出版社,2004.
[4] 许文惠,张成福.危机状态下的政府管理[M].北京:中国人民大学出版社,1998.
[5] 薛澜,张强,钟开斌.危机管理[M].北京:清华大学出版社,2003.

在笔者的论文《后真相时代价值判断的偏转：危机事件中社交媒体传播动力分析》中，①笔者曾通过框架分析与案例分析，论证了社交媒体危机事件引起公众的反复讨论，需要新信息的补充且能够挑战公众不同维度价值观的底线。"信息—价值"传播动力模式能够发挥效用的原因在于，"情感共振导致的'群体极化'引爆舆论炸弹"，"后真相时代社交媒体用户靠自我价值观评判事件而非真相"，以及"危机事件中新信息的输入往往是利益的角逐"。这些都是社交媒体对"真相"价值进行解构的表现。

(三)社交媒体的出现让传媒企业与劳工的矛盾越发尖锐

社交媒体的出现，让原本就有很大工作压力的"新闻劳工"，不得不与社交媒体进行惨烈的"流量竞争"。最直接的劳动问题是，新闻界从业者较之以往需要更多的稿件数量和流量绩效。他们需要在很短的时间内工作，但获得的工资很低，因此，导致报道匆忙和不精确。这种绩效压力有一个额外的缺点，即记者们为了快速写出很多并吸引眼球的稿件，他们被迫进入自己不了解的社区和领域。因此，他们关注 4chan、8chan 或"另类右翼"的 Discord 频道，以寻找那些刺激性的信息。即使对于全职员工来说，写作压力也因社交媒体出现导致新闻周期缩短而加剧，这让记者没有时间去对新闻报道在各方面的影响做深入评估和思考。此外，2017 年一项在新闻记者群体中做的调查显示，目前媒体业裁员的威胁，甚至导致对记者的性骚扰的泛滥，并让同事之间充满敌意与恶性竞争，这让媒体精英越来越恐慌，②这一切都让记者的工作环境更加恶劣。

虽然新闻从业者的劳动问题已经如此严峻，但目前学界和业界依然缺乏关注。学者梅耶(Mayer)、霍特(Holt)等人认为，传播政治经济学曾经几乎垄断了对权力和社会正义问题的媒体生产的批判性分析，但目前仍以文化研究理论为主，几乎没有提到传播政治经济学研究和概念的核心——劳动。③④ 学者米勒等人认为，有很多原因导致这些研究中只有很小一部分专注于"劳动"的概念，例如，很多媒体社会学中强调消

---

① 张焱,刘沫潇,张学骞,等.危机事件中社交媒体传播动力分析——以微博热议"保姆纵火案"为例[J].西华大学学报(哲学社会科学版),2019,38(4):68-75.
② PILON M, GUTHRIE M. Panic hits Hollywood and media elite: which harasser will be outed next？[R/OL].(2017-11-01)[2021-09-01].http://www.hollywoodreporter.com/news/shitty-media-men-list-accused-sexual-harassers-is-spreading-panic-1053468.
③ MAYER V, BANKS M J, CALDWELL J. Production studies: cultural studies of media industries[M]. London:Routledge,2009.
④ CALWELL J T,HOLT J,PERREN A. Media industries:history,theory,and method[M]. New York:John Wiley & Sons, 2011.

费而不是生产;[1]关注媒介发展对受众的异化作用多于对从业者研究的关注;[2]最重要的是,正如学者布伦斯(Bruns)所说,因为数字化导致媒体产业中新形式的劳动力激增,业余和半专业生产被一些人称为文化生产新时代的基础。[3] 然而,安德鲁·罗斯(Andrew Ross)在提及开源软件时指出,目前尚不清楚这些新技术如何成为可持续就业的典范。[4] 文森特·莫斯可在1996年出版的《传播政治经济学》一书中评论,作为马克思主义重要遗产的"劳动"以及"劳动力的商品化"问题被人们普遍忽视了。[5]

(四)社交媒体让主流媒体信任危机加剧

社交媒体的出现,使主流媒体以往的时效性、真实性等绩效标准成为与社交媒体竞争的短板,为了争夺流量与市场,主流媒体不得不被动进入社交媒体的主场。这就导致了它们必须"放下身段",甚至要放下新闻专业主义的理想化要求来吸引受众注意力。如果主流媒体和社交媒体一样,为了流量而不择手段,那么受众与主流媒体之间的信任危机就会毫无疑问地加深。

往往最大的优点也就是最大的弱点,媒体想要新闻,媒体传播新闻,它们最擅长的就是制作新闻,因此,它们最大的弱点也体现在制作新闻上,记者们必须和总统这样的新闻源搞好关系,尤其是特朗普这样的总统,他的言论真实性远不如他的自带流量的属性有吸引力。而且,新闻的时效性要求让记者的思考能力越来越弱,直播能力的提升和他们分析能力的下降同时出现。在这些方面,传统媒体根本无法和社交媒体竞争,但由于社交媒体的"倒逼",传统媒体又不得不放弃自己曾经的优势,而卷入用吸引眼球的信息来和社交媒体争夺市场的泥沼。

学者琼斯认为,在美国这样的民主国家,人们越来越不相信新闻业能够公平地进行报道,其中一个原因是政治萎靡,尤其是保守派共和党人对媒体的信任度特别低。[6]言下之意即美国新闻界的问题并不是操作层面的技术问题,而是它们自由主义的新闻理念的问题,而这种自由主义的新闻理念,即新闻专业主义。新闻专业主义从来不是

---

[1] SHORTHOSE J.A more critical view of the creative industries:production,consumption and resistance[J]. Capital & class,2004,28(3):1-9.
[2] MILLER T.Can natural luddites make things explode or travel faster? The new humanities,cultural policy studies,and creative industries[M].New York:Wiley-Blackwell,2009.
[3] BRUNS A. Blogs,wikipedia,second life,and beyond:from production to produsage[M].Bern:Peter Lang, 2008.
[4] ROSS A. Nice work if you can get it:life and labor in precarious times[M].New York:NYU Press,2009.
[5] MOSCO V. The political economy of communication:rethinking and renewal[M].Los Angeles:Sage,1996.
[6] JONES D A.Why Americans don't trust the media:a preliminary analysis[J].Harvard international journal of press-politics,2004,9(2):60-75.

专业与否的问题,而是一个新闻界所有权、控制权归属的问题,一个理想化的逻辑。

学者特鲁斯勒(Trussler)与索罗卡(Soroka)通过实证研究更加明显地揭示了新闻专业主义中"观点的自由市场"理念是新闻机构失去受众信任的"阿喀琉斯之踵"。他们在实验室中捕捉受众的新闻选择偏见,以及他们的新闻偏好。他们从需求侧入手,发现了感兴趣政治的参与者更有可能选择负面和"愤世嫉俗"的故事。而这种需求将会刺激他们在供给侧上更偏向于生产负面和情绪化的报道。[①] 可见,"理想"不等于"理想化","观点的自由市场"理念成为美国新闻界丧失主体性,让渡社会责任的借口。这种理念最终实现了"自由市场",但不见得是"观点的自由市场",劣币淘汰良币的陷阱让其最终沦为"金钱的自由市场"。

传统媒体时代新闻专业主义所设置的专业壁垒,例如时效性、客观性等绩效方式,在社交媒体时代却成为它们最大的弱点。新闻专业主义这个曾经的新闻业权力的免疫屏障,随着社交媒体的兴起轰然倒塌,社交媒体犹如新闻专业主义的免疫缺陷病毒,侵蚀着传统媒体。

---

① TRUSSLER M,SOROKA S. Consumer demand for cynical and negative news frames[J]. The international journal of press-politics,2014,19(3):360-379.

第四章

"后现代总统"的崛起

特朗普是一位典型的"后现代总统",他和美国主流媒体的博弈,若以后现代理论为切入点,人们可以看到这场博弈背后所体现的美国主流价值观——政治正确面临的解构和挑战,同时我们也能从"后真相"的角度重新理解特朗普对主流媒体进行的"假新闻"的抨击。后现代主义是一系列庞杂理论所构成的体系,很难说它究竟是什么,甚至难以辨识它的概念的外延,它在20世纪70年代从文学和哲学中脱胎而出,魅力长盛不衰,但它同时也可能是学术界有史以来最富有争议的概念。后现代主义的主要观点是,事实是有争议的,个人观点最重要,共同意义是幻觉,普遍真理是一个神话。这一切似乎都很像特朗普的风格。本章从后现代主义本身及其争议入手,借助后现代主义的理论框架,分析美国总统从"现代总统"向"后现代总统"演进的原因,以及"后现代总统"的特点,最后通过此框架具体对与主流媒体进行博弈的特朗普进行后现代主义的分析。

第一节 后现代主义的争议与解释价值

后现代主义从诞生之日起就饱受争议,批评者们认为后现代主义体系混乱,试图摧毁一切"现代性"和"统一性",却又不能真正提出建设性的意见;但不可否认的是,后现代主义虽然在"该怎么做"的问题上略显乏力,但其对当代社会的种种政治、文化、社会现象的解释价值很大。

一、后现代主义及其争议

后现代主义源于对现代主义的反叛,是对现代化过程中整体性、中心性、同一性,以及西方传统哲学的本质主义、基础主义、"在场形而上学"等的批判与解构,崇尚个人感受与主体性。

法国著名哲学家让·弗朗索瓦·利奥塔(Jean-François Lyotard)在其1979年出版的《后现代状况:知识报告》中列出了"后现代"这一术语,书中探讨了当代西方发达工业社会里的知识状态的变化,试图以语言应用学(Pragmatics)的观念与方法解释第二次世界大战之后的资本主义变异和危机症状。在他的观察中,资本主义社会正在成为一个"消费社会"、一个"媒体社会"和一个"后工业社会",马克思曾写道:"哲学家迄今为止只是以各种方式解释世界的现状,其目的在于改变它。但是,后现代性的哲学家们颠倒了这个目标,他们不想改变什么,只是纯粹为了解释它。"

随后,"后现代主义"描述了一系列关于世界语言和知识特征的理论。借鉴从语言学到控制论的各个领域的发展,雅克·德里达(Jacques Derrida)的"解构"概念试图将语言理解为一种能够不断隐藏意义的系统,而不是简单的传达方式。[1] 另一位思想家让·鲍德里亚(Jean Baudrillard)开发了"仿拟"(Simulacrum)的概念,这种"没有原创的副本",导致了比真实还真实的"超现实主义"。[2] 一系列标志或图像代表了实际存在的东西,但最终成为现实的狂野歪曲。根据后现代理论家的观点,这些概念试图改变我们对语言、真理和知识的理解。

齐格蒙特·鲍曼(Zygmunt Bauman)在《后现代主义的启示》中描述了一种新的"侵蚀一切,消解一切的破坏性"情绪。他继续说道:"后现代的思想似乎谴责一切,但又不提出任何建议",仿佛"解构是后现代的思想擅长的唯一工作"。[3] 保罗·里科(Paul Ricoeur)称这种"怀疑的诠释学"已经成为一种普遍的思潮。[4] 笔者将现代主义和后现代主义之间的显著差别总结如下(见表4-1)。

表4-1 现代主义与后现代主义主要差别对照表

现代主义	后现代主义
元叙事	怀疑元叙事
相信进步	怀疑进步
统一化	个体化
秩序	反秩序
家庭中心	自由关系
逻辑的	精神的
书籍	网络
机械的	数字的

---

[1] BENNINGTON G, DERRIDA J. Derrida[M]. Chicago: University of Chicago Press, 1993.
[2] BAUDRILLARD J. Simulacra and simulation[M]. Michigan: University of Michigan Press, 1994.
[3] BAUMAN Z. Intimations of postmodernity[M]. London: Routledge, 2003.
[4] RAILTON P. Facts and values[J]. Philosophical topics, 1986, 14(2): 5-31.

后现代的概念一经问世，便引起了西方知识界的争论。欧洲右翼知识分子很快将这一概念视为破坏社会基础的潜在危险，并花了几十年时间抨击宣传这一概念的大学左派。在"终身激进派"中，罗杰·金博尔（Roger Kimball）指责学术理论家试图将传统人文学科重新定义为"一种政治怨愤的产物"，诺曼·波德霍雷茨（Norman Podhoretz）认为后现代主义是对道德秩序的攻击。① 维克多·戴维斯·汉森（Victor Davis Hanson）质疑时任美国总统奥巴马处理医疗保健立法一事："在后现代相对主义的庇佑下，即使总统奥巴马所承诺的医改不会改变现有的医疗保健计划又有什么关系呢？"②

到了20世纪80年代，《美国思想的封闭》（Closing of the American Mind）的作者、保守派学者艾伦·布鲁姆（Allan Bloom）挑战了后现代理论家，认为他们诊断后现代状况是不必要的，而且接受这种状况才是真正的悲哀。③ 与当今许多评论家不同，布鲁姆尤其担心学生，他们作为整个社会价值观的风向标，追求商业利益的欲望已经高于追求真理或智慧。他批评摇滚等流行音乐是"完美的资本主义"，像贩毒一样，一面满足着需求，一面创造了需求。布鲁姆哀叹，"父母在他们的孩子的道德教育上失去了控制"。

自布鲁姆以来，右倾评论家们几十年来一直批评后现代主义，但他们批评的核心是谁生产了"后现代主义"。他们不认为后现代主义的产生是消费主义和其他大规模的社会和技术发展造成的，而是危险的左翼学者，或金博尔（Kimball）所谓的"终极激进派"造成的。金博尔在1990年反对学术界左派的论战中提出，左派知识分子将后现代主义带离了文化讨论的范畴，并且将其视为具有完整信条的左翼政治。④ 右翼批评家对后现代主义的批判同时具有误导性，他们将利奥塔和他的同伴视为客观真理价值的批判者，而非把他们看作解释这些现象为什么发生的分析师。

令人惊奇的是，在经过几十年的论战之后，左翼和右翼的批评者在今天都乐于对后现代理论进行批判，而且不约而同地在特朗普问题上取得了一致看法，因为他们对特朗普支持者们的对真理的无视感到震惊。从右翼一方看，例如大卫·恩斯特（David Ernst）认为，特朗普是第一任用后现代主义反对后现代主义的总统；⑤ 而左翼人士代

---

① SCHULTE-SASSE J. Electronic media and cultural politics in the reagan era:the attack on libya and "hands across America" as postmodern events[J].Cultural critique,1987(8):123-152.
② HANSON V D.Fake news:postmodernism by another name[J].Defining ideas,2017,26(1).
③ BLOOM A. Closing of the American mind[M].New York:Simon and Schuster,2008.
④ KIMBALL R. Experiments against reality: the fate of culture in the postmodern age[M]. Chicago:Ivan R. Dee,2000.
⑤ ERNST D. Donald Trump is the first president to turn postmodernism against itself[J].The federalist,2017(5):83-84.

表卡库塔尼(Kakutani)在《卫报》上写道:"自20世纪60年代文化大战开始以来,相对主义一直在上升。当时,它被新左派接受,他们的本意是渴望揭露西方、资产阶级以及男性主导的思想偏见;然而,自从促进后现代主义发展的学者们开始宣称没有普遍的真理,只有个体真理或者即时的观念后,民粹主义右翼就劫持了相对论论点。"①

二、后现代理论框架对"后真相"的解释价值

学者卡库塔尼(Kakutani)认为,我们可以将特朗普时代的"后真相政治"追溯到后现代主义理论出现时期,这与李·麦金太尔(Lee McIntyre)最近出版的书《后真相》(Post-truth)中的论点类似。"即使右翼政客和其他科学否认者没有阅读德里达和福柯的文章,这个想法也会自然而然在他们脑海中萌发。"②但事实上,让后现代主义为"后真相"背锅,将特朗普主义或者另类右翼的相对主义的产生归咎于左翼知识分子对现实中所发生的种种事件的假设性描述,往往缺少了一个至关重要的考虑,即人们需要找到因果联系,但评论者们并没有足够的证据来推断这两者之间的因果关系。换言之,"后现代"与"后真相"并没有先后关系,甚至在任何时代都会出现对事实的多种解释,而这种解释权的争夺,只不过在社交媒体时代被放大了。后文中我们将会详细对解释权、话语权进行论述。

文化评论家、《真理之死》(The Death of Truth)一书的作者美智子(Michiko Kakutani)指责相对主义促使特朗普崛起。③ 同样,共和党政治家、特朗普团队律师鲁迪·朱利安尼(Rudy Giuliani)④告诉NBC"真相不是真理"时,⑤Vox新闻网认为,"特朗普的法律团队习惯用后现代主义暗示真相难以辨别,因为无论如何它都是相对的"。这些来自后真相理论的挑战为我们制造了一个重大危机:我们失去了对世界各种问题进行描述的共有词汇。

我们不能说后现代性的学术冥想对整个文化没有任何不良影响,只是它们产生影响的实际证据是稀缺的。一方面,后真相的观点鼓励整个社会把科学事实只是作为

---

① KAKUTANI M. The death of truth:how we gave up on facts and ended up with Trump[J]. The guardian, 2018(14):18-20.
② MCINTYRE L. Post-truth[M]. Massachusetts:MIT Press,2018.
③ KAKUTANI M. The death of truth[M].New York:Tim Duggan Books,2019.
④ 鲁道夫·威廉·路易斯·鲁迪·朱利安尼三世(意大利语:Rudolph William Louis Giuliani;英语:Rudolph William Louis Rudy Giuliani III,1944年5月28日—)是意大利裔的美国律师、检察官、商人及政治人物,出生于纽约州。
⑤ EBNER N. Begun,the trust war has:teaching negotiation when truth isn't truth[J]. Negotiation journal, 2019,35(1):207-210.

"另一种意见"来加以拒绝;另一方面,后真相的观点帮助人们理解事实的方式不是在真空中出现的,它有着各自的利益冲突与语境,宏大的叙事并不总是能准确解释事物。

将后现代主义归咎于特朗普时代的政治冲动将使我们忽略后现代主义对今天发生的事情的解释价值。例如,人们很容易嘲笑鲍德里亚的观点,即"海湾战争没有发生"。但如果我们放弃理解鲍德里亚的论点,就说明我们对冲突的印象已经被媒体框架所扭曲。后现代主义的解释框架至少对这个时代的"民粹主义"和"后真相"仍然有效,本书认为,后现代主义框架对"后真相"的解释价值在于以下两点。

第一,民粹主义采用相对主义观点(即后现代的主要观点)的策略是必然的。例如,"身份政治"被有色人种认为是坏的,但民族主义的身份政治对白人的生存来说是好和必要的。这说明,目前的趋势早在后现代主义理论诞生之前就已存在。卡库塔尼(Kakutani)在其为《卫报》写的文章中引用了汉娜·阿伦特(Hannah Arendt)1951年出版的《极权主义的起源》(*The Origins of Totalitarianism*)中的观点:"极权主义统治的理想并非令人信服纳粹或共产主义者,而是让人们不再区分事实和虚构、真与假。"阿伦特本人在其1971年的文章《在政治中说谎》(*Lying in Politics*)中写道,"故意的谎言被用作实现政治目的的合法手段。自从有记载的历史开始以来,这种事情就一直与我们同在"①。

第二,后真相与谎言是两回事,谎言表述的是子虚乌有或根本不存在的事件,后真相表述的是基于事件本身的不同解释。不能把假新闻和后真相混为一谈。很明显,真理与事实的真正敌人不是后现代主义,而是宣传。而后,现代理论实际上恰恰给了我们一个框架来理解虚假是如何伪装成真理的。

第二节 "后现代总统"的定义和特点

如果用后现代理论审视特朗普与主流媒体的博弈,则可以说他是在用"后现代"反对"后现代"。② 他战胜主流媒体重点体现在对原本美国主流的政治正确的打击上,可是,原本的美国式"政治正确"又是什么?无非是强调一种多元的意识形态,而这正是后现代理论的核心精神。由此观之,特朗普对政治正确的反叛,也应该理解为是对后现代的反叛,这场"战役"在他对诸多问题混乱的表述中显现出拉锯战似的吃力,特朗

---

① ARENDT H. The origins of totalitarianism: a reply[J]. The review of politics, 1953, 15(1): 76-84.
② ERNST D. Donald Trump is the first president to turn postmodernism against itself[J]. The federalist, 2017 (5): 83-84.

普是要回归到欧洲白人或者说西方传统的价值观上,他是要回归主流。当然,他用来反对后现代的也正是后现代的手段,用娱乐消解严肃话题,实现逻辑的碎片化与简单化,用流行文化冲击精英文化。

随着时间的推移,特朗普倾向于变换不同的政治立场。① Politico 将他的立场描述为"不拘一格,即兴且经常自相矛盾"②,而 NBC 新闻在他竞选期间统计了"23 个重大问题上的 141 次明显转变"③。这正是对"普遍真理"的瓦解,特朗普只有"即时真理",而不同时刻的即时真理又常常互相矛盾。

特朗普所做的是利用大量人民的不满和愤怒,以及利用后现代社会和媒体在美国所制造的分裂的现实感。法国学者让-弗朗西斯·利奥塔(Jean-Francois Lyotard)在他的《后现代状况》一书中将后现代主义描述为"对叙事的怀疑"与"极端简化",④愤怒和无奈的特朗普选民反对诸如对进步和科学抱有信念这样的传统自由主义和理性的叙事,在后现代社会中,我们在许多领域缺乏有效的方法来判断对错,只能或多或少地依靠我们自己的既有态度和情感来进行判断。可以将后现代主义描述为一种文化变异,它在 1960 年左右成为主流,并取代了我们可以描述为现代主义的普遍精神。

一、"后现代总统"的定义

美国学者瑞恩等人研究发现,从 20 世纪 80 年代开始,总统政治进入了后现代总统政治时期。⑤ 1988 年和 1989 年,美国学者瑞安·巴利勒克斯(Ryan Barilleaux)和理查德·罗斯(Richard Rose)分别出版了广受关注的《"后现代总统"与"后现代总统"制:罗纳德·里根之后的政府机构》和《"后现代总统":白宫遭遇世界》。两位作者不约而同且坚定地认为"现代总统"时代已经终结,⑥取而代之的则是"后现代总统"时代。⑦

---

① FAHRENTHOLD D A. 20 times Donald Trump has changed his mind since June[EB/OL].(2015-08-17)[2021-09-10]. https://www. washingtonpost. com/news/post-politics/wp/2015/08/17/20-times-donald-trump-has-changed-his-mind-since-june.
② NOAH T. Will the real Donald Trump please stand up? [J].Politico,2015(6):18-19.
③ TIMM J C. A full list of Donald Trump's rapidly changing policy positions[EB/OL].(2016-12-26)[2021-09-20]. https://www.nbcnews.com/politics/2016-election/full-list-donald-trump-s-rapidly-changing-policy-positions-n547801.
④ LYOTARD J F.The postmodern condition[M].Manchester:Manchester University Press,2000.
⑤ BARILLEAUX R J. The post-modern presidency:the office after ronald reagan[M]. New York:Praeger,1988.
⑥ 斯科夫罗内克.总统政治:从约翰·亚当斯到比尔·克林顿的领导艺术[M].黄云,姚蓉,李宪光,译.北京:新华出版社,2003.
⑦ 大多数学者认为,总统政治出现了一些新的发展,有的称之为"后现代总统",有的称之为"公民投票总统",有的直接称之为"公众总统"。

斯达克的观点得到了一些学者的认同,学者们认为"后现代总统"的一大特点就是淡化了共性,即总统角色应该有的样子,转而突出个性,即总统对外部环境做出反应的自我风格。从这个角度来看,奥巴马相比于特朗普,是更加"现代总统"的,白宫记者团首位华人记者张经义在接受笔者采访时,谈到奥巴马更加"照本宣科",他的讲话多半由智囊团反复打磨,而自我发挥空间很小,特朗普则是自我发挥空间很大。[①] 学者们认为,"后现代总统"虽然不能称为一个新的总统制度,但对解释总统的个人心理和问政风格是有意义的。

最早被深入分析的"后现代总统"是克林顿。斯蒂文·斯盖尔(Steven Schier)、布鲁斯·米洛夫(Bruce Miroff)、派瑞·阿诺德(Peri Arnold)、肖·派瑞-吉尔斯(Shawn Parry-Giles)和特莱弗·派瑞-吉尔斯(Trevor Parry-Giles)通过比尔·克林顿来描述"后现代总统"的特征。斯蒂文·斯盖尔在《"后现代总统"制:比尔·克林顿在美国政治中的遗产》一书中收集了一组研究"后现代总统"的论文。[②] 斯盖尔在该书的导论中指出,每一位总统在某种意义上都是具有某种特质的总统。"克林顿总统导演了许多引人关注和影响深远的政治事件:医疗改革、环境外交和发表《中美联合声明》等。"[③]克林顿塑造的政治风格对未来的总统具有启迪意义:通过瞄准摇摆不定的选民确立议程,公布民调结果和焦点团体,以及采用复杂的竞选技术来获得公众支持和谋求连任。[④] 所有这一切,借用布鲁斯·米洛夫的判断标准,都属于后现代政治艺术。

在《建构克林顿:信息爆炸与后现代政治中的总统形象制造》一书中,肖·派瑞-吉尔斯和特莱弗·派瑞-吉尔斯认为,在快速变革和信息爆炸的时代,已经很难区分孰真孰假的问题,越来越难以辨别是"真实的克林顿"还是"制造的克林顿形象",[⑤]"后现代总统"的一个重要任务就是塑造形象。后现代政治语境下,总统的形象或者人设意味着一切。

清华大学赵可金认为,美国总统政治可分为三个类型:一是前现代总统。此种类型总统政治的主要特征是,总统获取权力主要通过寻求国会同意或授权,在府会关系

---

① 白宫记者团首位华裔记者张经义于2019年10月接受笔者采访。
② SCHIER S. The post modern presidency: Bill Clinton's legacy in US politics[M]. Pittsburgh: University of Pittsburgh Press, 2000.
③ SCHIER S. The post modern presidency: Bill Clinton's legacy in US politics[M]. Pittsburgh: University of Pittsburgh Press, 2000.
④ SCHALLER T F, WILLIAMS T W. The contemporay presidency: postpresidential influence in the postmodern era[J].Presidential studies quarterly,2003,33(1):188-200.
⑤ PARRY-GILES J, PARRY-GILES T.Constructing Clinton: hyper reality & presidential image-making in post modern politics[M].New York:Peter Lang Pub Incorporated,2002.

上呈现为国会主导的权力结构。二是现代总统。此种类型总统政治的主要特征是,总统获取权力主要通过寻求国会同意或授权,在府会关系上呈现为总统主导的权力结构。三是后现代总统。此种类型总统政治的主要特征是,总统获取权力主要通过寻求公众支持,在府会关系上呈现为国会总统与国会共享权力的权力结构。①

事实上,随着20世纪以来美国政治生态的不断变迁,特别是随着媒体技术的飞速发展、民众利益的多元化,以及选民政党忠诚度的不断下降,当代美国总统开始越来越多地采取"诉诸民众"的策略,他们试图绕过国会议员、行政官员等传统的谈判对手而直接寻求民众支持,以此谋求赢得竞选。② 正如尼克松的一位高级助手所言,白宫的主要任务之一就是充分利用所谓的"首席讲坛"来发动民众。③

美国学者斯蒂芬·斯科夫罗内克在《总统政治:从约翰·亚当斯到比尔·克林顿的领导艺术》中认为,信息化时代,美国总统正在越来越多地采用直接发动民众的方式,使华盛顿政治呈现出一种朝"永恒选战"方向发展的趋势,一切围绕提高、维持民意,围绕选战来塑造形象,一切围绕操纵舆论与媒体展开行动,手段日益多样,领域日益广泛。以至于一些学者认为美国总统已经从过去的"讨价还价"型总统变成了"公关"型总统、"公投"型总统、"营销"型总统、"修辞"型总统等。④

显然,成为"后现代总统"的关键不是是否"诉诸民众",从"诉诸民众"的政治战略来看,"后现代总统"的问政风格已经稳定了,几乎从20世纪60年代开始,"诉诸民众"就成为美国总统的政治战略了。决定"后现代总统"制是否巩固的关键是第二个指标,"后现代总统"究竟是总统主导还是国会主导,如果总统绕开国会而诉诸民众,又赢得了国会的支持,那就意味着美国宪政分权体系已经失控,真正的"后现代总统"制就要来临。⑤ 事实上,国会与时任总统特朗普之间并非制衡关系,而是合作关系,只要"价钱"合适,总统想修墙就修墙,想在任内继续和外国做生意就做生意,想把女儿和女婿安排进白宫也没有问题。

美国政治钟摆摆动的周期,成为美国政治的一个重要规律,不管它摆向何方,都会奏出一曲令人瞩目的政治交响曲。特朗普能否打破这一"钟摆效应",决定着美国总统制能否真正转型为"后现代总统"制。不过,在可见的未来,美国的政治天平在宾夕法尼亚大街两边摆动的过程中,府会合作、最高法院裁决的模式将一直保持着美国宪政

---

① 赵可金.现代总统制中的"后现代总统"——美国总统权力的扩张及其制度制约[J].美国研究,2016(6):20-40.
② KERNELL S. Going public: new strategies of presidential leadership[M]. New York:CQ Press, 2006.
③ MUELLER J E.War, presidents, and public opinion[M]. London:John Wiley & Sons, 1973:69-74.
④ 斯科夫罗内克.总统政治:从约翰·亚当斯到比尔·克林顿的领导艺术[M].黄云,姚蓉,李宪光,译.北京:新华出版社,2003:60.
⑤ 赵可金.现代总统制中的"后现代总统"——美国总统权力的扩张及其制度制约[J].美国研究,2016(6):20-40.

制度的基本模式,现代总统制框架中的"后现代总统"问政风格可能是特朗普时代美国总统政治的主要特征。①

根据以上学者的描述,无论是从文化层面,还是从政治层面,特朗普的竞选与执政之路堪称"后现代总统"的典范,比起克林顿有过之而无不及。就特朗普而言,他在后现代社会中具有文化优势,同时媒体也起着举足轻重的作用。特朗普是一个沉迷于大众文化或大众传播文化的人。权威人士曾质疑特朗普是否在过去三十年里完整地读过一本书,而且与前任所有总统不同的是,他不邀请任何精英文化艺术家在白宫演出。他所做的正是利用大量人民的不满和愤怒,以及后现代社会和媒体在美国所制造的分裂的现实感。在特朗普的统治下,真相的定义不断变化。因此,他的团队把工作重心经常放在挑战真理和事实的定义上,而非捍卫特朗普本人的陈述。特朗普用手势来批判政治制度和讽刺他的对手,他通过创造奇观使他的竞选活动具有吸引力。后结构主义者和新马克思主义学者断言,晚期资本主义的价值取决于内容,特朗普将这一特征推向了新的高度。

二、"后现代总统"的特点:对特朗普后现代符号学的解读

特朗普一方面极端个性化,另一方面对美国主流价值观的"政治正确"嗤之以鼻,由此可见,特朗普是美国的一位典型"后现代总统"。就他而言,他在后现代社会中具有文化优势,同时媒体也起着推波助澜的作用。特朗普热衷于做综艺节目主持人,时而也会在喜剧电影中客串。成为总统之后,他不邀请任何精英文化艺术家在白宫演出。这些迹象表明,特朗普对主流或者精英文化是十分具有"解构"精神的,他的发型和标志性红色领带都毫不掩饰地显示出他的后现代主义风格与品位。用后现代主义视域下的符号学对特朗普进行解读,则能够突出地反映出他作为"后现代总统"的特点及其支持者的特点。

(一)作为"超真实"符号的"推特总统"

让·鲍德里亚认为,当代文化是一种符号文化,任何符号都不过是一种建构、模拟,没有所谓的真实,我们不必探究符号的意义,享受符号景观即可。正如中国道家学说中发出"庄周晓梦迷蝴蝶"的诘问,是庄子在蝴蝶梦中,还是蝴蝶在庄子梦中?符号与现实到底谁在模仿谁,谁才是真实的?

---

① 赵可金.现代总统制中的"后现代总统"——美国总统权力的扩张及其制度制约[J].美国研究,2016(6):20-40.

"超真实"指很多符号幻象所构成的,并没有源头的现实秩序,它将真实与非真实之间的界限模糊化,甚至让非真实比真实还要真。于是,真实便与客观的自然之物脱钩,人们用以体验真实的基础也随之消失。在鲍德里亚看来,迪士尼乐园所模仿的美国比现实中的美国更真实。这就是说,现实中的美国已经逐渐被超真实的迪士尼文化所收编,它们二者之间的模仿关系发生了颠倒。现实中的美国模仿起迪士尼的文化。用鲍德里亚的话说就是:"迪士尼乐园在那里存在,为的是掩盖一种事实,即它是真实的国家,真实的美国就是迪士尼乐园。迪士尼乐园里的事物都是人们想象出来的,为的是让我们相信其余的都是真实的,而实际上,洛杉矶和美国不再是真实的,而变成了超真实和仿真的。这已经不再是真实(意识形态)的错误表征问题了,而是一个掩盖真实不再真实这一事实的问题,因此也就是拯救现实原则的问题。"

鲍德里亚在其《符号政治经济学批判》中指出,仿真的特点是模型先行,模型就是媒介,所以仿真不再与版图、参照物或实体相关。"仿真不再是一个领域、一种指涉性的存在或一种物质的仿真,它是一种无源泉的真实,一种超真实。"[1]在鲍德里亚看来,符号的多样性使真实的观念崩塌,仿真是一种虚构之真,而拟像更甚于仿真,它是对模仿物的再次模仿,是没有本源的"像",因此,有的翻译成"幻象"或"类像",以与"幻觉"等区别开,主旨还是表示与实在的表象或表征有区别。也就是说,近代哲学的一个重要范畴的表征才是以实在为模型所形成的表象;而 simulacra 不是对实在的"像",它不以实在为摹本,而是以复制品为摹本。[2] 在网络时代,仿真比真实的真还要真,拟像比表象更实在,这就是超真实或超实在。表征始于符号和真实的对等原则,而仿真则是对这一对等原则的颠覆和死亡判决。

这是另一种新的视觉文化,即在新的技术媒介和网络基础之上的新文化现象,好比仿真是唐老鸭,而拟像是迪士尼,唐老鸭并非真实之物的表征,而迪士尼更是在对这个虚构的符号进行模仿,让超真实进入真实,甚至在某种场域中取代真实。特朗普则创造了一系列对美国社会的仿真符号,然后让美国社会对这些符号进行再模仿,最终美国社会成为他所创造的符号的拟像,让超真实变成了真实。

如今,特朗普创造的媒体奇观并非只是即兴之作,他从创业之初便早早尝到了利用媒体的甜头,甚至在其诸多畅销书中他毫不掩饰地表达"坏名声也比没名声强"的反叛观点。在传统媒体时代,他利用《纽约邮报》《时代》等媒体帮他拿下特朗普滑冰场、

---

[1] 巴尔特,鲍德里亚,等.形象的修辞:广告与当代社会理论[M].吴琼,杜予,编.北京:中国人民大学出版社,2005.
[2] 张一兵.伪消费背后的需求幻象——鲍德里亚《符号政治经济学批判》解读[J].马克思主义与现实,2009(3):114-119.

特朗普大厦等项目,而在社交媒体时代,他利用推特等竟然拿下了美国总统。他所煽动的民粹主义愤怒与仇恨让美国所有政客投鼠忌器的政治正确烟消云散,使市井之言、群氓之见代表了美国,他塑造了一个民粹和反智的符号,并让这个符号成为比真实还真实的现实,极具感染力和煽动性的辞藻在总统竞选中不绝于耳,他到底在表达美国,还是美国变成了他所表达的样子?

特朗普入主白宫让他创造的媒体奇观成为现实,特朗普真正做到了让仇恨与愤怒成为美国的"真实",在一脚踢开"政治正确"之后,特朗普成为一个民粹与反智的符号,而"总统"的影响力又让整个美国社会对这个符号进行拟像,让这个符号成为比真实更真实的超真实。

(二)符号学与隐喻揭示特朗普的性格特点

隐喻涉及类比和比较。从符号学角度来看,隐喻可以揭示一个人的信仰系统的隐秘方面。据统计,我们与他人交谈一个小时就会使用隐喻多达八次。隐喻可以将人们潜在的想法、感觉充分表达出来。但我们使用的隐喻是"隐藏的",因此我们很难意识到自己对隐喻的钟爱。

普通人每天都自觉或者不自觉地使用许多隐喻。那是因为我们发现类比在描述和向他人解释事物上很有用。哈佛商学院教授杰拉尔德·扎尔特曼(Gerald Zaltman)在他的《客户如何思考:对市场思想的基本洞见》一书中解释了为什么隐喻如此重要,并指出隐喻对我们表达思想至关重要。[1]

> 隐喻,一件事用另一件事来表示,通常可以帮助我们表达我们对生活的某个方面的看法。例如,如果一个人说:"我的头发是我的签名。"那么他并不是说他用自己的头发来签名。他的意思是,关于头发的某些信息可以表明他的身份。因此,这种隐喻具有关于身份、个性和对其他人的意义的丰富含义。

用符号学分析特朗普的头发,就能够发现他的性格。他本身是谢顶的,但又通过某些方式来掩盖这一事实,这说明他缺乏真实,由此就不难理解为何他会在演讲和推特中制造了那么多谎言,他的头发和头发的颜色成为喜剧演员和漫画家调侃的对象。

特朗普的握手方式也充满符号学意义。例如,他对奥巴马,就是相敬如"冰"式握

---

[1] ZALTMAN G. How customers think: essential insights into the mind of the market[M]. Boston: Harvard Business Press, 2003.

手,对德国总理默克尔的握手更是一种"视而不见";但对听话小弟安倍晋三则是热情洋溢的,边握还边拍其手背,一边握还一边往他的方向拉,握手时间长达19秒。对于彭斯(Michael Pence)和葛萨奇(Neil Gorsuch),他也是拉得对方重心不稳,这些都传递出一个信号"信任,同时在这里我是老板,我说了算"。

特朗普还喜欢给别人起外号,来显示自己强势的一面,例如,他在联合国大会上发言时就称金正恩为"火箭人"。罗布·凯夫(Rob Kyff)在《哈特福德新闻报》(*Hartford Courant*)上发表了一篇《特朗普:隐喻的大师》的文章,提供了许多重要的描述。凯夫写道:

> 在总统竞选期间,他用生动的隐喻发表言论:"排干沼泽"①"难民洪流""操纵系统"(指美国政界被各种力量操纵)。他将叙利亚难民与特洛伊木马做了比较,并在一个比喻中他将美国描述为"被抢劫的存钱罐"。②

凯夫在他的演讲中还提到了特朗普对美国的比喻,例如"生锈了的工厂散布在各处,就像墓碑一样"。特朗普对隐喻的使用引起了许多心怀不满的美国人的共鸣,他们将特朗普的隐喻看作"就是他说的那样"。

特朗普经常将白宫描述为"像微调的机器一样在工作"。与此形成鲜明对比的是,佩吉·诺南对白宫的描述则是:③

> 白宫在混乱中享有这样的"盛誉",即无人负责、派系林立、谣言四起,所有人都在讨论谁将被解雇。关于白宫的混乱报道不计其数,几乎每天都有关于被特朗普开除的谣言。④

权力问题一直是批判性话语分析(Critical Discourse Analysis,CDA)项目的核心议题。基本上,权力来自对教育、知识和财富等社会资源的特权可接近性,获得这种可接近性权力的人们拥有了权威、地位和影响力,他们还能够支配、强迫和控制下属群体。CDA 的目的是揭示文本中显性或隐性地存在着什么样的社会权力关系……语言

---

① "排干沼泽":美国政坛把华盛顿的腐败称为沼泽,特朗普使用这个比喻是为了得到民众支持,但后面他的团队发现这个比喻的作用并不大,因此特朗普在竞选后期并不再说这个短语,反而将其称为"有点刺耳"。
② KYFF R. Word watch:Trump the master of metaphors[J].Hartford courant,2017(25).
③ NOONAN P. Melania's Misstep and Michelle's Mystery:the current first lady joins the White House chaos,while her predecessor answers an old question[EB/OL]. (2018-09-15)[2021-09-18]. https://www.wsj.com/articles/melanias-misstep-and-michelles-mystery-1542327167.
④ 特朗普入主白宫之后,其内阁成员大量反复更替,为美国目前政坛所罕见,并且他让他的女儿、女婿、夫人等参与白宫工作,这一举动引起了不小的争议。

可以制造或再造社会生活,它有助于让不平等和既得利益产生、合法化并长期存在。在这里,语言不仅是交流或说服的工具,而且是一种社会控制和控制的手段。这些作者开始研究语言、图像和其他交流方式(例如玩具、纪念碑、电影、声音等)如何结合以产生意义。这被广泛地称为"多情态"(multimodal)分析,其目的是揭示隐藏的意识形态。

特朗普的签名有着涂鸦的磅礴之气,在很多他签署的文件中都能看出他的签名似乎要尽可能地占满整个纸面,这表现出他的自恋和主宰他人的欲望。一个有趣的例子是,他在日本访问时,安倍晋三特意拿出特朗普在竞选时的招牌帽子的仿制品,帽子上面写着"川普与安倍晋三让美日同盟更加伟大",两人随后在帽子上签名,然而,特朗普自顾自地在帽子中间签上大大的自己的名字,而安倍晋三只能尴尬地签在了旁边角落,一下子就体现了美日同盟的"主仆关系"。

特朗普的面部表情揭示了他的情绪和感觉。在一张著名的照片中,我们看到特朗普在模仿残疾人,这表明特朗普对其他人几乎没有同情心。在其他照片中,我们看到他的愤怒在扭曲的面部表情中显现出来,愤怒似乎是他的主要情感。

特朗普在讲话中经常使用"I",使自己成为被关注的焦点,他常常用类似语言表达:"夏洛特是我热爱的城市""我有投资的城市"。他经常提到自己在他正在谈论的城市里有财产,以表明他有多在乎这座城市(抑或在乎他的财产)。

(三)特朗普语言中的限制性符码和延展性符码

一位社会语言学家罗勒·伯恩斯坦(Basil Bernstein)在研究中发现,英国人讲话有两种类型的符码,限制性符码(穷人的说话方式)和延展性符码(中产阶级及以上阶层的说话方式)。[1]

特朗普的讲话非常简单并且大多属于限制性符码范畴。艾米莉·舒格曼(Emily Shugarman)2018年1月9日在《独立观察者》(*The Independent*)上发表的一篇文章中提出,在对总统上任后的前30,000个单词进行分析后发现,特朗普的讲话水平为三年级至七年级,年龄近似于8岁,是1929年以来15位总统中得分最低的。[2]

特朗普在讲话时使用限制性符码,这也是最适合他的听众集的符码,但用这套符

---

[1] BERNSTEIN B. Class, codes and control: applied studies towards a sociology of language[M]. London: Psychology Press, 2003.
[2] SHUGARMAN E. Trump speaks at level of 8-year-old, newanalysis finds[EB/OL].(2018-01-09)[2021-09-20].https://www.independent.co.uk/news/world/americas/us-politics/us-trump-language-level-speaking-skills-age-eight-year-old-vocabulary-analysis-a8149926.html.

码与新闻界或政治家讨论就不太合适。同时,这也有助于解释特朗普的思维过程是线性且简化的。

(四)那耳喀索斯的神话与自恋

特朗普早年与父母的关系在他的人格发展中发挥了作用。他与经常生病的母亲"相距遥远",特朗普将忙于商业交易的父亲视为偶像,但他父亲又没有长时间地陪伴他。因此,他儿时可能无法依恋父母,而这种依恋的缺乏可能是其自恋型人格形成和其他心理问题产生的重要因素。

还有另一个神话在心理分析理论中起着重要作用,这就是那耳喀索斯的神话。根据神话,那耳喀索斯是河神刻菲索斯与水泽神女利里俄珀之子。他出生后,预言家提瑞西阿斯说,那耳喀索斯只要不看到自己的脸,就能长寿。因此,尽管那耳喀索斯生得十分俊美,但他始终不知道自己长什么样子。

那耳喀索斯的美貌让全希腊的女性倾倒,但他对所有前来求爱的女人都无动于衷。掌管赫利孔山的仙女厄科(Echo)也沉溺于那耳喀索斯的美貌无法自拔。但那耳喀索斯同样拒绝了厄科的求爱,导致厄科伤心而死,只留下声音回荡在山谷之间。甚至有一位男性青年阿弥尼俄斯也爱上了那耳喀索斯,在遭他拒绝后这名青年选择了自杀。他轻蔑了所有爱他的人,这些人向众神祈祷:"愿那些不能爱别人的人只爱自己。"复仇女神涅墨西斯同意了这个请求并惩罚了那耳喀索斯。因此,那耳喀索斯在一次打猎归来时,无意中在池塘中看见了自己的脸,他爱上了自己的倒影并且无法自拔,最终憔悴而死。这样提瑞西阿斯在那耳喀索斯幼年时所做出的预言就实现了。在那耳喀索斯死去的地方生出了一株水仙花。

弗洛伊德认为,自恋是一种自我指向的性欲,每个人都有一定程度的自恋,因为他们需要保持身体机能,但大多数人都设法控制了极端自爱的倾向。大多数分析家都专注于特朗普的自恋及其对生活的影响。他们形容他患有自恋型人格障碍,由此解释为什么他与他人的关系紧张、为什么他没有真正的朋友、为什么他需要成为每个人关注的焦点,以及为什么他不表现出同情心。许多才华横溢的演员、艺术家和音乐家的性格中都具有很强的自恋元素,但是他们的自恋不会影响一个国家或世界。

特朗普的自恋是明显的,他甚至认为他的书要比《圣经》好。特朗普信仰长老教会(Presbyterianism),但他"不确定"他是否曾要求上帝宽恕:"如果我做错了什么,我就试着把它做对。我不会让上帝看到我做错的画面。"他试图尽可能多地参加圣餐,因为这让他"感到洁净"。①

特朗普爱出风头不光表现在他热衷于上各种财富排行榜,还表现在他喜欢在各种媒体中抛头露面,除了其真人秀《学徒》之外,他还在 12 部电影和 14 部电视剧中客串过。② 2005 年,他在第 57 届艾美奖颁奖典礼上与 Megan Mullally 合唱。特朗普还从银幕演员协会获得了退休金。③ 他的财务披露表显示他 2016 年的年度养老金为 110,000 美元,2017 年为 85,000 美元。④ 从 20 世纪 90 年代开始,特朗普出席《霍华德·斯特恩秀》节目约 24 次,但自从他成为总统以后就没有再露面。⑤ 特朗普还有自己的谈话电台节目《特朗普》(2004 年至 2008 年,每日一到两分钟)。在 2011 年,特朗普获得了每周一次在福克斯担任非付费评论员的机会,直到他在 2015 年开始竞选总统才不再担任。⑥

(五)支持者的现实过滤及父像投射

语言学家乔治·拉考夫(George Lakoff)将特朗普在保守派中的受欢迎归因于他自身的道德投射于现实世界中,这种道德对惩罚和个人主义进行了限制,从而与"严父"世界观产生共鸣。⑦ 人类学家坦妮娅·鲁尔曼(Tanya Luhrmann)借鉴宗教的民族志来解释特朗普对追随者的吸引与政治愤怒关系不大,而是特朗普"违反禁忌"的行为给追随者提供了"宗教想象力"⑧,在充满无休止的争论的美国当下,特朗普俨然成为人们的情感寄托,他向人们回收了"愤怒""失望"和"不知所措",然后又把它们打包当作商品售卖出去以换取政治资本。人们对他的依恋,既像是对父亲所给予的安全感的痴迷,又近似于对宗教救世主倾诉苦水的依赖。

心理学家们常常引用英国诗人威廉·华兹华斯(William Wordsworth)的诗歌《我心雀跃》(My Heart Leaps Up)中的"儿童是成人之父"(The child is father of the man)⑨这句话来表明,人们在儿童时期所表现出来的某些特点,将会伴随这个人的整个

---

① SCOTT E.Trump believes in God, but hasn't sought forgiveness[J].CNN politics,2015(7):18.
② FISCHER R. Casting notes:Donald Trump cameos in wall street 2; Jeremy Piven and Kate Walsh go to Canada[EB/OL].(2009-09-30)[2021-09-18].https://www.slashfilm.com/casting-notes-donald-trump-cameos-in-wall-street-2-jeremy-piven-and-kate-walsh-go-to-canada/.
③ HANDEL J.How did Donald Trump get a \$110 K SAG pension? [J].The Hollywood reporter,2016(6):17.
④ NEWS B. China makes nice with ivanka and jared[J].Business week,2016(4511):27.
⑤ SNELLINGS A.Punk politics:the evolution of a rebellion[D].California:California State University,2017.
⑥ HANDEL J. How did Donald Trump get a \$110 K SAG pension? [J].The Hollywood reporter,2016(1):17.
⑦ LAKOFF G.Understanding Trump's use of language[EB/OL].(2016-08-23)[2020-10-20]. https://www.socialeurope.eu/understanding-trumps-use-language.
⑧ LUHRMANN T. The paradox of Donald Trump's appeal[EB/OL].(2016-07-29)[2021-08-09]. https://www.sapiens.org/culture/mary-douglas-donald-trump.
⑨ EASTERLIN N. A biocultural approach to literary theory and interpretation[M].Baltimore:JHU Press,2012.

人生。而童年心理发展的一个任务，就是整合"好"与"不好"的经历，接受类似"我所爱的父母"也是"让我失望的父母"的现实，而如果这一发展过程受到阻碍，这个人成年之后就容易出现分裂（split）的精神状态，认为事物非黑即白，不是我的朋友，就是我的敌人。

　　心理学家妮娜·萨维尔（Nina Savelle-Rocklin）就认为特朗普有这种分裂的症状（当然还有极端自恋等其他精神障碍）。但面对这个现实，特朗普的支持者们产生了"过滤现实"的表现，他们选择为特朗普辩护并对其不正确的言行开脱。妮娜在其文章中写了这样一段内容。①

　　　　特朗普赢得共和党提名后不久，一位同事表达了对他的热情支持。鉴于她的专业领域是"自恋"，并且她就该话题写过很多书，我问她如何支持一个如此明确的自恋者。她欣喜且不屑地挥了挥手说，"所有总统都是自恋者"；我问她到底喜欢特朗普什么，她说"他说得很真实"，"而且他是个好商人，他会鞭策这个国家"；考虑到特朗普公司已经六次宣布破产，我提出对特朗普是个好商人的说法的质疑，但她只是耸耸肩，"那只是做生意的一部分"；我坚持道："从未担任过政治职务的人应该担任该国最高职务吗？"她说是时候改变了；我说，你又如何看待他对女性的骚扰？她认为，那只是更衣室里的普通谈话而已。显然，我的同事正在过滤现实，以保持对特朗普的积极看法。

　　这种过滤行为的目的，可以在西格蒙德·弗洛伊德（Sigmund Freud）的文章《幻觉的未来》（*The Future of An Illusion*）中找到一种解释，②弗洛伊德将"社会对上帝的需求"视为"孩子渴望父亲"的一种表现。人们向唐纳德·特朗普投射一个理想化的父亲身份是想重新发现童年的希望，童年时孩子们总是相信一个强大而无所不能的父亲会让一切都好起来。特朗普被认为是除亲生父亲之外最好的父亲，是一个无所不能的人，可以纠正自己的错误。此外，当一个人把想要拥有坚强父亲的愿望传达给特朗普时，特朗普的雄心壮志就会强化这个愿望。他自诩为国家强有力的保护者，许多人因此不想放弃那种拥有保护者的感觉，这将使他们免受各种"鬼怪"的袭击。

---

① SAVELLE-ROCKLIN N. Food for thought: perspectives on eating disorders [M]. Washington: Rowman & Littlefield, 2016.
② FREUD S. The future of an illusion[M]. Peterborough: Broadview Press, 2012.

第三节 "后现代总统"特朗普的媒体修辞特点分析

修辞有多强大？柏拉图在他的《高尔吉亚篇》中做出了这样的论述：如果一个修辞家和一个医生在众人面前争论，让众人选择谁才是真正的医生，那么修辞家会被选中。一个修辞家可以说服观众的原因，是他比真正的医生更像医生。①

这种观点与后现代主义哲学家鲍德里亚的超真实理论相契合，即比真实更真实，每个时代都有人在创造这种超真实，以前是靠言辞，而现在借助大众媒体与社交媒体的力量，修辞术的能量被指数般放大，正如网络流行语所说，"自古真情留不住，唯有套路得人心"，不幸的是，我们就生活在这个被媒介放大的套路中。

得克萨斯A&M大学政治传播学专家詹妮弗·梅西卡（Jennifer Mercieca）说："唐纳德·特朗普是一个修辞天才，虽然人们不喜欢听到这一点，但我还是不得不告诉你这个事实。"②

深入研究特朗普选择的修辞手段之后，人们可以发现，即便他被连续爆出丑闻，但他在其支持者中的受欢迎程度丝毫没有减弱，甚至更受欢迎。特朗普对修辞的掌握让他的观众觉得他们是"秘密俱乐部"的一员，特朗普也能够因此避免因不负责任的言论而被追究责任，这帮助他摆脱了官司。修辞是特朗普和主流媒体博弈的重要手段，本节中笔者概括了在后现代主义语境下让特朗普受益良多的九种媒体修辞策略。

一、西塞罗式假省

西塞罗的"假省"修辞，是指通过说"我不想谈它"来假装否认，实则是强调了某个观点。西塞罗最爱讲的一句话是，"我甚至不会提到你通过凯蒂琳帮助罗马人却背叛我们的事实"（公元前63年）。《孙子兵法》讲的"能而示之不能，用而示之不用"，是这个策略最好的东方诠释。马库斯·图留斯·西塞罗（Marcus Tullius Cicero，前106年1月3日—前43年12月7日），他出生于古罗马的奴隶主骑士家庭，以雄辩而成为罗马著名的政治家、演说家、法学家和哲学家。因此有学者认为，对西塞罗的再次追捧引发了文艺复兴。洛克、休谟、孟德斯鸠等哲学家以及亚当斯、汉密尔顿等人都深受其影

---

① 王江伟.幸福：修辞抑或正义——解读《高尔吉亚篇》[J].道德与文明，2013(3)：121-127.
② LEAVER B. Source：guardian，is Donald Trump a rhetorical genius[EB/OL].(2019-04-10)[2021-09-09].https://www.theguardian.com.

响,他们经常在自己的作品中引用西塞罗的句子。这种西塞罗式的"假省",又可以称作"假意勉强",是指有意通过轻描淡写的方式带出需要强调的主题,看似省略,实则强调。

竞选过程中的一次新闻记者招待会上,他称其他对手很"尿"(weak),"如果你们想知道真相,那么我会说他们通常来说很'尿',但我不会这么说,因为这么说会让我有争议,而我不想有任何争议(controversy)。因此我拒绝说他们总是很'尿',可以了吗?"这句"不想有争议"极为讽刺,特朗普一面把自己的炮弹(他们都很"尿")毫不手软地发射出去,一面又说自己不想有争议,而事实证明他说这话就是在制造争议和话题。

同样,他评论自己的对手杰布·布什(Jeb Bush),"我本来打算说他是'傀儡'布什;但我不会这么说"①。实际上,杰布·布什自从参加竞选以来一直被特朗普的"修辞"所操纵,特朗普通过翻布什家族的"旧账"让杰布·布什陷入泥潭,使他根本无法参与到真正的竞选中来,家族是杰布·布什的最大财富,最终特朗普让它变成了最大绊脚石,特朗普总是抓住杰布的话柄,戏谑道:"他竟然认为数千名美国军人死亡,战争花费超过1万亿美元只是干掉一个萨达姆是桩'好生意'";"相信我,美国目前来看最不需要的就是'另一个布什'"。②

他还攻击过曾连续获得十一次艾美奖的主持人乔恩·斯图尔特(Jon Stewart):"所有恨我和失败的人都必须承认,与其他人不同的是,我从来没有用他的假姓来攻击狡猾的乔恩·斯图尔特,而且永远不会那样做。"③紧接着就有人在这则推特下评论,"但你刚刚做了"。不可否认的是,由于"囧叔"(中国网友对Jon的昵称)的粉丝众多,特朗普的这则推特又获得了众多人关注,即便是对他的无情攻击——例如"你先讲讲你的理发师为啥恨你","囧叔从来没有你这样一张像'菊花'的嘴"等无厘头搞笑的回复,也为特朗普贡献了不少热度。

在美国前50的企业中任职CEO的卡莉·菲奥莉娜(Carly Fiorina)同样被特朗普用这种方式冷嘲热讽了一番,他说:"我答应过,我不会说卡莉·菲奥莉娜让惠普公司陷入困境,成千上万的人被她恶毒地解雇了。我说过我不会说,我就不打算说这些事。"

在2016年1月17日,他又将炮筒转向新闻界,在推特上评论NBC新闻的脱口秀

---

① 资料来源:https://twitter.com/igorbobic/691778232664887296。
② ALEMANY J.Confident Trump unloads on "stupid" GOP rivals in New Hampshire[EB/OL].(2015-08-15)[2021-09-11].https://www.cbsnews.com/news/election-2016-confident-trump-unloads-on-stupid-gop-rivals-in-new-hampshire.
③ 资料来源:https://twitter.com/realdonaldtrump/status/60483807658 6856448。

主持人和通讯员梅根·凯利(Megyn Kelly),"我不会称梅根·凯利①'胸大无脑',因为这在政治上是不正确的。相反,我只会称她为没水平的记者。"他在这句话中同样使用了这个一石二鸟的手段,既表达出了对主流媒体和"政治正确"的轻蔑,也为自己免去责任,称他不想这么做,因为政治上是不正确的。

二、降维攻击

刘慈欣在其科幻小说《三体Ⅲ·死神永生》中提出了"降维攻击"的概念,本意是指某种高维科技通过降低目标所处空间的维度而毁灭对方的行为。后来该词被广泛应用于市场竞争和文艺辩论中。特朗普往往在遇到十分关键且对他不利的问题时,使用降维攻击的修辞策略,即避免回答高层次问题的主要矛盾之处,转而对对手的人格、职业、外貌等低层次问题进行攻击,导致高层次问题被消解或遗忘,政治场域中的严肃话题被转变为"脱口秀"式的娱乐内容。

例如,2016年2月25日,特朗普作为共和党总统候选人接受CNN主持人休伊特(Hugh Hewitt)②的提问,休伊特说,很多听他广播的听众都很关心特朗普能否兑现曝光自己纳税申报表的承诺,特朗普立即打断,转而评论休伊特说:"首先,有个好消息是,并没有多少人听你的广播节目,收听率可以作证。"休伊特当时十分尴尬,而之前关于曝光纳税申报表的事情也被丢到了九霄云外。特朗普还说:"你打算问别人一个问题吗?每个问题都来找我?我知道我的收视率很高,但这有点荒谬。"③全场哄堂大笑,显然,这次严肃辩论又成了特朗普的"脱口秀"。

特朗普对来采访的记者更是喜欢降维攻击。在一次专访中,特朗普与美国全国广播公司记者凯蒂·特(Katy Tur)④发生了激烈争执。在凯蒂·特对特朗普的将暴力犯罪与非法移民联系起来的论点提出异议之后,他告诉她应该更好地了解情况。"不要天真。你是一个非常天真的人"⑤,之后,特朗普在看到她无法提供更准确数据来辩

---

① 梅根·凯利(1970年11月18日出生)是美国记者。2004年至2017年,她是福克斯新闻的新闻主播,2017年至2018年,她是NBC新闻的脱口秀主持人和通讯员。
② 休伊特是塞勒姆广播网络的美国电台脱口秀主持人,也是律师、学者和作家。作为保守派和天主教徒,他评论美国的社会政治和媒体偏见。休伊特还是查普曼大学法学院的法学教授,也是NBC新闻/MSNBC的常规政治评论员。
③ TANI M. Donald Trump confronts debate moderator: "very few people listen to your radio show."[EB/OL]. (2016-02-03)[2021-02-25]. https://www.businessinsider.com/donald-trump-hugh-hewitt-ratings-debate.
④ 凯蒂·特 1983年10月26日出生,是美国作家和NBC新闻的记者。
⑤ CAMPBELL C. "Try getting it out": Trump berates "naive" reporter during interview[EB/OL]. (2015-06-08)[2020-07-09]. https://www.businessinsider.com/trump-nbc-interview-immigration-comments.

驳他时,他嘲笑凯蒂·特"不会提问"。特朗普巧妙地将话题从"移民问题"转化成了凯蒂·特的"专业能力"问题。

三、矛盾转移

"矛盾转移"这个策略在环境话题上被多次使用,特朗普可以将一个科学问题,通过这种方式转化成国家矛盾问题,甚至违背基本科学共识。

特朗普在以"削弱美国竞争力,阻碍美国经济发展"为由宣布退出应对全球气候变化的《巴黎气候协定》后公开表示,美国仍将是全球环境问题的领导者,对《巴黎气候协定》的主要不满就是其不公平地对待美国。

按照《语言智能》中的说法,对修辞策略的掌握使气候否认者能够在压倒性的科学共识面前有效地阻止正确的行动。例如,在2002年泄露的臭名昭著的"伦茨备忘录"中,共和党民意测验专家弗兰克·伦茨(Frank Luntz)为他的客户,即化石燃料使用的获益者提供建议,告诉他们如何能够更有效地使用词语和修辞,来重新构建公众对气候的讨论议程,以说服公众气候变化不是一个威胁,任何缓解气候变化的行动本身都是危险的,由此,主张对气候变化不作为的人们已经准备好与反对气候变化的科学家们进行一场修辞战争。显然,特朗普就是弗兰克所服务的典型客户。

这种手法能够屡屡奏效的原因是特朗普深谙美国社会不同群体之间的隔阂和矛盾,他巧妙地运用这种矛盾,就能够转移话题,回避核心问题,并且肆无忌惮地为自己不负责任的言论进行开罪,一句"我显然是在开玩笑",便可以让他一次又一次大胆兜售谎言,而对其他人的进一步指责,则不但让他逃脱了舆论压力,还可以对竞争对手"倒打一耙"。而这"一耙"能否奏效,有多大效果,则取决于美国社会不同群体之间矛盾的深度。

四、借力打力

借力打力,即借他人之口来为自己说话。这个策略在特朗普的讲话中时常使用,他总是标榜、炫耀自己,让自己站在道德的制高点,为了达到这个目的,他经常借用学术界的声音来为自己反常识的行为背书。

继续以其环保议题为例。一方面,美国劳登县特朗普国家高尔夫俱乐部的工作人员在波托马克河沿岸砍伐了400多棵树,就为了让高尔夫球手更好地观察水面。而这些留下的树桩被当地人称为"特朗普木桩"①；另一方面，特朗普让自己获得环境奖，并雇佣一些学术界人士为自己破坏环境的行为背书，借学术界之力，来打击反对者。

多年来，唐纳德·特朗普在世界各地开发了11个豪华高尔夫球场，为高尔夫球手提供了欢乐的同时，也激怒了环保主义者和当地居民。他还与5个拒绝离开他位于苏格兰的价值16亿美元的高尔夫球场中的石头小屋的苏格兰人不断产生摩擦，有一部纪录片叫作《你被特朗普了》，就是根据此事件改编而成的，在这部纪录片里，特朗普一边在一场新闻发布会开始之前打理自己的发型，一边指责这些钉子户活得"像猪一样"。

同时，有一批环保学者因为各种各样的原因"谄媚"特朗普，其中最具代表性的就是被特朗普称为"备受尊敬的环保主义者"的鲁索（Ed Russo），特朗普高尔夫球场的大部分环保工作都是由这位65岁的鲁索监督的，他曾经是新泽西州贝明斯特小镇（Bedminster）的计划委员会主席。

他本来居住在贝明斯特的一座古老的维多利亚式农舍里。在那段时间，他声称自己爱上了这片土地，这里有500英亩的苹果树、干草地和围场，他在那里有意丢弃了一辆消防车和其他二手车，原因是希望这里不会让未来的投资者产生兴趣。"这是属于你生活的土地，你就会想保护它。"鲁索说，"高尔夫是我们不想要的东西。"但有趣的是，当2002年特朗普打来电话，要求鲁索清理掉他弄来的垃圾时，鲁索毫不犹豫地答应了。

与他的老板一样的狂热和直言不讳，鲁索坦诚地说明了他改变主意的原因，即特朗普给了他一本"空白的支票簿"，他说："特朗普支持了我曾经提出的每一个疯狂的环保倡议，他应该得到帮助。"

"因为他的高尔夫球场景观不错，他就以此假装自己是环保主义者，但只有他自己相信这个谎言，每年维持每个球场需要6,900万加仑的水，这使当地的含水层变得紧张，"自然资源保护局行动基金会主任希思·泰勒-米塞尔（Heather Taylor-Miesle）说道："他的环保主义只属于富人和精英。"②

鲁索的计划经常违背传统的科学共识和土壤保护实践。例如，在劳登县，他说树木实际上是在造成而不是在阻止水土流失。而在苏格兰的东北海岸，当特朗普正在建造他所说的"世界上最伟大的高尔夫球场"时，鲁索不顾苏格兰科学家的反对，推进沙丘固化。当地环保科学家说移动沙丘生态系统是该国最大的自然宝藏之一，类似于苏

---

① HOSH K A. Washington post: Trump golf club in Loudoun removes hundreds of trees near river[EB/OL]. (2010-08-12)[2020-08-13]. http://www.washingtonpost.com/wp-dyn/content/article/AR2010081206471. html? tid=a_inl_manual.
② VIGIL P, COUNTWAY P, ROSE J, et al. Rapid shifts in dominant taxa among microbial eukaryotes in estuarine ecosystems[J]. Aquatic microbial ecology, 2009, 54(1): 83-100.

格兰自己的"亚马孙雨林",而鲁索称这种说法是"胡扯"。①

五、情感真理化

修辞,根据亚里士多德的解释,指使用"真人"(real people)说话的方式进行说服的语言艺术,②而不是我们常常所说的用书面语的形式进行演说的语言艺术。特朗普在这一点上心领神会,他的演说听起来更像是一个"真人"在说,而不像他的竞争对手那么"官方",即使他的论点没有任何内容,他情绪化的说话方式总是让他的观众感受到与他同在。

"情绪真理化"的修辞手段可以让他不断抓住公众的注意力,并且让他的想法和句子牢牢刻在受众脑海中,事实上,他可以说是一个营销天才,成功地向公众贩卖了他的政治观点。

在传播学经典书籍《乌合之众》中,作者认为,人的本质属性是社会性,群体为他们创造"安全感""归属感",而人一旦聚集起来,就会本能地需要一个权威、一个王,柏拉图说,社会需要一个好王,因此这个王应该是代表着理性的哲学,而哲学的建立本身也是基于类似于"人人生而平等"这样的"高贵的谎言"。最终,哲学家们还是发现,一个群体中,只要有人能够理解群体的想象力模式,他就能学会控制"乌合之众"的办法,这种方式是"只煽动,不推理;只承诺,不分析;只斩钉截铁,不犹豫不决"。

"一念无明起,火烧功德林。"特朗普最擅长利用的情绪便是愤怒。特朗普深知愤怒能够掩盖理性,这也是他唯一能够在充满精英的政治舞台中打败那些理性对手的筹码,因为无论是对国际还是对国内政治的了解,他在例如希拉里这样的专业选手面前都只是个小学生,他如果和这些对手拼专业,那只能是自讨苦吃。特朗普选择了另辟蹊径,激发人们内心的愤怒和不满情绪,进行一场植根于人性的操纵游戏。

六、制造分裂

《隆中对》中刘备向诸葛亮咨询:"欲信大义于天下,而智术浅短,遂用猖獗,至于今日。然志犹未已,君谓计将安出?"诸葛亮所提建议的核心思想是等待"分裂",只有堡垒从内部瓦解,外部才能有机可乘,诸葛亮说:"今操已拥百万之众,挟天子而令诸侯,

---

① ALVAREZ-RIVERA L L. An inquiry into the impact of suspect race on police use of tasers[J]. Policing an international journal of police strategies and management,2013,36(4):838-839.
② 亚里士多德.亚里士多德全集(1—10):第九卷[M].苗力田,译.北京:中国人民大学出版社,1992.

此诚不可与争锋。孙权据有江东,已历三世,国险而民附,贤能为之用,此可以为援而不可图也。"意即曹操和孙权太强大,你正面打肯定是打不过的,而只有等到"天下有变",才可以钻空子"率益州之众出于秦川",则"霸业可成,汉室可兴"。

但相比于特朗普,诸葛亮显然是太过谨慎,特朗普财大气粗,他可等不及"天下有变",他要自己制造变数,面对经验丰富的希拉里,在政坛"已历三世"的布什家族,他唯有兵出险招,才能使总统竞选"霸业可成"。对于他来说,美国社会最大的变数,就在于各种群体之间无休止的分裂与敌对。

人们常常天真地认为,总统在面对国家危机时会自动抛弃党派之争。但这种一厢情愿的想法忽视了特朗普政治方针的核心:他对权力的控制完全取决于将美国分为"我们"与"他们"两部分。根植于种族、性别、移民身份、宗教和意识形态的分裂让特朗普成为总统。没有"我们"与"他们"的政治,特朗普就会失去当选总统的根基。

即便面对匹兹堡枪击案的屠杀悲剧,特朗普也仅仅说了几句总统辞令,紧接着就开始攻击媒体,攻击他的政敌,[①]把"他们"的形象塑造为造成惨剧的罪魁祸首,而当他在抨击"他们"是制造分裂的元凶时,他已将分裂植根于每个人的心中。

实际上,特朗普最擅长的就是将人群进行各种各样的对立分类,并给不同的群体贴上一个显著的标签,而这样做的目的,就是要制造分裂。2018年10月13日,特朗普在肯塔基州里士满举行集会,他对人群说:"我每次看到那些虚假的新闻媒体,我就想什么时候我才能走进一个没有这些家伙的地方。""这完全是假的。"梅西卡说,"如果媒体不在那里报道这次集会,特朗普才会真的感到不安。"群众是聪明的,专家们都很愚蠢,这里,特朗普让"群众"成为"我们",让"媒体"与"专家"成为"他们"。言下之意是,"我们"不应该听他们的假话,所有的"聪明人"都应该摒弃"他们"的信息源,而只把特朗普本人作为信息源,因为只有他才会说真话。

七、真实的夸张

在唐纳德·特朗普的案例中,他的首选修辞是夸张,或者说是"真实的夸张",他在1987年其畅销书《交易的艺术》中将"真实的夸张"解释为:[②]

---

① DIONNE JR E J. The Washington post:Trump's grip on power depends on splitting the nation in two[EB/OL].（2018-10-22）[2021-07-06]. https://www. washingtonpost. com/opinions/trumps-grip-on-power-depends-on -splitting-the-nation-in-two/2018/10/28/c7 ba9bca-d958-11e8-aeb7-ddcad4a0a54e _ story. html? utm_term＝.c830e29eff5e.
② KITAMURA P. Book review:Trump[J].The art of the deal,1988,29(2):110-111.

我所建议的最后一种重要推销方式叫作虚张声势。人们可能并不总是自大,但他们会对那些自大的人感到非常兴奋。我利用人们的幻想,人们希望相信某些最大的、最伟大的、最壮观的东西。这就是为什么有点夸张总是无伤大雅。

　　我称之为真实的夸张。这是一种"人畜无害"的夸张形式,且是一种非常有效的促销形式。

其实这一短语本身就充满了矛盾,他将"夸张"用"真实的"来形容,而"夸张"本身就代表着含虚假成分,但它仍然是高超的修辞技巧。这其实就是一种有效的撒谎形式,同时可以将谎言"合理化"。特朗普深谙《乌合之众》中的操纵技法,他能够理解美国穷白人的想象力模式,人们只要听到"白赤膊",就会想到"裸体",再想到"乱伦"与"不道德",这便是人类想象力"意淫"的模式,即靠支离破碎的信息,补全自己愿意去想的东西。而美国的"乌合之众",更喜欢将复杂问题简单化,幻想用一种近似于幼稚的方式解决世界最复杂的难题,例如,用一堵墙来解决移民问题。

当特朗普疯狂地过分夸大其说时,例如,"他将建造一堵边境墙,并让墨西哥为此付钱",他的支持率并没有降低,恰恰相反,特朗普的主张得到了选民们在情感上的认可,他利用了选民们对"外来者"愤怒的情绪,他知道选民们对美国的现状很生气,因此他用这种"夸张的真实"激起选民们的愤怒,由此来告诉选民们,"我和你们一样愤怒",这就拉近了他和对现实不满的选民们的距离,他们之间产生了强烈的共振,这比专业政治家用平淡、理性的语言主张更有效。他坦白地承认他的"真实的夸张"手段是利用人们的想象来进行"促销",只不过之前他贩卖的是他的生意,而如今他贩卖的是他的政治观点。

八、比喻与隐喻

气候科学家罗姆(Romm)在其书《语言智能》中提出了一个有据可查但被遗忘的真理:相较于事实,人类更容易被叙述、比喻和隐喻等修辞方式所说服。

奥地利语言研究者凯特琳娜·皮里阿丘克(Kateryna Pilyarchuk)表示,多年来,唐纳德·特朗普利用"蛇"在种族集会上激起种族主义狂热。在2018年的一篇学术论文中,她和一位同事分析了隐喻在特朗普接受党内提名演讲、胜选演讲和就职演讲中的作用。据统计,特朗普在这几次演讲中使用了近350个隐喻,占演讲内容的85%。[1]

将移民与动物进行比较并不是什么新的技巧:纳粹经常将犹太人称为害虫。皮里亚丘克(Pilyarchuk)说,像鲍里斯·约翰逊(Boris Johnson)这样的领导人经常使用隐喻来比较移民和动物。特朗普将移民与昆虫或其他"低阶"动物(例如蛇)进行比较,引发美国人对移民更多的厌恶和恐惧。在这些类比中,他经常表明自己是驯兽师。

她补充说,"特朗普用这个比喻把自己打扮成英雄,成为保护你免受这些动物侵害的人","这意味着来到这个国家的每个人都不是人类,而是动物。如果这个人是穆斯林,那么这个人甚至都不是哺乳动物"。

特朗普还经常用比喻将美国与一个人或者武器、机器、植物、动物甚至液体相比较。而这些比喻有时用来说明美国很强大,有时又用来说明美国遭受痛苦,充满矛盾。[2] 2018年,研究人员卡特琳娜(Kateryna Pilyarchuk)和亚历山大·奥尼斯科(Alexander Onysko)统计并分析了唐纳德·特朗普在他的三场重要演讲中使用的隐喻(见图4-1)。

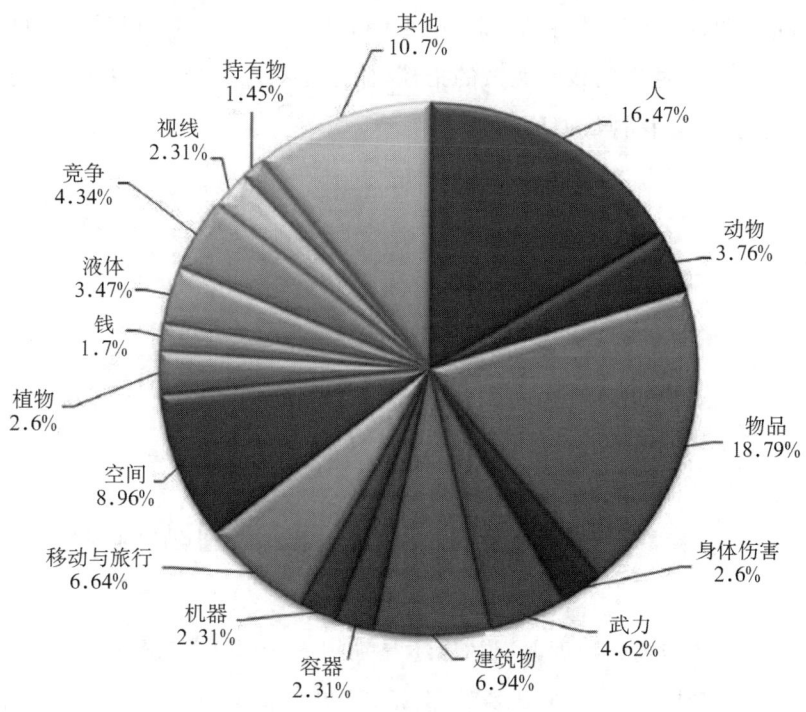

图 4-1　特朗普在演讲中所使用的隐喻

---

[1] PILYARCHUK K, ONYSKO A. Conceptual metaphors in Donald Trump's political speeches: framing his popics and (self-)constructing his persona[J]. Colloquium: new philologies, 2018, 3(2): 98-156.

[2] PINCHIN K. Insects, floods and "the snake": what Trump's use of metaphors reveals[EB/OL]. (2019-10-22)[2021-09-08]. https://www.pbs.org/wgbh/frontline/article/insects-floods-and-the-snake-what-trumps-use-of-metaphors-reveals/.

九、"那又怎么说主义"(whataboutism)

特朗普在遭受外界指责时,如果这个问题实在难以辩驳,他就会通过一种被称为"whataboutism"(那又怎么说主义)的修辞术巧妙地将责任转移到其他人身上。

"whataboutism"(那又怎么说主义),是一种逻辑谬误的变体,源自拉丁文 tu quoque,相当于英文的 me too,这种修辞术不是直接攻击对手的观点,而是试图通过指控他人的伪善而抹黑对方,为自己的行为开脱。牛津词典将其定义为:"一种技巧或做法,在面对指责或棘手问题时,反过来指责对方或提出另一个问题。"美国学者在冷战时期用这个词来描述苏联的宣传策略,那时苏联在面对外界批评时,通常就会用"……又怎么说"的说法来转移矛盾。

唐纳德·特朗普采取了 whataboutism 策略,以回应对其提出的批评。① 国家公共广播电台(NPR)报道说:"特朗普总统在受到批评时,总是会说其他人更糟。"②他上任以来,只要是面对通俄门或者腐败的指控,他就立刻拉上希拉里来垫背,指责希拉里的各种违法行为以转移视线(见图4-2)。

图 4-2　特朗普使用 whataboutism 策略转移"通俄门"批评的推特

虽然推友们多是嘲讽特朗普,说"你还是别担心希拉里了,操心操心自己吧","你和俄国的关系比希拉里可要铁得多"。但是,该推文仍然有几万的转发量和点赞数。看来除了留言的推友之外,特朗普还盘活了一批"沉默的力量"。

更令人称奇的是,特朗普还会反向使用这个策略,在比尔·奥莱里质疑特朗普支

---

① WEISS M. When Donald Trump was more anti-nato than Vladimir Putin[N]. The daily beast,2016-11-04(4).
② KURTZLEBEN D.Trump embraces one of Russia's favorite propaganda tactics—whataboutism[EB/OL]. (2017-03-17)[2021-10-09]. https://www.npr.org/2017/03/17/520435073/trump-embraces-one-of-russias-favorite-propaganda-tactics-whataboutism.

持普京的做法时,奥莱里把普京称为"杀人犯",特朗普竟然反驳说:"杀人犯多了去了,你以为我们的国家就很无辜吗?"这种回应真是让人怀疑特朗普是否美国总统,他竟然把"那你们呢"的策略,变成了"那我们呢",言下之意是,如果我们能这么干,俄罗斯也能。

Whataboutism 是一种互相揭示"伪善"的技巧,揭示出了政治中的"双重标准"的现实,对于政客来说,它有一定积极作用,可以让政治家反思自己的行为,但如果像特朗普这样频繁地使用以给自己及盟友开脱的话,那它则是终止对话的信号。

第五章

特朗普对媒体的操纵策略与模式

特朗普对媒体的"操纵"一方面体现为以经济诱因收编主流媒体议程；另一方面体现为社交媒体出现使特朗普直接接触受众，使受众对媒介环境的感知发生变化。

无论是特朗普，还是他的前任总统们，他们与新闻界从过去到现在一直处于一种持续的博弈张力之中。一方面，传统媒体时代，主流媒体近乎垄断传播资源，因此总统的声音往往会被主流媒体的"过滤器"所改变，而总统很难对此做出改变，也就是说作为第四权力的媒体，在传统媒体时代因为代表不同的利益团体，它们对总统的操纵和控制有着反制的作用。另一方面，总统总是希望能够加大对媒体的控制，以期达到自己的目标，因为其执政需要公众理解作为基础，总统创建项目和得到项目资金需经国会批准，而媒体的工作就是创造共识，以及向公众提供理解的角度。

18—19世纪，美国的报纸中政党报刊占大多数，报纸的政治立场是十分明显的，而且总统作为国家首脑，也对其麾下的报纸有强大的影响力。此时的总统和美国政府没有必要建立起专门的机构来维护与新闻界的关系和促进政府信息的传播。杰克逊（Andrew Jackson）是第一个有自己直属报纸的总统。[①] 直到19世纪中期，美国的主流报纸成为商业的大众化报刊，新闻专业主义才被提上日程，同时伴随着"扒粪运动"和黄色新闻的兴起，整个报业充满了负能量。这其中受到影响的自然也有政府，政府也经常被列为报纸的批评对象，故而总统认为此时有必要和媒体搞好关系，主动与报界沟通，赢得传播的主动权。因此，麦金利总统在上任后说："要源源不断地提供给媒体消息，并及时给记者提供正确的消息，以此来帮助总统。"

笔者在对特朗普的研究中发现，他对媒体和民意的操纵本领并不是在竞选总统这件事中练就的。他年轻时便开始刻意练习如何和媒体打交道，在曼哈顿做房地产生意

---

① 沈国麟.控制沟通：美国政府的媒体宣传[M].上海：上海人民出版社，2007.

时，他就有感而发"坏名声也比没名声好"，他每天要看数份报纸，观看多个新闻频道，可谓是"善学媒体，善懂媒体，善用媒体"的人物。

没有当总统之前，特朗普就在美国广为人知，并连续多年出演真人秀节目《学徒》。在节目中，他总是掷地有声地说出那句最著名的台词："你被解雇了。"他经常夸口说自己很富有，不需要富裕的捐助者的钱，而美国所需要的是一个成功的商人。

从某种意义上说，他是美国媒体创造出来的，同时他对美国主流媒体的操纵达到了炉火纯青的地步。当他成为总统并以离奇的方式行事时，他受到了主流媒体的攻击，但他正需要这个，并乐在其中。竞选总统时，他利用媒体获得了巨大优势，据估计，他因参加电视新闻节目，并在各种媒体上发声，在竞选之初就免费获得了价值约19亿美元的媒体曝光机会。

第一节　传统媒体时代总统对媒体的操纵模式

戴维·哈伯斯塔姆在其著作《媒介与权势：谁掌管美国》中讲，操纵媒体的能力，或者说和媒体打交道的能力，是美国总统们必须要掌握的。总统的对外信息班子一向非常希望利用媒介与公众建立直接、无干扰的联系。这种想要控制、操纵媒体的努力从来没有中断过，美国历届总统甚至还总结出一套颇为有效的操纵方式，他们想方设法最大化利用媒体，同时减少媒体失范的概率。以下是一些实例。

艾森豪威尔总统（Dwight D. Eisenhower）的前新闻秘书詹姆斯·哈格蒂（James Hagerty）为了让总统的声音直接被公众听到而非任由记者们曲解，他将总统的记者见面会录音交给广播电台，要求他们直接播发，并说道："我很高兴我们把讲话录音带直接发到电台、电视台和新闻制片社。让有偏见的记者见鬼去吧；我们将直面人民，让他们确切地听见总统的话，而不用去看曲解有偏见的报道。"布什总统（George W. Bush）就任后不到两个月就开始对新闻"过滤器"表示不满。2001年3月23日，他在俄勒冈州波特兰市的一次讲话中说："我发现，离开首都面对面地向大家说明我的预算，比依赖过滤器做说明更有效。有时候事实多少受到歪曲……如果各位不介意的话，让我来说明我的预算以及如果要恢复国家财政常态我们准备如何开支。"①

罗斯福是20世纪操纵"全新现代宣传机器"的头把好手，后来的总统和政治家们例如肯尼迪、约翰逊等都效法他，甚至称他是一部"操纵的教程"，整个国家都围绕在他

---

① 马莎.美国总统与新闻界[J].媒体时代，2011(5):72-74.

的左右,新闻记者如果稍一疏忽,略有冒犯或错误地解释了某项规定,他就会迅速做出反应,大加斥责,毫不留情。他总是很"体贴"媒体,他竭力为每一篇报道设置框架,他常说:"如果我来写这篇报道,我就会把这层意思写进字里行间。"① 这和特朗普用推特来为编辑们制造标题和内容不无相似之处。

学者沈国麟 2006 年在其博士论文《控制沟通——论美国政府的媒体宣传》中则直接点出了美国总统常用的传统媒体控制策略,主要有六点:发表演讲、导演媒介事件、引导媒体、利用民意测验、给媒体施加压力以及平时联络感情。② 以上补充完总统操纵媒体的案例后,笔者认为,总统及其团队对传统媒体的操纵策略可以进一步优化,可分为以下五种:把控消息源、导演媒介事件、外围机构渗透、经济诱导以及利用行政权力施压,而且这五种策略围绕"内容生产"形成了如下操纵模式(见图 5-1)。

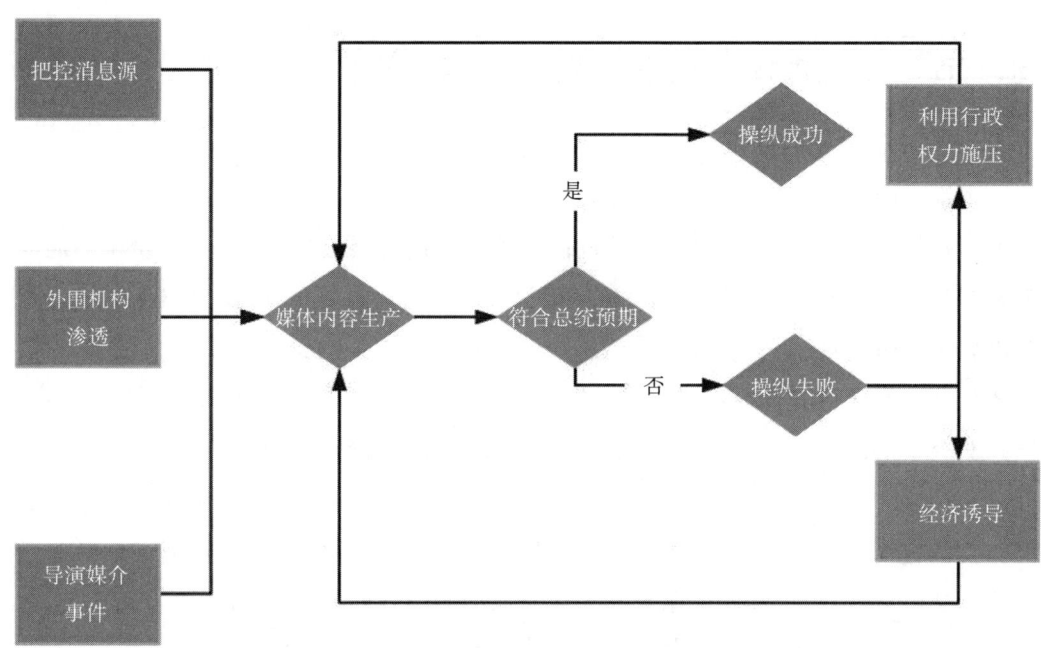

图 5-1　传统媒体时代美国总统对媒体的操纵模式

"导演媒介事件"即总统或者其团队故意向媒体透露一些情报或者控制新闻报道的时间节点。例如,著名的美苏会谈之后,里根总统的白宫新闻发言人对白宫记者团通报,在一次会谈结束后闲聊时,总统对戈尔巴乔夫讲过这样的话:"尽管我们之间分歧很深,但我相信由于我们的这次会晤,世界将会感到可以轻松一些。"如此重要且充

---

① 哈伯斯塔姆.媒介与权势[M].尹向泽,译.北京:国际文化出版公司,2006.
② 沈国麟.控制沟通:美国政府的媒体宣传[M].上海:上海人民出版社,2007.

满故事情节的信息自然会引起各大报纸竞相刊载，但事后这则消息竟然被证实是假新闻。

而如果遇到不得不报的负面消息，总统的公关团队就会压到周五去发布，他们相信，人们愉快地度过周末后，便没人能想起来这些负面的事情，由此可以将负面影响降到最低，而下一周就会有新的新闻来取代这则坏消息了。

实在不济，白宫发言人便使出最后一招，用类似于"无可奉告"这样的话来打发记者。例如，小布什总统任上的新闻发言人麦克莱伦，在被问及有关伊拉克大规模杀伤性武器的问题时，他反复用"这个问题我们已经讨论过了"。他在小布什就任总统后的第一次记者见面会中，9次用这句话来搪塞记者。美联社曾抱怨说，麦克莱伦只会按照白宫的"谈话要点"照本宣科，时不时还会用"无可奉告"打发记者，这对于当时的记者团来说，简直无法忍受。

"外围机构渗透"是指以总统为核心的美国行政系统，通过自身的情报机构和媒体达成某种协议，从"暗处"帮助总统操纵媒体。这种操纵的重点不在总统的竞选事宜上，而是总统任内各种内政、外交，甚至战争方面事情。例如，研究人员长期以来均认为中央情报局的知更鸟行动①就是美国进行此类操纵的一项计划，说明了中央情报局对美国主流媒体的兴趣以及它与主流媒体之间的关系。知更鸟行动源自中央情报局的前身——战略情报局（Office for Strategic Services，OSS，1942—1947），它在第二次世界大战期间建立了一个由新闻记者和心理战专家组成的组织，主要在欧洲战区运作。在战略情报局主持下建立的许多关系通过一个国务院运作的组织[战略情报局工作人员弗兰克·威斯纳尔（Frank Wisner）负责的政策协调办公室（Office of Policy Coodination，OPC）]延续到了战后时代。② 政策协调办公室"成为新生的中央情报局中人数增长最快的单位"，历史学家丽萨·皮斯（Lisa Pease）指出，"其人员从1949年的302人增长到了1952年的2,812人，此外还有3,142名海外签了合同的工作人员。同样，在这一时期，其预算从470万美元增加到了820万美元"③。

中央情报局持续维持与新闻媒体界高管的非官方联系，"后者要更多地接受中央情报局的指示"。伯恩斯坦如是说，"包括《纽约时报》的亚瑟·海斯·苏兹贝格等媒体高管都与CIA签署了保密协议，中央情报局官员和媒体高管之间通常是社交关

---

① 知更鸟行动是美国中央情报局始于20世纪50年代初期的一项计划，企图通过操纵新闻媒体达到宣传目的。
② 旁观者.中央情报局与媒体的50个事实[DB/OL].（2013-03-12）[2018-07-06]. http://m.kdnet.net/share-13312744.html.
③ DIEUGENIO J, PEASE L. The assassinations: probe magazine on JFK, MLK, RFK and Malcolm X[M]. Washington: Feral House, 2003.

系——'就像乔治城的 P 街和 Q 街',你是不会让威廉·佩利(William Paley)专门签一张纸说他不会打小报告的,哥伦比亚广播公司主席威廉·佩利与中央情报局局长杜勒斯的私人交情现在众所周知,这是媒体行业中最有影响力、最为重要的友谊之一"。《凯瑟琳和她的华盛顿邮报帝国》的作者德博拉·戴维斯在书中说:"他为中央情报局特工提供掩护,为新闻影片提供片段,允许记者进行报道,并在许多方面为中情局和主要广播公司之间的合作设定了标准,这一直持续到 20 世纪 70 年代中期。"①2014 年 8 月 2 日,前中央情报局项目官员罗伯特·大卫·斯蒂尔(Robert David Steele)表示,中央情报局对新闻媒体的操纵在 21 世纪头十年里比 20 世纪 70 年代末期"更糟糕",而伯恩斯坦在 20 世纪 70 年代末期写了《中央情报局与媒体》,他在书中称:"令人遗憾的是,中情局非常有能力操纵(媒体),它与媒体、国会和所有部门都有财务往来。但另一半原因在于媒体都是懒惰的。"

"把控消息源"指总统深谙媒体最需要的东西就是新闻,如果能自己牢牢掌握消息源,那么便可以操纵媒体。最著名的人物便是肯尼迪,杰克·肯尼迪是第一位电视总统,他和电视是天造地设的一对,他使得电视的形象更为高大,电视也成就了他。媒体界和总统在美国的关系永远都是:互相利用。肯尼迪深谙操纵新闻界的手段,他知道,记者们最为焦虑的就是没有消息源,因此,如果消息源越集中在自己手中,和媒体的关系中就会越有主导权。他发现,他离华盛顿越远,他的党派属性就会越少,就更多地被人们当作全体人民的总统,而如果离开美国本土,记者的消息源就会减少,因此记者不得不向总统靠拢以获取消息源带来的安全感,他们顺理成章地成为总统的附庸,在不知不觉中失去了正常的批评能力,加入欢呼的行列,为总统展示壮观的场面而不做任何非分之举。② 肯尼迪根据这些现象还写了一本论述电视和总统的书,他的继任者们也都精明地领悟到了电视广播公司的弱点和致命之处,并加以利用。

"利用行政权力施压"是指美国总统利用总统身份,批评甚至影响媒体报道的内容与记者采访资格。例如,自称宁愿"有报纸无政府",也不愿"有政府无报纸"的杰斐逊,也在执政后期痛恨媒体对自己的批评,看来政客总是说一套做一套,但显然大多数媒体人只是一味强调杰斐逊对媒体的称赞,而"真诚地回避"了他对媒体的驳斥。而林肯这位发表过《葛底斯堡演说》的伟大总统,也在南北战争时期下令关停了多家报社。这个举动他后来解释为为了保护美国联邦,但报纸界似乎不是很买账,因此有一些报纸将林肯形容为"愚蠢的智障者"。越战时,美国副总统公开谴责自由派主流媒体让公众

---

① DAVIS D. Katharine the great: Katharine Graham and her Washington Post empire[M]. Los Angeles: Graymalkin Media, 2017.
② 哈伯斯塔姆.媒介与权势[M].尹向泽,译.北京:国际文化出版公司,2006.

听不到保守派的声音,并以吊销一些媒体的采访许可证进行威胁,最后媒体为了新闻源而就范。1971年,50万民众在华盛顿聚集抗议越战,当地的电视台却只给予了很短的报道。① 2004年,当明星记者凯利准备推销她批评布什家族的书的时候,白宫官员竟然告诉新闻主管尼尔·夏皮罗不要让她在节目中介绍这本书。②

"经济诱导"是指媒体通过对总统的报道,无论是竞选还是任内,获得公众关注,进而得到广告费等经济利益,如果失去报道总统的机会,媒体则会失去大量金钱。例如,肯尼迪与尼克松的辩论中,凯旋者不光有肯尼迪,还有彼时彼刻作为新兴媒体的电视,好几个小时的辩论让人们难以记得他们究竟说了些什么,只记得他们的模样和对他们的感觉,当天晚上,全国人民都在电视机前,总统以非常个性化的方式进入了寻常百姓家,人们打开所有感觉器官,感受着他们的辩论,而辩论的目的是选票,选民不是哲学家或政治家,他们无法判断谁更在理,他们唯一能够判断的就是谁给他们的感受更为深刻。所以媒体成为"后现代总统"让人们进行浅思考的帮凶,在一场场选战中,越有看点的总统,越会让媒体获得更大的经济利益。

总结下来,传统媒体时代总统操纵媒体的方式往往是根据媒体本身的"绩效"方式制定的。媒体最大的优点也就成为其被操纵的最大弱点。媒体想要新闻,媒体传播新闻,媒体的绩效是新闻,它们最擅长的就是报道新闻,为了获得消息源,记者必须和总统搞好关系,新闻的时效性要求则让记者的思考能力越来越差,直播能力的提升和他们分析能力的下降同时出现,媒体最终先于民众被操纵。

第二节　特朗普对主流媒体操纵的外部条件

虽然特朗普自身具备很高的媒体素养,拥有很多操纵策略,但他并没有很早获得政治上的胜利,这并非因为他在2016年之前没有关注政治或者参与过竞选,而是曾经的外部条件还不足以支撑这样一位"后现代总统"的诞生。

特朗普从20世纪80年代开始,就一直在关心政治并在政坛发声。1987年,特朗普花费94,801美元(相当于2018年的209,068美元)在三家主要报纸上刊登整版广告,宣称"美国应该停止花钱保护那些有能力保护自己的国家"③。他同时提倡"减少

---

① DEFLEUR M, DENNIS E. Understanding mass communication[M]. Boston: Houghton Mifflin Company, 1994.
② 沈国麟. 控制沟通:美国政府的媒体宣传[M]. 上海:上海人民出版社,2007.
③ ORESKES M. Trump gives a vague hint of candidacy[N]. The New York Times,1987-09-02(3).

预算赤字,为中美洲的和平而努力,加快与苏联的核裁军谈判"。他还在接受采访时说:"我相信如果我竞选总统,一定会获胜。"①根据1988年12月的盖洛普民意调查结果,特朗普"在美国最受人敬仰的人"中排名第十。② 事实上,特朗普并非仅仅在2016年参与了竞选,他在2000年争取过改革党的总统大选提名。③ 虽然特朗普最终退出竞选,但一项民意调查显示,特朗普当时获得了7%的支持,赢得了加州和密歇根州改革党的初选。

特朗普于2011年2月首次在保守党政治行动大会(CPAC)上发表演讲,该演讲成功帮助他启动了在共和党内的政治生涯。但由于特朗普的真人秀节目人设,他当时的竞选总统的野心没有得到公众的认真对待。④ 特朗普的竞选举动被一些媒体解读为是他的真人秀《学徒》的促销工具。在2016年总统选举之前,《纽约时报》推测,特朗普在2011年4月的白宫记者协会晚宴上遭到奥巴马的讽刺后,他加速了他在政治世界中的努力。

也就是在2016年的这一次选举中,特朗普杀出重围,成为一位典型的、符合时代要求的"后现代总统",笔者认为,外部条件的成熟使他在媒体博弈中获得成功,主要有四个外部条件:"美国社会价值观的内爆""人民越来越懒惰""'另类右翼'媒体的助阵"以及"社交媒体技术的产生",本节将从这四个方面进行详细论述。

一、美国社会价值观的内爆:从"政治正确"到"美国优先"

美国是一个以群体身份政治为基础的民主国家,⑤如果忽略了这个社会现实,我们将很难理解特朗普与媒体博弈的行为方式,而"身份政治"的集中体现就是"政治正确"理念,美国媒体不讲党性,是因为"政治正确"就是它们各个团体的党性,这个党性甚至要高于新闻的真实性。

"政治正确"在推动美国社会保护少数人权利方面确实取得了一定成效。比如,它促成了20世纪60年代《民权法》和《选举权利法》的颁布,这些法律规定少数裔族和弱势群体在招工、入学、企业竞争中受到优先照顾。

---

① BUTTERFIELD F. Trump urged to head gala of democrats[N]. The New York Times,1987-11-18(1).
② KRANISH M,FISHER M. Trump revealed:the definitive biography of the 45th president[M]. New York:Simon and Schuster,2017.
③ LINDA C.What I saw of the revolution:reflections of a corporate environmental manager in the 1990s BC coastal forest industry[J].The forestry chronicle,2000,76(2):263-274.
④ MACASKILL E.Donald Trump bows out of 2012 US presidential election race[EB/OL].(2011-05-16)[2018-09-08]. https://www.theguardian.com/world/2011/may/16/donald-trump-us-presidential-race.
⑤ BOCZKOWSKI P J,PAPACHARISSI Z.Trump and the media[M]. Massachusetts:MIT Press,2018.

不过,经过几十年的发展,"政治正确"在维护了少数群体权益的同时,也引发了一系列重大问题,使得美国民众对其态度日趋复杂化。在2016年美国总统选举中,特朗普等参选人猛烈抨击了这一理念,并提出了"美国优先"的理念,用以反对"政治正确"。特朗普曾在推特中说:"在'政治正确'上花费了太多时间,我们做得足够多了。"①从媒体报道看,"政治正确"被滥用的情况时有发生。例如,2016年纽约市通过一项法案,允许变性人自由使用他们所选择性别的厕所,以显示纽约是"美国自由主义精神的守卫者"。然而,这也造成了相应的社会问题,有的男子打扮成变性人去女厕所骚扰女性。对此,美国著名演员詹姆斯·伍兹(James Woods)曾公开讽刺说:"在全世界都在为恐怖主义、饥饿和疾病而战的时候,美国的民主党却为男人能在女厕所如厕而战斗。"

(一)"政治正确"的概念

"政治正确",即"Political Correctness/Politically Correct"(简称PC),于20世纪60年代的美国民权运动时期出现,起初是指在公共场合不得负面评价少数族裔、女性、同性恋者和持不同信仰者这四大群体,有中国学者称之为在美国发表公开言论的"四项基本原则"。经过半个多世纪的演变,"政治正确"已渗透美国社会生活的方方面面,成为美国社会一种独特的文化现象。

学者张琦认为,在2016年美国总统选举中,"政治正确"受到特朗普等参选人的猛烈抨击,美国社会中"反'政治正确'"活动随即呈现出愈演愈烈的趋势。上述演变反映出随着近年来美国政治不断衰败,国内政治重心日益下沉,以及在具体实践中"矫枉过正"等问题的出现,"政治正确"在美国社会中的约束力与重要性被削弱;而随着特朗普的执政,以及美国国内政治环境的变迁,"政治正确"将会迎来更大挑战。②

美国一些激进右翼人士甚至认为,"政治正确"一词本身就"政治不正确"。在《平权法案》实施过程中,许多亚裔认为美国名校为照顾非裔和拉美裔学生,损害了亚裔学生的公平入学机会。这些对"政治正确"的批评,主要针对因过度强调"政治正确"而导致的矫枉过正问题。在美国,"政治正确"一词从产生之日起就伴随着争议。近些年来,随着美国右翼势力回潮,非议之声更加响亮。在学术界,一些人批评过度强调"政治正确"束缚了学术自由,与价值观中的包容相抵触;在政坛,特朗普和"另类右翼"代表人物班农等人都曾公开嘲笑和反对"政治正确"。

---

① TRUMP D.Being politically correct takes too much time.We have too much to get done[EB/OL].(2016-01-28)[2021-07-08].https://twitter.com/realdonaldtrump/status/692735015428431872.
② 张琦.美国社会中"政治正确"现象的发展及其最新演变[J].国际论坛,2018,20(3):69-75.

(二)"政治正确"形成反向歧视

"政治正确"已矫枉过正,对"人人平等"的价值观形成冲击,造成"反向歧视"。① 例如,学校优先照顾少数族裔,让白人学生认为不公平,这也从侧面说出了"白左"对于竞争者的压制已经遭到了希望阶层跃迁者的反抗。以南加州大学为例,相较于白人和华人学生,墨西哥裔的学生在入学时降分不少,诸多学生表示,在校表现上,墨西哥裔和非洲裔学生确实不如人意。更为讽刺的是,受"政治正确"和肯定性行动之惠最大的群体——非洲裔美国人,反倒成为反对"政治正确"和肯定性行动的主力,因为他们不想被认为他们的成功是因为受到照顾,或者说"公交车效应"也同样发生在了非洲裔美国人的身上。

美国"政治正确"的号角往往是白人吹响的,因为只有他们才有权力同情或者开动宣传机器,而白人中的自由派(亦被称作"白左")对"政治正确"的提法更是乐此不疲。白左作为由白人高级知识分子、金融精英等组成的金字塔顶端的统治阶级,并不是同情心泛滥的蠢货,而是精致的利己主义者。他们利用弱者对具有竞争力的强者进行排斥的手段,颇有秦昭王"远交近攻"、逐个击破的意味。

希拉里作为"白左"和民主党的代表人物,利用"政治正确"的大旗,不断向黑人和穆斯林让利。但希拉里并不是真心想要帮助黑人和穆斯林,在"邮件门"事件泄露出来的信息中,她称黑人和穆斯林是"扶不上墙的烂泥,在任何社会都是差生,而华人和犹太人,在任何社会中都是优等生"②。而前任总统奥巴马上台后有意疏远黑人群体,也显示出精英阶层潜意识中对种族之间优劣差异的评判。

作为社会上层的白左,他们的经济地位和社会地位同样面临威胁。阶层流动会使下层通过奋斗走入上层,也会使上层向下跌落。对于已经挤上车的人,显然,关上车门才是对自己最有利的。除了使用高等教育、高昂学费等经济手段来防止阶层跃迁之外,在意识形态方面通过漂亮的理论、动听的口号,扶持利用弱者,压缩竞争者的空间,是更为一本万利且隐蔽、可行的方法。

因此,白左为了维护美国社会中的白人地位,选择了一种扶持黑人和穆斯林,以压缩华人和犹太人生存空间的虚伪手段。白人精英的社会、经济、政治地位才是他们真正想要维护的,"平等"只是白人精英的平等。这就是华人身为少数族裔,却并不享有

---

① 反向歧视是指为追求实质平等,对特定群体或个人给予的特定保护超过必要的限度而形成的对一般(另一)群体或个人的不合理差别对待或制度安排。
② 兴国论坛.为什么白左痴迷政治正确[EB/OL].(2018-07-18)[2019-09-27]. http://www.sohu.com/a/344910641_656012.

黑人和穆斯林的特权,而总是受害者的原因。笔者在洛杉矶的生活见闻中发现,华人相较来说确实低调谨慎,他们甚至不敢与黑人发生冲突,显然这种边缘感相较于其他族裔来说更为明显。

(三)"政治正确"对美国文化向心力的反噬

相对于中国,美国很难被称为"民族国家"。正如安德森在《想象的共同体》中所说的,民族国家除了需要有"明确的地理边界"之外,还需要有统一的语言、共享的文化记忆等,然而,美国是一个移民国家,多种人种、多种语言和文化习俗,甚至宗教都在这片土地上共存。笔者在访学期间,看到许多美国的大城市都有华人区、K-town,甚至是以非洲人为主的流浪汉聚居地,这都说明在美国,不同的民族和文化仍然存在着边界。

"政治正确"的一个作用就是,通过"消除偏见"的旗号,对占人口大多数的白人族群与文化进行消解,甚至对其造成"反向歧视",形成另一种"寒蝉效应"。由此会产生一个令人意想不到的后果:弱势文化(群体)强势化、主流文化(群体)边缘化。由于美国是一个移民国家,每个群体都有自己的母体文化,对所有文化一视同仁,这必定对美国形成国家认同产生消极作用。

而"政治正确"中的宗教自由,也从一个侧面严重削弱了美国白人殖民者带来的"基督教"文化认同与道德传统。"政治正确"始于尊重和保护弱势群体,却发展成为不能反对弱势群体的一切观点和言论,继而演化为要求承认所有人(尤其是特殊群体)的所有思想和行为,没有一种价值、个人选择或生活方式是高于其他价值、个人选择或生活方式的,甚至变成"谁弱谁有理"的一种意识形态,这无疑又是对文化向心力的反噬。

(四)"美国优先"(America First)是从"先攘外"到"先安内"的政策转向

2017年1月20日,特朗普在国会大厦的就职演讲上提出"美国优先"战略。移民国家的主要吸引力只能是金钱和福利,一旦美国在军事上不能够威慑他国以维持美元霸权,那么美国政府的高福利将面临破产。那时很难有移民来与这个国家同舟共济,可以料想的只有利尽则散的结局。当一个国家不再有文化认同时,国家认同就会动摇,从而就会出现社会倒退和国家分裂等严重后果。

特朗普能够很准确地看到这个问题,目前美国的问题不在别处,就在自身。这也是他对宣传"政治正确"的美国主流媒体宣战的逻辑和底气。美国白左把过多的精力放在了在国内如何维持自己地位上,强化阶层固化,让美国人更为原子化,以及开发出一套政策来麻痹人们,他们让自己的后代学习中文等第二语言,却在媒体上宣传着对中国的种种偏见。

"美国优先"实则是一个"攘外必先安内"政策。这种政策方向一改之前美国充当世界警察时的"安内必先攘外"取向。这一政策与前任美国总统的政策没有不同,都是希望维护美国的霸权地位,不过,前任总统并没有把话说得这么直白。从策略上说,"美国优先"不再掩耳盗铃自欺欺人,它直击美国自身问题,因为跨国企业并非忠诚于美国,它们只忠诚于利润,美国国家政策多被财团裹挟,除了在世界范围内维持"美元霸权"这件事是财团共同的利益关切之外,国内政治被它们搞得一团糟,美国经济上的表现也远不如从前。"美国优先"在经济上,意味着特朗普希望通过振兴制造业,为美国人创造更多的就业岗位;在政治上,他想通过对"政治正确"的批判重塑美国国内政治生态。

"美国优先"作为新一届美国政府的施政方针,它的本质既不是重回"孤立主义",也非"国家主义"的转向,而是对美国利益内部排序的一次简约而不失深刻的调整。① 此政策表明了美国面临着国际国内的严峻形势,尤其是"政治正确"导致了美国内部分裂以及阶层固化的加深。但不幸的是,即便是认识到了这个问题,特朗普可能并没有回天之力,从他本身来讲,他既是白人,也是跨国集团的老板,他的利益和美国的利益本身就不是完全重合的,而他能想出比"政治正确"更好的招数来维持白人在美国的利益吗?笔者对此持消极态度。

二、"超真实":人民越来越懒惰

鲍德里亚在他1983年出版的《致命策略》(*Fatal Strategies*)一书中提供了一个奇怪的形而上学场景,客体在客体世界中的扩散使其超越主体,直至完全失控,超越了所有的对其的理解、控制和概念化。他所提供的场景涉及客体对客体的扩散和客体相对于主体日益增长的优势以及客体的最终胜利。在讨论"狂喜与惯性"时,鲍德里亚认为,当代社会中的客体和事件不断自我超越,不断发展壮大,并向各个方向扩展;时尚中的美丽比美丽更美丽,电视中的真实比真实更真实。

鲍德里亚的世界在唐纳德·特朗普口中的美国中得到了充分展现,特朗普在他的推特中和在媒体面前的表演中传播着他的仇恨、不安全感以及疯狂的想法,并让所有人都沉浸其中。但这并不能简单看作一个被动的过程,而应该看到受众对这种"超真实"的主动选择。

鲍德里亚的"超真实"概念中,这种对"比真实更加真实"的叙述,只是一种对"拟

---

① 张昆鹏.特朗普"美国优先"政策的深层动因及对华影响[J].和平与发展,2017(6):45-59.

像"的描述,而背后则是人们对这种"超真实"的主动选择。大多数时候,人们知道即便是"超真实"也不是"真实",但他们仍然愿意选择这种"超真实"而放弃"真实",他们犹如鸵鸟将头埋在土里以获取安全和舒适的感觉。

学者凯琳娜(Kellner)认为,法国理论家让·鲍德里亚所描述的后现代世界是,个人逃离"真实的沙漠"而奔向超现实领域,①即计算机、媒体和技术体验的新领域。在这个宇宙中,主体性被碎片化并丢弃,对于鲍德里亚来说,以前的社会理论和政治已经过时和无关紧要。鲍德里亚追溯当代社会中主题的变迁,声称当代的主体存在于一种精神分裂症特征下的恐怖状态中,他们和所有事物过度接近,对所有包围和渗透他们的东西,没有抵抗,他们也没有任何的保护措施。尽管如此,精神分裂症对所有事物都是开放的,并且植根于最极端的困惑中。对于鲍德里亚来说,"沟通的狂喜"(ecstasy of communication)意味着在过度曝光和透明的世界中,主体与持续出现的图像和信息过于接近,最终"成为纯粹的屏幕,一个纯粹的对社交影响力反复吸收的表面"。

USC 安娜伯格新闻与传播学院的杜伯教授认为,美国民众现在"越来越懒",只有一小部分人获取信息的渠道仍然是传统媒体,多数人沉浸在娱乐和社交媒体中,他们并不关心政治与严肃话题。而特朗普正是在这种背景下,有意或者无意地将复杂问题简单化,例如,他认为解决移民问题可以用修墙的办法。这十分荒诞,但又十分符合他的支持者的胃口。②

三、"另类右翼"(alt-right)媒体的助阵

"另类右翼"(alt-right)媒体的支持,让特朗普的声音更为响亮。在众多"另类右翼"媒体中,视频网站 Prager University(简称 PragerU)因其"富有理性"的说理方式在右翼支持者中颇具影响力。以此视频网站为例,笔者对"另类右翼"媒体发布的内容和其对特朗普的支持方式进行了逐一分析。

在过去的 8 年里,PragerU 制作并发布了超过 250 个 5 分钟短视频,自 2016 年以来,每月都会定期发布 2—3 个视频。2017 年 10 月,当 YouTube 将 PragerU 的一些视频实施限制后,PragerU 以"意识形态歧视"为由提起了诉讼。③ PragerU 引用了著

---

① KELLNER D. Jean Baudrillard after modernity: provocations on a provocateur and challenger[J]. International journal of Baudrillard studies, 2006, 3(1): 1-32.
② 笔者于 2019 年 11 月在 USC 安妮伯格新闻与传播学院对克莱·杜伯(Clay Dube)教授进行了访谈。
③ TRIPODI F. Searching for alternative facts[EB/OL]. (2018-05-16)[2021-06-08]. https://datasociety.net/library/searching-for-alternative-facts.

名网络中立思想家的观点,认为 YouTube 拥有"前所未有的对言论的权力集中",并"反复压制保守思想"。除了 YouTube,PragerU 还通过自己的网站(prageru.com)发布视频,现在有一个单独的部门专门讨论据称"受 YouTube 限制"的内容。

丹尼斯·普拉格(Dennis Prager)和其他富有的捐赠者们,他们生产了许多 PragerU 视频支持特德·克鲁兹。当特朗普赢得初选后,普拉格就公开支持特朗普。他的网站鼓励那些自称"永不支持特朗普"的选民支持特朗普。普拉格的立场存在着天然的矛盾,他一面呼唤美国社会应该回归保守主义的基督教道德,一面又愿意忽视特朗普的非基督教倾向。而这种矛盾并不能用任何冠冕堂皇的理由来解释,能够解释这种矛盾的理由只能有一个,且这个理由才是普拉格等人创立 PragerU 的真实目的,用普拉格的话说就是,为了击败"左派和他们的民主党"(见图 5-2)。

图 5-2　普拉格公开发推特表示保守主义者应该
把打败左翼作为首要原则

尽管 PragerU 的内容和视频并不直接以特朗普或是当前的争议性话题作为自己内容的特色,但它潜移默化中帮助特朗普放大了他的两个核心论点:第一,主流媒体是不诚实的,它们受情感而非理智驱动;第二,"左派"已变得越来越"激进",他们对"另类右翼"(alt-right)团体充满"仇恨"。

而普拉格在其官网上发布的一个有 110 万以上浏览量的置顶视频的文本,[①]字里行间充斥着对左翼的"仇恨"与"情感偏执",这也是 PragerU 网站批评左派的核心论点(见图 5-3)。

该网站认为,左派几乎摧毁了美国人珍惜的一切,例如自由、审美、理性、家庭、经济福祉,甚至善良都已经岌岌可危。构成这种威胁的不是自由主义,而是过去 100 年里最强大的意识形态,即左派激进主义(leftism),或称之为进步主义(progressivism)。

---

① PRAGER D. The left ruins everything[EB/OL].(2019-03-25)[2019-06-25]. https://www.prageru.com/video/the-left-ruins-everything.

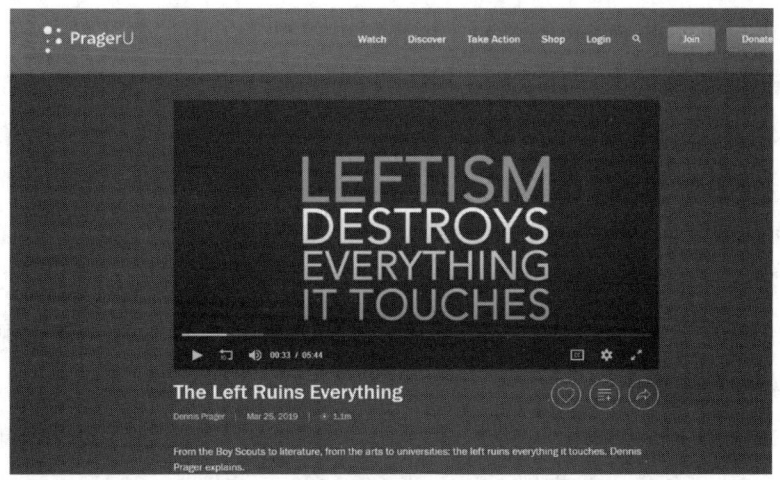

图 5-3　PragerU 网站置顶视频所提出的核心观点是"左翼摧毁了一切"

左派激进主义摧毁了它所接触到的一切。以下则是笔者在浏览此网站时总结的一些 PragerU 的核心观点。

（1）左派摧毁了大学教育。大学也许是最明显的例子，许多自由派人士认识到，左派摧毁了大多数大学的学习场所。用哈佛大学教授史蒂文·平克的话来说，因为左派，大学正成为笑柄。即使在小学，学生们被教育，不要辩论，要学会闭嘴；要遵循自己的感觉而非理性。

（2）左派让艺术变得低俗。艺术最核心的目的是通过美和艺术的卓越性来提升人和情感的深度。然而，左派的音乐、艺术、雕塑都让人震惊，他们把尿液和粪便当作艺术，这里面有无数的例子，其中之一是，2016 年，纽约古根海姆博物馆展览了纯黄金打造的马桶，而这个展览的名称是"美国"，意思是"美国就是能让你释放自我的地方"。

（3）文学为了谄媚有色人种而屏蔽真正的大师作品。宾夕法尼亚州立大学的英文学院公共区域一幅黑人女同性恋诗人的照片，取代了剧作家威廉·莎士比亚的肖像。为什么？仅仅因为莎士比亚是一个白人男性，而他们的左派教授们已经把大学追求卓越的信念替换为"追求多样性"。

（4）左派让电视节目充斥着政治的争论。《深夜电视》（Late Night TV）这一节目本来完全没有政治色彩，主持人认为他们的作用是娱乐观众，并通过提供给他们放松的笑声，让他们真正从一天的艰难中解放出来；但现在如果你想要娱乐放松，就不要看《深夜电视》了，因为它已经变成了沉重的"左派夜晚电视"。

（5）左派摧毁了许多主流的宗教信仰。例如新教、天主教和犹太教，它们现在只不过是挂着宗教符号的左翼组织。人们更可能听到神职人员谈论政治问题，而不是任何其他主题,包括《圣经》。

(6)左派在压缩言论自由的空间。言论自由是每个美国人都认同的基本价值,而左翼正在摧毁这一独特的美国成就。现在几乎一半的美国年轻人说,他们相信自由言论,但不相信仇恨言论。言论自由的全部意义在于,它允许人们表达任何政治或社会立场,包括我们中的任何一个人所认为的仇恨言论,而现在仇恨言论意味着任何与左派立场不同的言论。

(7)左派在种族问题上进行人为区隔。来自各个种族和民族的美国人,他们相处得非常融洽,但左派不断用对系统性种族主义、微观侵害现象和白人特权现象的愤怒谩骂来毒害年轻人的心灵。

(8)左派渗入各个领域。童子军①甚至不再是"童子"军了,左派迫使他们承认,女孩们也应该加入童子军。这摧毁了建立童子军的初衷,并遗忘了童子军运动曾帮助数以千万计的男孩成为独立坚强的好男人。那么左派版的童子军在哪儿?它不存在。

(9)左派甚至连性别都要混淆。性别方面最可怕的是,左派致力于结束男性、女性的分类,越来越多的孩子长大后不清楚自己是一个男孩还是一个女孩,老师被告知不要把学生称为男孩或女孩,而只需要叫他们学生就行了。纽约的父母不必在新生儿出生证明上填写男性或女性,他们可以在性别一栏填写"x",左派实施性别混淆,只能使人们困惑,使社会困惑。为什么左派搞了这么多破坏?PragerU 认为,左派从潜意识中定义美国是一个坏国家。

PragerU 在设计标题时并不会粗暴地表现出自己保守主义立场,而是倾向于使用中立性问句或者吸引眼球的另类观点。例如,右翼评论家本·夏皮罗(Ben Shapiro,前另类右翼网站 Breitbart News 主编)的视频"什么是多元交叉性",虽然有着一个中立的标题,但视频中他一开口就对这一包含社会学和女权学的新型理论表现出了充分不屑,在没有介绍这一学术理论的创始人和研究经历的前提下,抛出了一句"你的身份只在多元交叉性的排名上有重要性",然后,夏皮罗声称异性恋白人男性身份是主要的迫害对象,又说新的受害者一直在变,因此谁是这一理论下最大的受害者没有定论。这些标题及论证过程,会潜移默化地影响到受众。

PragerU 认为左翼势力控制的媒体没事找事,它们总是说种族歧视,就好像每一

---

① 美国童子军(The Boy Scouts of America,简称 BSA)是美国童子军运动中成立的一个民间组织,在其他一些国家也有它的分布。BSA 成立于 1910 年(1 月 8 日),是美国最大的青年团体,成员超过 100 万人。在登上月球的 12 名宇航员中,就有 11 名曾是童子军成员。而长达半个世纪以来一直由童子军组织的"春季庆典活动"——松木车德比大赛,则被美国《读者文摘》评为美国百佳庆典活动之一。美国前总统福特说:"我可以毫不犹豫地说,如果没有童子军精神,我不会成为一名好运动员,不可能成为一名好的海军军官,也不可能成为一名好的参议员,更不可能成为一名随时都能做好一切准备的总统。"

个白人都是种族歧视者,这与"另类右翼"的观点——"白种人"和"保守主义"正在受到攻击不谋而合,它们甚至发动了"我们可以做白人"(IT IS OKAY To BE White)运动。

该网站的一些受访者在接受访谈时称,"他们害怕在 2016 年总统大选期间公开宣布他们支持特朗普"。一位名叫翠西(Trish)的女性共和党组织成员说:"我的院子里和车上没有任何政治标志,我不想把自己置于危险之中,保守派正在成为目标,而且我们现在比以前更加谨慎。"而一些受访大学生也这样做,因为他们怕自己的政治观点被教师知道后,教师会对他们的成绩进行不公平的评分。

哈佛商学院的一项研究反映了同样的立场,并揭示出"反向种族主义"崛起的趋势。① 该研究表明,白人对"政治正确"感到不满,因为他们不被允许说出他们在想什么,他们越来越不确定该如何在跨种族交流中表达。诺顿认为,"随着时间的推移,我们意识到,人们把这种无所适从的'压迫感'误认为自己真的受到了压迫,被不断强化的种族问题让人们以为这个问题十分显著。而这种各个种族都感受到的压迫感实际上是被一些系统所带来的'零和效果',只会塑造和加强歧视性行为"。

这些视频的效果是立竿见影的:只需看看这些视频的浏览量即可知一二。PragerU 也始终把视频的浏览量当作吹嘘的资本,毕竟这是这个流量为王年代的最大卖点。然而,流量作为吹嘘资本仍然十分存疑。人们也许会自然认为,由于 YouTube(PragerU 运行视频的主要平台)通常会推荐包含更多观看次数的视频,因此似乎观看次数越多对内容的认可度越大。但观看视频中的内容并不意味着观看者对内容认可;并且由于我们无从得知视频观看者的身份,因此无法对观看视频人群的形成进行任何形式的系统性分析。人们只是单纯地通过数字知道这一视频被多少人观看而已。

四、社交媒体技术的产生

特朗普与主流媒体博弈的最重要场域便是社交媒体,他把社交媒体作为"自己的沟通渠道"。这也是前白宫新闻发言人萨拉·桑德斯解释她很少举行新闻发布会的一个理由。她说:"与最初创建简报的那一天情况不同,因为那时你没有更好的机会与美

---

① NORTON M I,SOMMERS S R.Whites see racism as a zero-sum game that they are now losing[J].Perspectives on psychological science,2011,6(3):215-218.

国公众沟通。"①萨拉暗示白宫应该改变传统的新闻发布制度,由总统与民众直接对话,因为特朗普觉得必须他自己开的发布会才有意义。

社交媒体和像福克斯新闻这样的宣传渠道让关于特朗普的新闻在任何编辑判断发挥作用之前就开始传播。②忽视特朗普的主流出版物会失去市场份额,因为这些围绕总统产生的争议,带来的是流量,进而是广告收入。

特朗普攻击媒体对媒体来说是好事。2018年12月,特朗普告诉《纽约时报》记者:

> 我将再赢四年的另一个原因是报纸、电视,所有形式的媒体都会因为我不在那里而收视率下降。如果没有我,《纽约时报》确实不会是失败的《纽约时报》,而是亏损的《纽约时报》。所以它们需要让我赢,它们会爱我,它们会说:"拜托,拜托,请不要失去唐纳德·特朗普。"

社交媒体的普及,又一次印证了麦克卢汉"媒介即人的延伸"的论断,不过这一次,延伸的是以互动为基础的人与人之间的关系。特朗普作为媒体应用专家,自然不会放弃这个风口。相比于以前,他的媒体实践还受制于专业机构的把关人;现在,他成为他自己的把关人。而他的推特账号,竟然成为主流媒体如《纽约时报》等的消息源,尽管上面的内容充满夸张、扭曲和反智言论,但流量经济让主流媒体也不得不屈服。特朗普的推特从政治话题的议程设置角度来说,收编了主流媒体。媒介技术的迭代成为催生特朗普现象的重要外部原因。

第三节 特朗普对美国主流媒体的操纵策略

在人们内心深处,人们都希望自己的信仰是建立在事实、理性之上的。但事实是,选择性感知普遍存在,这是传播学能够证明的为数不多的规律之一,即我们支持自己

---

① GOODE D, ALLEN V M, BARROW P A. Reduction of experimental salmonella and campylobacter contamination of chicken skin by application of lytic bacteriophages[J]. Applied & environmental microbiology, 2003, 69(8):5032.
② YGLESIAS M. The hack gap: how and why conservative nonsense dominates American politics: republicans have a huge strategic advantage in shaping the news[EB/OL].(2018-10-23)[2021-11-23].https://www.vox.com/2018/10/23/18004478/hack-gap-explained.

主张的愿望十分强烈,以至于我们实际上只看到了证实我们既定观点的证据。① 公共话语中的事实仅是在我们需要时作为我们的基础论据被使用。当世界似乎不是人们所希望的样子时,人们就会寻找可以将世界修正为自己想要的样子的救世主。

这种选择性感知便是公众被感知操纵的基础原理。特朗普在 2016 年美国大选中意外获胜,他便扮演了救世主这一角色,他深知人们渴望从生活中得到比理性更多的东西,例如神话般的希望、繁荣和对尊严的承诺。② 于是美国人民把特朗普与"让美国再次伟大"的希望和重新对华盛顿政坛进行革新的迫切要求联系在一起,因此他们放弃理性判断而着迷般地选择了相信特朗普。非理性和错误信息纠缠在一起,公众理性的头脑突然迷失。例如,特朗普对新闻机构"假新闻"的指责使媒体获得了比它应获得的更多的关注,也使人们忽视了真正影响美国的宏观议题——收入不平等、反移民情绪、种族主义等。虚构与娱乐成为与弱者、信息不足者和"愚蠢者"沟通的方式。新闻机构试图通过理性来"纠正"感知偏差的努力最终失败,从而陷入更深的操纵旋涡。

一、利用社交媒体挑战主流媒体并引起关注

特朗普经常在社交媒体上咒骂 CNN 等主流媒体,把自己完全与这些制造"假新闻"的媒体对立起来。他通过三个角度(民粹主义、资本主义和社交媒体的潜在本质)的联系强化了"他者"的概念。特朗普就职后几天,当时的首席策略师史蒂夫·班农接受《纽约时报》的采访时说:"这里的媒体就是反对党。"③ 为了防止他的观点被遗漏,他又说了一遍:"你们是反对党,不是民主党;你们是反对党,媒体是反对党。"

媒体其实不想成为特朗普的反对党,媒体只是想要报道他。在早期,媒体最重要的工作是保证特朗普的总统任期正常化,他们想向世界传达美国政治体系的包容性以及优越性,议程的框架是"即使是一个房地产商人,也可以成为总统"或者"美国的政治体系可以保证即使特朗普成为总统,也不会对美国产生太多负面的影响"。包括 CNN

---

① LAWRENCE R G. Book review:Trump and the media[J]. Journalism & mass communication quarterly,2018(3).
② LAWRENCE R G. Book review:Trump and the media[J].Journalism & mass communication quarterly,2018(3).
③ GRYNBAUM M M. Trump strategist Stephen Bannon says media should keep its mouth shut[EB/OL]. (2017-01-26)[2021-08-19]. https://www.nytimes.com/2017/01/26/business/media/stephen-bannon-trump-news-media.html.

在内的媒体在跟踪报道特朗普时,开始的目的是让特朗普看起来更像总统。① 但是,总统并不希望如此,南加州大学安妮伯格新闻与传播学院的杜伯教授指出,特朗普需要媒体成为自己的敌人,而媒体也乐于成为特朗普的敌人,因为特朗普能自带话题。②

特朗普对这个问题的解决方案是通过更荒谬的方式挑起媒体对他的反对,并在越来越荒谬的时候以更加离谱的方式直接攻击它们。例如,特朗普在推特上大肆炒作数周的"假新闻奖"。③

特朗普利用推特在社交媒体上创造了奇观,展开了吸引人的和不寻常的框架("假新闻","人民的真正敌人"),鼓励同情者寻找支持证据,然后将自己描绘成无尽的媒体偏见的受害者。然而,媒体一旦做出反应,将特朗普的陈述视为离谱和异常的,明明白白向公众指出其谎言,表达为新闻自由的未来感到烦恼时,特朗普和他的支持者们就会指着负面报道说:"看,告诉你,他们是反对党。"

换句话说,特朗普使用与"另类右翼"(Alt-right)相同的策略操纵媒体,即他希望媒体与他不断战斗,以便获得更多报道并展示媒体如何反对他,旨在引起人们对他所说的事情的关注,以及让他得到大量的免费曝光。媒体能否避免和特朗普打口水战?答案显然是不能,因为特朗普不是普通的网络喷子,他是美利坚合众国的总统,媒体必须报道他。

二、攻击反对派主流媒体——贴上"假新闻"的标签

笔者对 2019 年 4 月到 2019 年 10 月共 7 个月的推特内容进行抽样,以 7 天为一个抽样间距,每个抽样间距中随机抽取一天的特朗普推特内容作为样本单元。通过抽样结果笔者发现,特朗普经常在推特中用"假新闻媒体"代指《纽约时报》、CNN(美国有线电视新闻网)、MSCN(微软全国广播公司)等左翼媒体。同时,他对支持自己的媒体表现出拉拢的姿态,特朗普非常喜欢福克斯新闻网以及《福克斯和他的朋友们》这一节目,他多次在节目中做嘉宾并且转发支持福克斯新闻网主播的推特。福克斯新闻网已经成为特朗普对抗左翼媒体,表达自己政治主张并为自己辩护的主要媒体阵地。

---

① JASON K. Van Jones on Trump:"He became president of the United States in that moment."[EB/OL]. (2017-03-01)[2020-10-08]. https://edition.cnn.com/2017/03/01/politics/van-jones-trump-congress-speech-became-the-president-in-that-moment-cnntv/index.html.
② 作者在 2019 年 10 月采访了美国南加大安妮伯格新闻与传播学院克莱·杜伯教授。
③ KIRBY J, NELSON L. The"winners"of Trump's fake news awards, annotated[EB/OL].(2018-01-17)[2020-01-18]. https://www.vox.com/2018/1/17/16871430/trumps-fake-news-awards-annotated.

三、大量派发白宫记者证对冲反对媒体

奥巴马时代,白宫记者证只有一两百个,而到了特朗普时代,用一位白宫老记者的话说,"发白宫记者证就像发糖果似的"①。为什么会出现这种情况?因为美国的主流媒体都在大城市,而大城市人口多元,为了讨好受众,主流媒体往往偏"自由派",奉行"政治正确",而中西部小城市媒体的财力各方面无法支持其成为主流媒体,但它们为当地民众服务,是偏"保守派"的,因此,它们会说特朗普的好话,为了让更多人说特朗普的好话,白宫为众多小媒体记者大开方便之门。这些"非主流"媒体发出的声音,可以极大地对冲CNN这样主流媒体的声音,让特朗普的观点可以被保守派的支持者们听到或看到。

四、主动直接与媒体和公众互动

直白地讲就是,说自己的话,让别人无话可说。奥巴马一向和媒体保持遥远距离,两三天可能才回答一次记者提问,而特朗普很愿意回答,且都是即兴回答,所以能够吸引媒体争相报道。同时,他的白宫团队为了给他的言论找到根据,煞费苦心,有时候找不到根据就冷处理,但不管怎样,这些都成为媒体报道的材料。特朗普在2016年大选辩论结束后,还会主动与在场的记者们长时间互动,这与以往的总统候选人不同,在互动时他也经常即兴演说,其中虽然掺杂着不少谬误,但他仍然为记者们提供了更多信息。

最重要的是,特朗普通过社交媒体让自己的言论在不受审查和过滤的情况下直达公众。特朗普可以称得上一位"推特达人",据说他经常每天只睡4个小时(也许是因为年龄大了睡不着),一天平均发5条推特,有的推文是在深夜被发送了出去,从策略上讲这可以让主流媒体没有时间回应和评论,而且公众往往在晚上10点左右使用社交媒体的频率更高,那么他就自然而然成了独一无二的消息源,因此,他带动了整个白宫的工作节奏,所有的记者也都围着他和他的推特调整着自己的作息。② 白宫记者团首位华人记者张经义曾幽默地说,在特朗普上任之前,他每天早上起来做的第一件事是看各个新闻平台上发布了什么新消息;而特朗普上任之后,他每天早上做的第一件事成了看特朗普在他睡觉的时间又发了什么推文,这个变化足以说明特朗普舆论引领工作的成功。用特朗普自己的话讲:"我需要一个自己的发声通道。"

---

① 张经义.白宫义见[M].台北:先觉出版社,2019:33.
② 张经义.白宫义见[M].台北:先觉出版社,2019:45.

五、善于贩卖情感与偏执

伯克利大学社会学家艾莉·罗素·霍奇希尔德（Arlie Russell Hochschild）在其著作《被管理的心：人类感觉的商品化》（*The Managed Heart：Commercialization of Human Feeling*）中，提出了"情感劳工"（emotional labor）的概念，人们将情感商品化，无论是在传递信息还是在售卖商品时，情感、感觉还有人的个性都被当作了提高成交率与附加值的重要因素。她在她 2018 年出版的著作《在自己的土地上的陌生人：对美国右翼的愤怒和悲伤》（*Strangers in Their Own Land：Anger and Mourning on the American Right*）中举例，"茶党"在经济停滞时期受到不公平对待，他们对特朗普的表演产生了极大的情感共鸣。① 特朗普的总统竞选过程，就像他在卖他的房子，他卖出去的是感觉，以及他的个性。②

特朗普的言行总是透露出种族主义或性别歧视等偏执，这是他竞选活动的重要组成部分，特朗普成了许多怀有种族怨恨的美国白人理想的候选人。

2017 年 1 月，政治学家布莱恩·沙夫纳（Brian Schaffner）、马修·麦克威廉姆斯（Matthew MacWilliams）和塔蒂什·恩塔（Tatishe Nteta）在他们共同发表的一篇论文中提出，在控制了党派和政治意识形态等因素后，选民的性别歧视和种族主义指标与特朗普的支持率密切相关（见图 5-4）。

研究人员布伦达·梅杰（Brenda Major）、艾莉森·布洛登（Alison Blodorn）等人在 2016 年总统大选前不久进行的另一项研究中发现，如果对自身白人身份认同度很高的人被告知非白人群体在 2042 年将超过白人群体，白人就更有可能支持特朗普。③ 而学者马修·路丁（Matthew Luttig）、克里斯托弗·费德里科（Christopher Federico）和霍华德·莱文（Howard Lavine）于 2017 年 11 月发布了一个研究报告，认为特朗普的支持者更有可能根据种族问题来改变他们对住房政策的看法。在这项研究中，受访者被随机分配黑人或白人的图像，当他们被问及有关住房政策的观点时，特朗普的支持者们更容易受到黑人形象的影响。他们不仅不支持住房援助计划，而且他们对得到

---

① SMITS K. Strangers in their own land：anger and mourning on the American right[J]. Political science，2017，69(1)：88-90.
② KEMPER T. The managed heart-commercialization of human feeling-hochschild[J]. American journal of sociology，1985，90(6)：1368-1371.
③ MAJOR B，BLODORN A，BLASCOVICH G M. The threat of increasing diversity：why many white Americans support Trump in the 2016 presidential election[J]. Sage publications，2018(6).

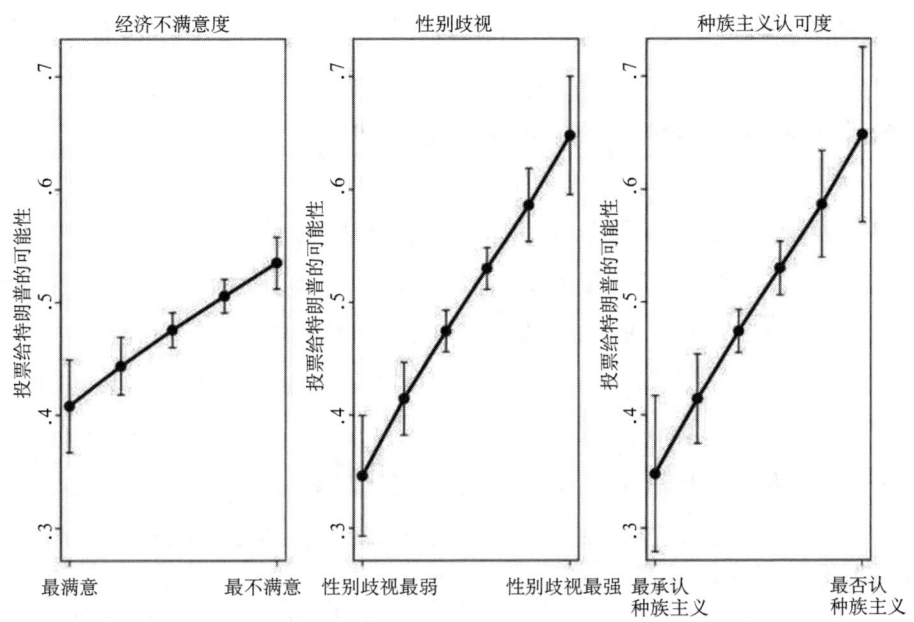

图 5-4　经济因素、性别歧视和种族主义对特朗普支持率的影响

政府援助的人表达了强烈的愤怒态度，他们认为接受援助的个人应该为自己的处境负责。① 相比之下，对希拉里·克林顿有好感的受访者并没有在受到种族暗示之后，显著改变自身对这些问题的看法。因此，研究人员得出结论："2016 年总统大选期间，对种族暗示的反应与唐纳德·特朗普的支持率相关。"

与此同时，白人至上主义团体公开支持特朗普。正如莎拉·波斯纳（Sarah Posner）和大卫·尼威特（David Neiwert）在 *Mother Jones* ② 中所表达的那样，特朗普转发白人民族主义者的推文，将墨西哥移民描述为罪犯，对于白人至上主义者来说，这是赞同他们种族主义的真正信号。一位白人至上主义者写道："我们的光荣领袖和终极救星已经对他最积极的支持者发出信号。"③他们中的一些人甚至认为，特朗普已经让更多公众对他们的种族主义信息感到同情。"特朗普竞选活动的成功证明了我们的观点与数百万人产生共鸣。"三 K 党骑士团④的全国组织者雷切尔·彭德格拉夫特说

---

① LUTTIG M，FEDERICO C，LAVINE H. Supporters and opponents of Donald Trump respond differently to racial cues: an experimental analysis[J]. Research and politics，2017，4(4).

② *Mother Jones*（缩写为 MoJo）是一本由美国国家进步基金会出版的杂志，主要刊载有关政治、环境、人权和文化的新闻、评论和调查报道。它的政治倾向被描述为自由主义或进步主义。

③ POSNER S，NEIWERT D. How Trump took hate groups mainstream[J].Mother jones，2016，14(4).

④ 三 K 党（Ku Klux Klan，缩写为 K.K.K.），是美国历史上和现在的一个奉行白人至上和歧视有色族裔主义运动的民间排外团体，也是美国种族主义的代表性组织。三 K 党是美国最悠久、最庞大的种族主义组织。Ku-Klux 二字来源于希腊文 KuKloo，意为集会。Klan 指种族。因三个单词开头都是 K，故该组织被称为三 K 党，又被称为白色联盟和无形帝国。

道:"他们可能尚未为接受三 K 党做好准备,但随着反白仇恨的升级,他们会这样做。"

六、调用娱乐和幽默对禁忌议题的反制功能

随着 2016 年 11 月全国大选的临近,学者们仍然感到困惑的是,一群被特朗普称为"苦苦挣扎的工资收入者"为什么接受了一个把他 1978 年从他父亲那里得到的创业启动资金称为"一百万美元的小额贷款"的男人的民粹主义话语。①

正如学者内特·西尔弗(Nate Silver)在 2016 年大选尘埃落定之后发表的《特朗普支持"工人阶级"的神话》(*The Mythology of Trump's "Working Class" Support*)中所写的,对特朗普与其竞争对手的财富距离的关注是错误的,他作为共和党总统候选人的历史独特性不在于财富,而在于缺乏政治经验,他的影响力远远超过最初在民意测验和媒体评估中提出的范围。② 新马克思主义学者和后结构主义学者长期以来一直断言晚期资本主义重视风格而不是内容,特朗普从候选人到共和党总统候选人的旅程中越来越受欢迎的事实,为这一主张提供了一个很好的范例。

这些领域的学者都将娱乐视为一种价值,将其定位为理解阶级关系的关键。历史学家彼得·伯克(Peter Burke,1978)强调了在 16 世纪至 18 世纪的农民中,歌谣歌手、杂耍者、木偶大师和喜剧演员等艺人的作用,他们通过吸引观众注意力的表演,促进精英文化与流行文化之间的相互渗透。同样,哲学家、文学评论家迈克尔·巴赫金(Mikhael Bakhtin,1984)在其所著的《斯大林时代》中,阐明了狂欢化娱乐的力量:傻瓜和小丑通过模仿行为颠覆社会秩序,在嘲弄政治统治者的神秘感中传播庸俗的乐趣,并激起他们的观众的叛乱行为。人类学家安东·布洛克(Anton Blok)从结构主义视角归纳出包括罪犯和演艺人员在内的"不光彩职业"的历史意义。对于布洛克来说,在政治过渡时期,这些人的社会位置是矛盾的:"他们设置界限又时常越界;他们从一种神秘的权力中产生,同时也被这种权力所限制;被边缘化,但又是群体的一部分;被鄙视却又不可或缺。"③一旦彼得·史塔瑞布拉斯(Peter Stallybrass)和艾伦·怀特(Allon White)将巴赫金的狂欢节延伸到更广泛的文化和阶级分析模式中,"娱乐"就成为审视日常生活中社会等级争论的一种常见的人类学术语,特别是在幽默、开玩笑

---

① HANLON A. Postmodernism didn't cause Trump: it explains him[EB/OL].(2018-08-30)[2020-09-31]. https://www.washingtonpost.com/outlook/postmodernism-didnt-cause-trump-it-explains-him/2018/08/30/0939f7c4-9b12-11e8-843b-36e177f3081c_story.html.
② SILVER N. The mythology of Trump's "working class" support[EB/OL].(2016-05-03)[2020-08-07]. https://fivethirtyeight.com/features/the-mythology-of-trumps-working-class-support.
③ BLOK A. Honour and violence[J]. Journal of anthropological research,2001(4).

和笑声方面。这些例子揭示了街头表演者、小丑、罪犯或者讲笑话者是如何通过他们的娱乐技巧而变得有价值的。① 在喜剧娱乐的极限空间中,"高"和"低"文化的独特身份可能仍然体现在口头和手势的解释中,但观众笑的事实却不分"高"和"低"。

幽默作为一种反制策略,②使其用户能够在不违反某些规范的情况下调用禁忌主题。③ 正如欧文·戈夫曼(Erving Goffman)曾经提出的那样,幽默表演受到保护,免于受到某些审查。④ 从这个意义上来讲,虽然有些观众可能会解释这种特殊形式的娱乐是品位低的体现,但我们很难批评一个小丑,他的工作就是让人们欢笑。因此,我们必须考虑娱乐价值的保护性优势:娱乐者有权违反规则。正如人类学家早已知道的那样,狂欢节在时间和人类情感上是特殊的,因为日常生活的规则不适用于狂欢节。⑤⑥虽然狂欢能暂时中止社会规则,但它在阶级、种族、性别和价值上的颠覆潜力常常在人们回归日常生活中后消失。特朗普常年混迹于各种综艺节目中,加上他风格迥异的红色领带和发型,他每次出现在镜头前都自带喜感,让公众难以分辨这究竟是总统还是脱口秀演员,于是他的许多不负责任的言论就自然被公众一笑了之,即便是一些严重的政治错误,也会在后来被"我显然是在开玩笑"这句话一笔勾销,这些言论不但没有使得特朗普的支持率下降,反而使他一路披荆斩棘,登上总统宝座。

七、民粹主义话语的正常化

民粹主义与特朗普的关系,是理解特朗普与媒体之间关系的一个路径。理解特朗普现象的产生和发展,也就是理解民粹主义与民主之间的关系、传统政党与民粹主义媾和而产生的蜕变、媒体对民粹主义发展的作用,以及各种社会结构因素与民粹主义之间互相作用的过程。

特朗普被描述为民粹主义者,⑦并且他的一些观点跨越了党派界限。例如,他的

---

① STALLYBRASS P, WHITE A. The politics and poetics of transgression[J]. A reader in the anthropology of religion, 2008(3): 253-263.
② FLEMING L, LEMPERT M. Introduction: beyond bad words[J]. Anthropological quarterly, 2011, 84(1): 5-13.
③ GOLDSTEIN D M. Laughter out of place: race, class, violence, and sexuality in a Rio shantytown[M]. Oakland: University of California Press, 2013.
④ GOFFMAN E. Encounters: two studies in the sociology of interaction[M]. Dublin: Raveniobooks, 1961.
⑤ GOLDSTEIN D M. Laughter out of place: race, class, violence, and sexuality in a Rio shantytown[M]. Oakland: University of California Press, 2013.
⑥ SCHEPERHUGHES N. Death without weeping[J]. Hughes, 1992(7).
⑦ GARDNER D B. Election 2016: where are we with the affordable care act? [J]. Nursing economics, 2016, 34(5): 251.

经济竞选计划要求大幅削减所得税和放松管制,①符合共和党的政策;而加大基础设施投资,又通常被视为民主党的政策。② 根据政治作家杰克·谢弗(Jack Shafer)的说法,特朗普在谈到他的政策观点时可能是"相当传统的美国民粹主义者"③。

相比执政党来说,民粹主义的沟通策略更容易被反对党利用,因此民粹主义的沟通策略往往激发人们呈现出攻击性和对精英的不信任状态。④ 从这个意义上来说,民粹主义可以被视为一种沟通方式,由政治行为者采用,旨在展示他们与人民的接近程度。因此,民粹主义似乎是一种解决各种问题的方式的"主框架"⑤。脸谱网、推特和照片墙(Instagram)创造了推销政治活动、候选人和选民互动的新渠道。⑥ 笔者根据皮尤研究中心(2016年7月18日)报道的数据来衡量社交媒体在2016年总统大选中的作用,44%的美国成年人从社交媒体获得了有关2016年总统大选的信息,这超过了通过本地或国家印刷报纸或候选网站、电子邮件获得消息的总和的百分比。特朗普的推特粉丝有1,000万,希拉里有700万,而特朗普900万的脸谱网粉丝数量大约是希拉里的两倍。⑦ 事实证明,这场在社交媒体上的较量中,更具民粹主义话语特征的特朗普获得了胜利。

学者克瑞斯(Kreis)收集了特朗普2017年1月20日就职典礼之日和2017年2月28日发布的共200多条推文并进行分析。⑧ 结果发现,特朗普使用非正式、直接和挑衅的沟通方式来构建和强化"人民"概念,并广泛散布受到"他者"威胁的国家安全概念。此外,特朗普采用积极的自我呈现和消极的"他者"呈现方式,通过社交媒体设置媒体议程。

---

① EHRENFREUND M. Liberals will love something Donald Trump said lastnight[EB/OL].(2016-12-16)[2020-06-08]. https://www.washingtonpost.com/news/wonk/wp/2015/12/16/one-thing-donald-trump-got-right-about-how-the-u-s-is-spending-its-money.
② SHARMAN J. Democrats can finally agree with Donald Trump on something[N].The Independent,2016-12-21(3).
③ TRUMP D. Trump:the art of the deal[M]. Manhattan:Random House,1988.
④ ERNST N, ENGESSER S, BÜCHEL F, et al. Extreme parties and populism:an analysis of Facebook and Twitter across six countries[J]. Information, communication & society, 2017, 20(9):1347-1364.
⑤ JAGERS J, WALGRAVE S. Populism as political communication style:an empirical study of political parties' discourse in Belgium[J]. European journal of political research,2007,46(3).
⑥ ENLI G. Twitter as arena for the authentic outsider:exploring the social media campaigns of Trump and Clinton in the 2016 US presidential election[J]. European journal of communication,2017,32(1):50-61.
⑦ WILLIAMS C B. Introduction:social media, political marketing and the 2016 US election[J]. Journal of political marketing,2017,16(3):207-211.
⑧ RIVERS D J, ROSS A S. Authority (de) legitimation in the border wall Twitter discourse of president Trump[J]. Journal of language and politics,2020,19(5):831-856.

第四节 特朗普对传统媒体的操纵模式

前文回答了特朗普当选带给人们最为印象深刻的两个问题：第一，为什么美国的穷白人会相信一个亿万富翁能够代表他们的利益。第二，特朗普"满嘴跑火车"，却为什么能牵着一众自由派主流（精英）媒体的鼻子走。本节将从特朗普与主流媒体博弈过程中的操纵策略、外部条件、操纵过程三个方面总结特朗普对美国主流媒体的操纵模式，并绘制模式图进行说明。

首先，社交媒体为感知操纵理论带入了新变量，政府或精英集团不再是信息通向民众过程中唯一的把关人，议程设置的权力被分化。在传统媒体主导社会舆论的时代，整个新闻界弥漫着精英主义的气息。自恃为第四等级的记者和编辑决定什么是重要的新闻，并且小心翼翼地维持着相对理性的论调，以实现社会整合并维护民主社会的基础。[①②] 因此，甘斯在分析传统媒体新闻生产时说："如果新闻有自己的意识形态，那就是温和主义。"[③]在精英主义和温和主义的框架下，媒体基于社会责任的要求展开对公共事务的报道，它们设置议程、监督民主制度的运行并且对维护既有制度的合法性负有责任。学者们在分析了美国总统与媒体的关系后发现，包括卡特和里根在内的多位总统都受制于新闻界的议程，而只有尼克松试图影响新闻界的议程。[④] 在互联网出现之前，传统媒体与总统确实已经形成了一种利益同盟关系，但互联网和社交媒体出现之后，情况发生了转变，传统媒体和总统之间的平衡被打破。奥巴马成为史上第一个"社交媒体总统"，已经让传统媒体的新闻业感受到危机。奥巴马利用社交媒体笼络了大批"政治冷漠"的草根网民和青年网民，并且使他们成为自己重要的票仓。而在 2016 年，特朗普的当选更是彻底颠覆了媒体与新闻业之间的关系，使得新媒体时代的议程设置中充斥了民粹主义、假新闻和"另类事实"。研究表明，社交媒体上的虚假新闻在 2014 年以来就已经在经济和国际关系等议题上具有了议程设置功能。[⑤] 这无疑是对传统新闻业所秉持的"精英主义 + 温和主义"的价值观的严重打击。更加讽刺

---

① 史安斌，邱伟怡.美国电视新闻业的复苏与隐忧[J].青年记者，2017(7)：85-87.
② JACK M M. Community integration[J].Local media use, and democratic processes, 1996, 23(2):179-209.
③ 甘斯.什么在决定新闻[M].石琳，李红涛，译.北京：北京大学出版社，2009.
④ WANTA W, FOOTE J. The president-news media relationship: a time series analysis of agenda-setting[J]. Journal of broadcasting & electronic media, 1994, 38(4): 437-448.
⑤ VARGO C J, GUO L, AMAZEEN M A. The agenda-setting power of fake news: a big data analysis of the online media landscape from 2014 to 2016[J]. New media & society, 2018, 20(5): 2028-2049.

的是,《纽约时报》等传统媒体 2016 年在与特朗普的口水战中实现了利润回升,美国三大台播放的关于特朗普的新闻是希拉里的两倍。① 这一切都意味着,那个主流新闻业称作"跳梁小丑"的特朗普,却成了新媒介环境下的议程设置者。

其次,以社交媒体为代表的新媒体的出现使更多的媒体操纵策略出现。学者王璐在其《精神信息战:操纵思想的艺术》中描述,信息通过不同的媒介形式操纵人们的思想。② 从目前来看,对于美国这个首先诞生社交媒体的国家来说,社交媒体更像是一把双刃剑,一方面,美国通过社交媒体的"感知操纵"使中东地区滋生缤纷多彩的"颜色革命";另一方面,精英们企图以一种直截了当的方式去引导舆论的努力常常没有效果,甚至连国内的总统大选都不再是精英们的媒体说了算,这才产生了特朗普这样的政治黑马,无论是共和党还是民主党,围追堵截却也无计可施,结果让他们十分懊恼。虽然保护弱者是人性的特点,但追随强者更是人性的常态。特朗普除了可以使用传统媒体时代之外的操纵策略,他还可以在社交媒体上直接发表原来可能会被主流媒体屏蔽的言论,他创造性地将"挑战主流媒体""运用幽默的反制效果""民粹话语正常化""贩卖情感与偏执"策略带入了社交媒体语境,不断挑逗着粉丝们的神经,创造流量,最终用流量背后的经济诱惑,让主流媒体议程被网络议程收编。

最后,特朗普在正面进攻,但也少不了"友军"的助力与美国民众对"政治正确"的厌恶。在特朗普对媒体和选民进行操纵的时候,我们可以看到,最有力的助攻是来自人民的主动选择与"另类右翼"媒体的摇旗呐喊。美国社会学学者布洛维曾在非洲中南部国家赞比亚的铜矿企业工作并做人类学调查,他发现一个很具讽刺性的现象,在那个赞比亚政府还在依靠铜矿企业的年代,对白人和黑人的平权运动进行阻碍的力量,并不来自白人,而是来自赞比亚人(黑人)自己,因为他们更希望在矿上使用廉价的黑人劳动力,如果把黑人和白人平等对待,那么他们的人力成本将会增加,他们也不希望得罪白人技术人士来影响生产,于是,在黑人自己的国土上,是黑人希望殖民等级和秩序继续延续下去。③ 特朗普得以操纵成功,除了自身十分"努力"之外,更在于美国的选民和媒体想要被其操纵,选民需要一个"疯子"一样的人物来挑战建制派,并针对许多现实的复杂问题为他们提供简单化的答案;而"另类右翼"媒体则强化了特朗普"语不惊人死不休"的流量效果,他们在被"政治正确"压制了多年之后,终于看到了一个模范,他们在他的带领下,就可以大胆说出自己想说的话,并且还能重新回归舆论舞台的中央。笔者用图 5-5 总结了特朗普对主流媒体的操纵模式。

---

① 史安斌,邱伟怡.美国电视新闻业的复苏与隐忧[J].青年记者,2017(7):85-87.
② 王璐.精神信息战:操纵思想的艺术[D].长沙:国防科学技术大学,2008.
③ 布若威.制造同意:垄断资本主义劳动过程的变迁[M].李荣荣,译.北京:商务印书馆,2008.

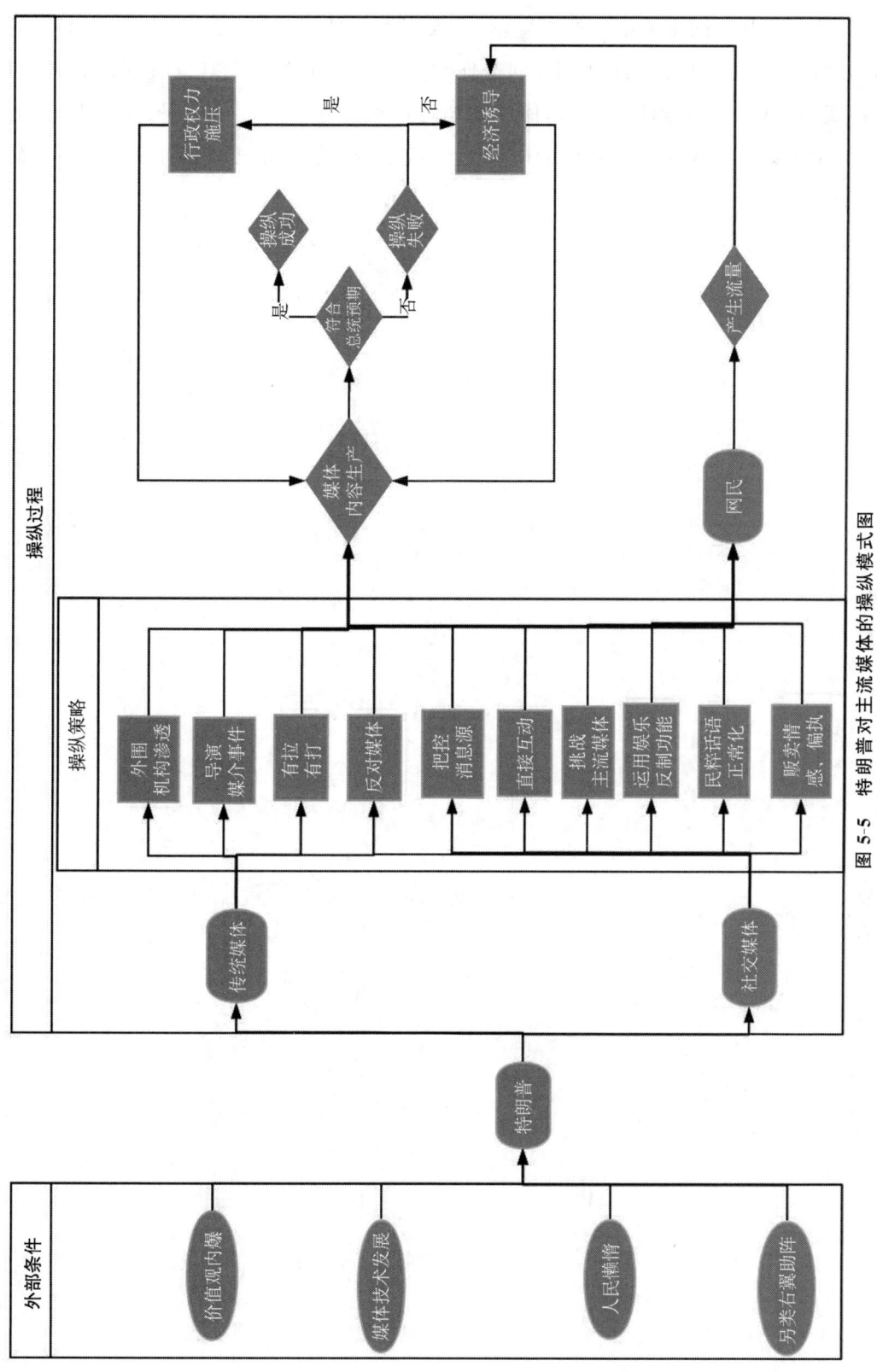

图 5-5 特朗普对主流媒体的操纵模式图

特朗普与美国主流媒体的博弈，一方面有赖于外部环境（条件）的变化；另一方面，特朗普在社交媒体的语境下，创造性地采取了大量派发白宫记者证的方式，以及"反对媒体"等新策略。最后，他成功地运用社交媒体这一"自己的发声渠道"通过流量收编主流媒体，这些都是作为"后现代总统"的特朗普的"感知操纵"模式的创新之处。

第六章

传播政治经济学视域下权力的博弈

媒体通过监督政府来实施自己的权力,总统通过行政和经济手段干预来操纵媒体,这个动态关系背后体现的是双方对话语权力的争夺,以及政治权力与经济利益对传播体系的双重干预与驱动。媒体并非对外部权力的间接控制浑然不知,①但躲在新闻专业主义的话语下,它们将这种经济与政治的控制假定为不可能或者阴谋论,从而使得控制也变得常态化。② 故而分析总统与媒体的权力博弈,就无法回避传播政治经济学的理论框架,只有在传播政治经济学的视域下,我们才能更清晰地看到权力博弈背后的动因和机制。

学者赵月枝认为,传播政治经济学源于北美,它以马克思政治经济学和西方文化马克思主义思想为理论基础,在一定的社会、经济、政治、文化背景下,分析媒介和传播系统与社会结构的关系,关注传播作为一种经济力量或政治权力对社会的影响,以及社会政治、经济权力机构对传播活动的控制。

总统与媒体的博弈,实质是传播权力的博弈。在这场博弈中,既充斥着精英政治与民粹主义政治理念的对抗,也存在着双方经济上的合作,同时这场博弈也揭示了资本势力对美国民主政治和媒体权力的裹挟,使得美国主流媒体和特朗普处于一种貌离神合的状态。传播的权力与经济问题是传播政治经济学的核心命题,本章就博弈之中双方关切的政治利益、经济利益做出分析,并通过话语权在博弈中的转移情况来归纳出媒介向"熵增"方向演进的模式与特点。

---

① 虞鑫,陈昌凤. 政治性与自主性:作为专业权力的新闻专业主义[J]. 新闻大学,2018(3):8-16.
② HEARNS-BRANAMAN J O. Journalistic professionalism as indirect control and fetishistic disavowal[J]. Journalism,2013,15(1):21-36.

第一节　特朗普与媒体的关系：利用与对抗的叠加态

特朗普作为总统，是美国政治体系的枢纽，他对媒体和传播系统的影响，从传播政治经济学的角度来看，最明显的就是导致利用与对抗共存的叠加态出现。叠加态又被称为叠加状态（Superposition State），是量子力学的术语，指一个量子系统的几个量子态归一化线性组合后得到的状态。著名的薛定谔的猫理论就是用一种思维实验描述了死与活同时存在的状态。① 特朗普就是美国媒体界"薛定谔的猫"，媒体与他的关系是爱恨交织，对抗与利用叠加。

特朗普在 20 世纪 70 年代初就学会了如何在报刊上宣传自己。在特朗普的履历中，谋求媒体关注的行为贯穿始终。他与媒体的互动变成了一种利用与对抗同时存在的叠加态。② 福克斯新闻主播布雷特·拜尔（Bret Baier）和前众议院议长保罗·罗恩（Paul Ryan）将特朗普描述为"喷子"（troll），说他发表的言论让人们"头脑爆炸"。③ 而特朗普也不甘示弱，在 2016 年的总统竞选时期和总统任期内，他一再指责媒体故意误解他的言论，称它们为"假新闻媒体"和"人民的敌人"。④ 在赢得选举后，特朗普告诉记者莱斯利·斯塔尔（Lesley Stahl），他故意贬低和诋毁媒体，"所以当你写关于我的负面报道时，没有人会相信你"⑤。在特朗普担任总统期间，他将媒体的报道称为"假新闻"⑥，并私下或公开剥夺关键记者的白宫记者证。

即便特朗普和媒体经常撕得不可开交，但互相利用才是彼此关系的主旋律。在竞选活动中，特朗普受益于创纪录的免费媒体报道，在共和党初选中他的地位大幅提升。⑦ 媒体也受益于特朗普，特朗普自己就是一个资深的媒体人，从 20 世纪开始就不断参与制作各种综艺节目、电影等，同时他自带流量的属性，使他为新闻机构提供了大量报道素材以及广告收入。

---

① 高鹏.从量子到宇宙：颠覆人类认知的科学之旅[M].北京：清华大学出版社，2018.
② HEARDEN T.Ag media and Trump's love-hate press relations[J].Western farm press，2018，40(17)：4.
③ SPICER S. The briefing：politics, the press, and the president[M]. New York：Simon and Schuster，2018.
④ BONDARENKO V. Trump keeps saying "enemy of the people"—but the phrase has a very ugly history[J]. Business insider，2017(27).
⑤ THOMSEN J. Minutes' correspondent：Trump said he attacks the press so no one believes negative coverage[J]. The hill，2018(5).
⑥ BUMP P. Trump makes it explicit：negative coverage of him is fake coverage[N].The Washington Post，2018-05-09(3).
⑦ TRAN D. The law of attribution：rules for attribution the source of a cyber-attack[J]. Yale journal of law & technology，2019(8).

2015年2月,特朗普表示,由于总统竞选的可能性,他尚未准备好参与下一季节目。① 尽管如此,NBC宣布将继续进行第15季的制作。2015年6月,在特朗普竞选演讲引起广泛负面反应之后,NBC发表声明说:"由于唐纳德·特朗普最近对移民的贬损言论,NBC Universal正在结束与特朗普先生的业务关系。"

一、特朗普与美国媒体的互相对抗

2018年1月8日,特朗普的一条推文又一次引爆舆论——他要为假新闻颁奖。他在推特中称这个奖项将授予那些"谬误与偏见最多的"主流媒体,"它的好处和重要性远远超出所有人的期待"(见图6-1)。

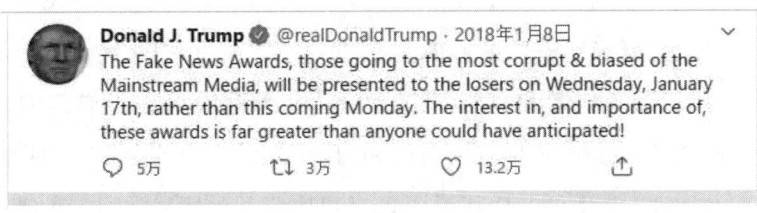

图 6-1　特朗普声称要颁发"假新闻奖"的推文

2018年1月17日晚,特朗普在共和党全国委员会网站上公布了上一年度的假新闻奖名单,并通过推特转发。在特朗普公布的名单中,头彩当属《纽约时报》和CNN(美国有线电视新闻网)。《纽约时报》随即表示总统的假新闻奖正在侵蚀美国民众对主流媒体的信任。盖洛普公布的民调结果显示,美国人近年来对主流媒体的不信任度确有上升,66%的普通美国人认为主流媒体的报道正在模糊意见与事实之间的界限,从而威胁到民主。

德国的《明镜》周刊发文称,"特朗普和媒体的斗争达到了新高潮",特朗普对美国主流媒体羞辱的程度在美国历任总统中堪称第一。特朗普将假新闻的标签贴到反对自己的媒体身上,从而达到一种污名化的效果,损害了主流媒体的声誉。法新社统计了2017年特朗普和媒体之间的攻击次数,其中总统至少公开说了2,000次假新闻。

假新闻奖来得突然以至于各路媒体都有些措手不及,只能狼狈回应。《华盛顿邮报》认为此奖实属荒谬,媒体在日趋严酷的竞争中难免出错,但已经主动承认并纠正,特朗普却对这些错误不依不饶。该报对特朗普列举的11篇所谓的假新闻报道进行了

---

① MORINI M. The clowning performer[M]. Berlin: Springer, 2020: 49-66.

逐一反驳,交代其中8篇得到了修正,有2篇被撤,并且辞退了记者,至于推特中的2条错误,也很快进行了更正。

《纽约时报》则认为该奖项显示了总统对重要民主机构——媒体的敌意。哈佛大学学者蒙克在推特上发文称:"'假新闻奖'就是特朗普以荒唐和愚笨的方式对美国建国原则之一'言论自由'进行的攻击。"①美国媒体人的幽默也在这场闹剧中被放大,他们声称会穿燕尾服去领奖,毕竟假新闻奖也是一种荣誉。美国CBS《科伯特晚间秀》节目主播科伯特甚至把大幅广告打在了纽约时报广场的大屏上,他想毛遂自荐去领奖。

在华盛顿,民主党几乎一边倒地反对特朗普对媒体的攻击,甚至一些共和党议员也对此做出批评。例如,共和党参议员弗莱克一直与特朗普不睦,他在演讲中猛烈抨击特朗普对待媒体的立场,甚至用"独裁者"来形容特朗普。"我们的民主如果没有对事实的尊重就会失去意义",资深共和党参议员麦凯恩则在《华盛顿邮报》上抨击特朗普"不断攻击美国新闻工作者和媒体"的行为是"和专制政权亦步亦趋的行为"。② 他称,"美国的立国之基就是新闻与言论自由,并且长久以此垂范全球,但现在新加坡、缅甸、委内瑞拉、利比亚、埃及和土耳其等国政府和独裁者竟然来学习特朗普'假新闻'的标准来应对本国媒体的批评"。

二、特朗普与美国媒体的互相利用

白宫首位华人记者团成员张经义在接受访谈时坦言,③美国前任总统奥巴马在记者招待会上回答的问题是提前安排好的,十分谨慎。奥巴马要做全民总统,有意远离黑人,其任内种族问题更加严重。而奥巴马对记者比较谨慎,他口才一般,幕僚很能写稿子,修改千百遍,相比之下,白宫记者团私下里更喜欢特朗普,因为他新闻多,虽然在台上会和记者针锋相对,但私下里对记者十分友好。

特朗普与主流媒体虽然在外人看来关系紧张,但他即使被批"幼稚""荒谬""小肚鸡肠",依旧维持"我自一口真气足"的状态。这是因为他的舆论大本营已经不是主流媒体,而是他的社交媒体,特朗普在上任后与媒体之间争斗越发激烈之时,他的推特粉

---

① 李勇,李司坤,等.特朗普与媒体大战进入高潮 美媒体人称要"穿燕尾服去领奖"[N].环球时报,2018-01-19(2).
② 李勇,李司坤,等.特朗普与媒体大战进入高潮 美媒体人称要"穿燕尾服去领奖"[N].环球时报,2018-01-19(2).
③ 白宫记者团首位华人成员张经义在2019年8月接受了笔者采访。

丝数持续增长,成为推特上拥有粉丝最多的政界领袖。社交媒体时代,特朗普是各大平台的"大客户",他孜孜不倦地生产吸引流量的内容,经常登上各种平台的热搜。例如,特朗普2009年3月加入推特以来就持续获得关注,2016年大选期间,他在推特上大力宣传,并在他担任总统期间继续使用这一渠道。就任总统之后,他在推特中的受关注度也跟着显著提高。截至2019年5月,他有超过6,000万的推特粉丝,并且是推特关注度排名的第15位。① 特朗普经常使用推特,将其作为与公众沟通的直接手段,使新闻界处于边缘地位。

相比之下,《纽约时报》的推特账号(@nytimes)粉丝3,980万、《华盛顿邮报》(@washingtonpost)拥有粉丝1,130万、CNN(@cnn)被3,800万人关注,《福克斯新闻》(@FoxNews)有1,620万粉丝,NBC新闻(@NBCNews)有538万粉丝。特朗普有6,610万粉丝,②可以说是完胜主流媒体。更需要注意的是,特朗普的粉丝并不是僵尸粉,粉丝对他推文的点赞、转发及评论,远比其他主流媒体活跃,这让特朗普有底气和传统媒体抗衡。

特朗普从竞选之初就清楚地意识到这一点,通过推特一马当先,从诸多主流媒体的围追堵截中突围出来,甚至越挫越勇。履新总统后,他更是春风得意,他的推文内容上有国家大事,下有女儿卖鞋。因此有网友说特朗普是"推特治国",更有美国网友担心推特的字数上限从140字提高到280字之后,美国将面临超过原来两倍的外交复杂性。加之CNN等媒体被特朗普贴上"假新闻"的标签,竞选期间这些主流媒体所刊登的民调缺乏准确性,美国民众就更难相信主流媒体,反而愿意接触特朗普在推特上的"一手"信息。特朗普与主流媒体的对抗,是一场互利互惠的"交易"。

在这个流量为王的时代,特朗普自带话题和流量的属性让主流媒体爱不释手。特朗普通过媒体增加曝光率,媒体又用报道总统的荒唐言行换取观众注意力,双方各取所需;从内容上来看,特朗普疯狂抨击建制派及其支持的媒体,把自己塑造为普通美国人或美国底层人民的代言人,大肆渲染自己的民粹主义领袖人设,获得了许多穷白人和"另类右翼"的支持;而媒体则借助对特朗普荒诞言行真诚且客观的批判性报道,巩固着自己"第四权力"与"舆论监督者"的身段,既获得了新闻专业主义带来的职业荣誉感,又蹭了特朗普的流量,这也就能解释为什么特朗普对主流媒体攻击越猛烈,《纽约时报》《华盛顿邮报》等媒体的订阅量越会大幅度增加,甚至创下历史最高纪录。③ 正

---

① HEMSLEY J. Followers retweet! The influence of middle-level gatekeepers on the spread of political information on Twitter[J].Policy&internet,2019,11(3):280-304.
② 截至2019年10月24日星期四的统计数字。
③ 何黎.特朗普喷得越狠 美国主流媒体卖得越好[N].观察者网,2017-02-19(2).

如特朗普2020年3月9日在他的推特中所说的,"《纽约时报》在我从政前或者我卸任后,都会成为一个'死报'(dead paper)"(见图6-2)。

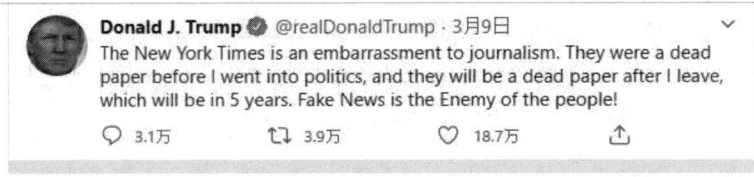

图6-2　特朗普在推特中称《纽约时报》在自己从政前或卸任后会成为"死报"

进一步而言,特朗普不仅是报业的宠儿,他还是整个传媒业的宠儿。

首先,他为喜剧演员、卡通艺术家和在线漫画艺术家提供了大量素材和主题。他在《周六夜现场》(Saturday Night)经常被菲尔·哈特曼(Phil Hartman)、达雷尔·哈蒙德(Darrell Hammond)和亚历克·鲍德温(Alec Baldwin)模仿。《辛普森一家》在2000年预言了特朗普将来会当上总统。自20世纪80年代以来,特朗普的财富和生活方式一直是嘻哈歌词的一部分,有数百首歌曲用了他的名字,而且还是用正面的语气描述他。①

其次,他参与制作或主持的节目使各大传媒公司获利不少。2003年,特朗普成为NBC真人秀节目《学徒》的执行制片人和主持人,特朗普因著名标语——"你被解雇了"而名声大噪。之后他继续成为《名人学徒》(The Celebrity Apprentice)的共同主持人。这两档综艺节目在美国收视率曾经居高不下,成为媒体公司的摇钱树。

最后,电影和电视圈老朋友也在其执政后得到政治分肥。自20世纪80年代末以来,特朗普开始宣传世界摔跤娱乐公司(World Wrestling Entertainment,WWE),2013年,他参加了WWE名人堂。WWE的老板麦克马洪和他的妻子琳达曾为特朗普捐款,特朗普执政后,他们成为特朗普政府的小企业管理局官员。

以上种种互利的交易表明,特朗普竞选总统之初其实就有了获胜的底牌,他用表面的对抗,掩饰着资本与媒体深层次的合作,这是其他候选人所不具备的政治智慧。下面笔者用特朗普在《交易的艺术》一书中的描述来对本节进行概括:

> 新闻界有一个特点:记者们总是对好的新闻如饥似渴。而且越是耸人听闻,他们的兴趣就越大。这是由这种工作的性质决定的,我能理解这一点。如果你有点儿与众不同,或有点儿专横无礼,或者你所做的事情是大胆的或

---

① MCCANN A. Hip-hop is turning on Donald Trump[N]. Five thirty eight, 2016-07-14(1).

有争议的,新闻中就会有你的故事。我做事总有点儿与众不同,我不在乎有争议,我做生意总是显得雄心勃勃。同时,我在很年轻时就已取得了很大的成绩。我选择了一个有个性的生活方式,所以新闻界总想写我的报道。

我并不是说他们喜欢我。他们愿做正面报道,也做反面报道。但是,从纯生意角度出发,被报道这件事本身就利远大于弊。……有意思的是,即使是一篇批评性文章,对个人可能有所伤害,但对你的生意却很有益处。……关键是引起了人们对我浓厚的兴趣,这就是价值。①

第二节　特朗普对民粹主义的政治考量

从传播政治经济学的角度来看,特朗普攻击主流媒体主要是因为西方社会结构的民粹主义化对传播系统产生了影响,他想要获得选票,就必须取悦民粹主义者,而美国主流媒体长期以来代表精英立场,这无疑为特朗普树立了最好的靶子。

近年来,西方民粹主义的崛起引起了大量讨论。学者们渐渐意识到民粹主义虽然在诸如移民和税收等问题上不断发声,但仍然不能简单地将其等同于"右翼",或者"极端右翼",因为民粹主义者强烈主张"人民"(无论如何定义)是唯一合法的主权拥有者,并且,他们的权力已经被精英阶层所剥夺,这些主张可以很容易地与左派意识形态相提并论。此外,与法西斯主义不同的是,民粹主义宣传坚持平等(人民之间)而不是等级制度的价值观,在他们的话语体系中,"社区"的概念要比"国家"的概念更为重要。

社交媒体的出现,让这种价值观超越阶级概念,例如特推,它就是一个任何阶级的受众都可以登陆的平台,学者斯尼克(Srnicek)在其著作《平台资本主义》(*Platform Capitalism*)中就提到,信息的接近性成为一种特权或资本。推特为多元化的受众提供了信息的接近性,因此其成为一个对于政客来说,尤其是想要成为总统的政客来说十分有价值的平台。民粹主义在社交媒体平台上成为唯一的意识形态,虽然这种意识形态内部并不相同,有时不同派别会有截然相反的观点,但这并不妨碍像特朗普一样的政客对其加以利用。

和塔吉耶夫(Pierre-André Taguieff)一样,我们认为,民粹主义不仅与任何政治意识形态(左派或右派,反动派或进步派,改革派或革命派)和任何经济纲领(从国家计划

---

① TRUMP D J, SCHWARTZ T. Trump:the art of the deal[M]. New York:Ballantine Books,2009.

到新自由主义)高度兼容,还存在于各种各样的社会基础和不同类型的政权之中。①特朗普就生动诠释了这种民粹主义在美国跨越阶级的实践方式,例如,他在反对奥巴马医保时,借助了右翼民粹主义的力量,反对用中产阶级的钱来交低收入人群的医保;但他的能源政策和移民政策,又讨好了左翼的民粹主义力量,让穷白人相信他能带给自己就业和更加公平的国民待遇。民粹主义成为特朗普与媒体博弈中最重要的政治考量,擅于利用民粹主义,就能获得选票,这就是美国最大的政治现实。白宫记者团首位华人记者张经义认为,未来的美国政治将会越来越极端②。

一、民主、媒体与民粹主义的关系

特朗普代表的共和党偏向于取悦穷白人等右翼民粹势力,而民主党则希望诉诸种族平等以取悦左翼民粹势力。要深入分析特朗普和媒体是如何利用民粹主义获得不同政治资本的,以及特朗普又是如何通过民粹主义操纵媒体与民主政治的,就必须要了解民粹主义和民主政治、媒体之间的关系。本书将对此做深入分析。

民粹主义是与后现代理论不可分割的思潮。有学者认为,民粹主义思想最早来自法国,让·雅克·卢梭被称为领导法国大革命精神方向的"民粹主义的始祖"。③ 其思想为包括民粹主义在内的许多现代激进思潮和社会运动提供了思想源泉和理论支持,其中民粹主义从卢梭思想中获取的思想养料包括"人民主权观""平等主义""道德理想主义""直接行动逻辑"等。④ 吉塔·埃尼埃斯库(Ghita Ionescu)和欧内斯特·盖尔纳(Ernest Gellner)模仿马克思和恩格斯论述道:"一个幽灵正在困扰世界——民粹主义。"⑤整个世界并不是仅仅在20世纪60年代后期被困扰,时至今日,民粹主义已经席卷了几乎所有主要的西方国家,亚洲国家甚至也不可避免地受到其困扰。

(一)作为意识形态的民粹主义及其核心原则

我们采用学者丹尼尔(Daniele Albertazzi)和杜坎(Duncan McDonnell)的观念将民粹主义定义为⑥:一种意识形态,使一群善良和同质的人与一群精英和危险的他者

---

① TAGUIEFF P A.L'illusion populiste:de l'archaïque au médiatique[M].Paris:Berg International,2002.
② 笔者于2019年10月对白宫记者团首位华人记者张经义先生进行了采访。
③ 海涅.论德国宗教和哲学的历史[M].海安,译.北京:商务印书馆,1974:100.
④ 林红.民粹主义——概念、理论与实证[M].北京:中央编译出版社,2007:94.
⑤ LONESCU G, ERNEST G. Populism: its meaning and national characteristics[M]. New York: Macmillan, 1969.
⑥ ALBERTAZZI D, MCDONNELL D. Twenty-first century populism[J]. Palgrave macmillan, 2007(10).

对立,他者被描述为是剥夺(或试图剥夺)主权人民的权利、价值观、繁荣、身份和声音的人。

此定义中的"意识形态"按威廉姆斯在《马克思主义与文学》(Marxism and Literature)中的说法,应被理解为一个特定群体的信仰、价值观和思想体系。① 其功能是通过提供解释框架来解释事物的原因。个人和/或组织通过这个框架了解自己的经历,与外部世界相关联,并据此规划未来。

与埃内斯托·拉克劳(Ernesto Laclau)②和皮埃尔·安德烈·塔吉耶夫(Pierre-André Taguieff)③的观点一样,这种观点有意避免在特定的社会基础、经济进程、社会问题和选举方式中讨论不同的民粹主义。简言之,我们认为民粹主义不应该只在某种特定背景下被看到,而应该超越这些背景去探讨,毕竟民粹主义已经成为世界范围内的一种流行思潮。因此,正如伊夫·梅尼(Yves Mény)和伊夫·苏雷尔(Yves Surel)论证的那样,民粹主义本身能算作其他意识形态的衍生品,民粹主义还具有"至关重要的特殊性"④。

像所有意识形态一样,民粹主义提出了一种分析框架,旨在回应一些基本问题:"出了什么问题;谁应该受到指责;以及如何扭转局面。"对于以上问题,他们的答案一般是:⑤

(1)应该反映人民意志的政府和民主,被腐败的精英所占据、歪曲和利用;

(2)精英和他者(即不是人民)应该为当前人们所处的不良情况负责;

(3)必须把权力和发表言论的权力交回代表人民的民粹主义领袖和政党手中。这种观点基于人民的基本概念,即同质化与天然良善。

民粹主义用"人民"的概念来区分"我"与"他者"。正如齐格蒙特·鲍曼(Zygmunt Bauman)所说的,他们创造了一个社区,在这里他们可以感到温暖和安全,并且存在相互信任。此外,社区是一个"水晶般清澈"的地方,谁是"我们中的一员",不容混淆,也没有混淆的原因。⑥ 人民的敌人——精英和他者,既不是同质的,也不是良善的。他们被指控阴谋对抗人民,人民被描绘为既被上层精英所统治,又被一系列例如移民之类的下层他者所威胁的群体。保罗·塔格特所指的民粹主义"心脏地带"是,"一个有

---

① WILLIAMS R. Marxism and literature[M]. Oxford: Oxford University Press,1977.
② LACLAU E. On populist reason[M]. London: Verso,2005.
③ TAGUIEFF P A. L'illusion populiste: de l'archaïque au médiatique[M]. Paris:Editeurs Berg International, 2002.
④ MENY Y, SUREL Y. Democracies and the populist challenge[M].London: Palgrave Macmillan,2002:1-21.
⑤ BETZ H G, JOHNSON C. Against the current-stemming the tide: the nostalgic ideology of the contemporary radical populist right[J]. Journal of political ideologies, 2004, 9(3): 311-327.
⑥ BAUMAN Z . Community: seeking safety in an insecure world[J]. Contemporary sociology, 2001, 31(4).

道德并团结的社区",这不是一个乌托邦,而是一个过去实际存在的繁荣和谐的地方,但人民的敌人的存在,导致了那个时代在今天的失去。① 民粹主义领袖的承诺就是按照"自然秩序"恢复这个"心脏地带",摆脱压迫,将主权归还给人民。为了让大家保持一种团结,民粹主义者们往往会引入外部危机感,即"很快就会为时已晚"的想法,他们一边宣扬即将到来的厄运,一边宣称自己可以为"人民"提供救赎。正如弗朗西斯科·潘尼扎(Francisco Panizza)所说,民粹主义及其领导人为人民提供了"牺牲之旅后解放的承诺"(promise of emancipation after a journey of sacrifice)②。这段旅程通常由一位富有魅力的领导者领导,他被描绘为能本能地知道人们想要什么。正如卡诺万(Canovan)所说,"民粹主义政治不是普通的政治。它具有一种运动的复兴主义风格,并且与这种情绪相关联的是一种倾向于在一个有魅力的领导者身上构建高度的情感"③。这很难不让人想到特朗普的竞选口号:"让美国再次强大"。

富有魅力的民粹主义领导者与人民之间关系的基石是,虽然他们仍然是人民之一,但他们独特的品质和视野意味着只有他们才能成为人民的救世主。特朗普在白宫吃汉堡,穿着具有喜剧色彩的标志性红色领带,以为他根本不像亿万富翁,而是邻家的老大爷,这种亲和力让穷人不自觉地忘记了眼前这位大爷实际上是一位大资本家,转而相信他会全心全意地代表自己的利益。

民粹主义领导人据此将自己描绘为最大的牺牲者,他因为看到议会政治的正常程序令人民的意志受挫,被迫将自己的正常(和首选)职业放在一边,而是进入肮脏的政治世界,以拯救民主。④

民粹主义者主张人民与政府之间直接联系在一起,就像特朗普任总统时期的新闻发言人桑德斯所认为的那样,白宫例行记者招待会没有必要举行,暗示人民应该通过推特与特朗普直接沟通。当然,最重要的是,正如学者卡斯·穆德(Cas Mudde)所说的,民粹主义选民希望他们可以信任的领导者能给予他们希望,他们希望政治家了解人民的愿望(而不是"倾听"人民),并让他们的愿望成真。⑤

西欧民粹主义的兴起在很大程度上是对传统政党在选民眼中未能充分应对经济问题、移民问题、精英腐败的暴露、意识形态的衰落、阶级政治和文化全球化的反应。学者马斯特罗保罗(Mastropaolo)认为,在媒体的推动下,越来越多的西方民调显示出

---

① TAGGART P.Populism[M].Buckingham:Open University Press,2000.
② PANIZZA F. Populism and the mirror of democracy[M]. London:Verso,2005.
③ CANOVAN M. Trust the people! Populism and the two faces of democracy[J]. Political studies,2010,47(1):2-16.
④ CRICK S B. Populism, politics and democracy[J]. Democratization,2005,12(5):625-632.
⑤ MUDDE C. The populist zeitgeist[J]. Government and opposition,2004,39(4):541-563.

一种政治氛围,在这个氛围中人们对政治和政治家缺乏兴趣并充满不信任。人们认为政治错综复杂,与人们的生活遥远和无关,政治家无能为力且自私自利。① 这种看法反过来又影响了选举行为,越来越多分散和失望的选民要么根本不打算参与选举,要么越来越倾向于选择全新的、更激进的替代者。

尤其值得注意的是,这些替代者以民粹主义者的身份出现会更受欢迎,因为他们为社会的复杂问题提供直接的常识性解决方案,并采用有力的"街头人"(man in the street)的沟通方式。这能够激励对传统政治及其代表失去信心的人。相比于以往的"实用主义政治"(politics of pragmatism),他们提供的方案更偏向于对建制派的纠正,是一种"救赎政治"(politics of redemption)②。他们声称会有根本的改变,并且可以让这些变化成为现实。简言之,他们承诺让民主发挥作用。

特朗普对于民粹主义的意识形态非常熟悉,他完全践行着民粹主义意识形态中交织在一起的四个核心原则:第一,人民是一个整体,具有先天道德的合法性;第二,人民才是主权的所有者;第三,人民的文化和生活方式具有至高无上的价值;第四,领导者、党派或运动与人民是一体的。

(二)民粹主义价值贬损的两个原因

民粹主义对于特朗普来说是十分好用的工具,但这个工具叫座不叫好。首先是因为这个概念存在模糊性,就连特朗普这样典型的民粹主义者,也解释不清楚谁是人民,人民有时是经济上窘迫的煤矿工人,有时是政治概念上的美国人,有时又是民族性意义的白人。但他不会纠结于概念,他只会利用这些概念作为自己行动的工具。学者克里斯蒂娜·M. 布兰肯希普(Christina M. Blankenship)认为,特朗普利用他的总统权力和社交媒体,公开表达他对内阁成员的感情,用即兴代替讲稿,将官方总统声明和个人情感混在一起,这些习惯构成了他的总统奇观的基础,形成了一种独特的"战术民粹主义"(tactical populism)。③ 由此可以看出,特朗普是一位意识形态专家,但他不屑于去做意识形态学家。

特朗普的出现,让精英阶层对民粹主义的价值产生极大的鄙夷。许多学者提出了

---

① CANOVAN M. Trust the people! Populism and the two faces of democracy[J]. Political studies, 1999, 47(1): 2-16.
② CANOVAN M.Trust the people! Populism and the two faces of democracy[J].Political studies,1999,47(1): 2-16.
③ BLANKENSHIP C M. President, wrestler, spectacle: an examination of Donald Trump's firing tweets and the celebrity appresident as response to Trump's media landscape[J]. Journal of communication inquiry, 2020, 44(2): 117-138.

学理上的分析,他们认为,民粹主义价值被削弱的第一个原因是其核心概念人民的意义含混不清。亚伯拉罕·林肯在1863年的《葛底斯堡演说》里有一个著名的口号,即"建立一个民有、民享、民治的政府"[1]。这个口号备受民主人士和民粹主义者的青睐。林肯的口号是宏伟的,但也含糊不清,由一系列重要的词组成,但未指明具体内容。此外,正如大多数学者喜欢说的,[2][3]民主与民粹主义之间存在着密切的联系,然而,它们之间也存在着内在的紧张关系,这种关系很少得到充分分析。民主与民粹主义之间的联系很容易确立,因为两者都有坚定而扎实的植根于人民的概念,都表明了人民至高无上。两者的共识是,人民没有权利,就没有民主。因此,林肯的名言可以用民粹主义的方式来解释,即坚持认为人民权利的增加构成了民主质量的提高。

什么是人民的权利?如果根据民主的最重要构成要素来界定,这个概念会变得更为清晰:公民/选民的信息掌握量和参与程度,政治竞争的强度和重要性,轮流执政的可能性,以及政治领域问责机制、结构的透明度和灵活性。然而,民粹主义者不仅普遍拒绝人民与领导者之间的所有政治中介结构,而且他们对人民的定义充满歧义。

人民本身就有几种似是而非的定义,首先,包含在许多宪法中,例如美国宪法的序言(《我们是美国人民》)中表明人民是公民,拥有权利和义务,但最重要的是人民主权权利必须在宪法本身规定的范围和形式内行使,这个定义是唯一与民主相容的定义。因此,人民并不像民粹主义者经常设想的那样,是一群无差别的人,相反,他们是公民、工人、协会、政党等。

其次,人民的第二个定义涉及国家。人民不仅是拥有相同权利和义务的公民,最重要的是,他们是拥有相同血液并居住在同一地区的人。他们拥有同一传统,具有相同的历史,人民与民族的概念有很多重合的地方,至于民族的概念,《想象的共同体》中已经指出,[4]它是一个政治概念,具有领土的边界。这个定义是排他性的,因此当民粹主义者利用民族主义下的"人民"概念走极端时,他的观点就会与民主观点不相容。

最后,基于社会阶级观点的人民的第三个定义。只有社会中较不富裕的部分才被认为构成了人民:指那些落在后面的人,通过劳动努力生存但被精英、企业、党派、贸易组织所剥削的人。正是在这个定义中,右翼民粹主义者会尴尬地与同为民粹主义者的左翼人士产生不可调和的矛盾。

这三个定义让人们看到人民与民粹主义之间的关系一直是非常模糊的。因此,它

---

[1] LINCOLN A. The gettysburg address[M]. London: Penguin UK, 2009.
[2] CANOVAN M. Populism[M]. New York: Harcourt Brace Jovanovich, 1981.
[3] MUDDE C. The populist zeitgeist[J]. Government and opposition, 2004, 39(4): 541-563.
[4] 马衍阳.《想象的共同体》中的"民族"与"民族主义"评析[J]. 世界民族, 2005(3): 70-76.

们也使民粹主义与民主之间的关系模糊、复杂,并且可能对民主产生不利影响。

关于民粹主义的众多定义,都强调了人民的权利、作用、重要性和绝对的决策能力。因此,真正的问题是识别和说明人们能够并且确实能成功地行使其权利的方式方法。在这个意义上,虽然主流观点是民粹主义者不一定是反民主的,①但民粹主义观点几乎不可避免地与民主发生着冲突。

另一个削弱民粹主义价值的因素是,该术语已经被污名化,没有人愿意自称为民粹主义者,反而在互相攻击时不断使用。包括特朗普在内,他也从来不会自称为民粹主义者,但实际上他确实是。学者玛格丽特·卡诺万(Margaret Canovan)指出,②与"社会主义"或"保守主义"等标签不同,这些标签的含义主要由他们的信徒使用、支配,但当代民粹主义者很少称自己为民粹主义者,并且当其他人叫他们民粹主义者时,他们通常也会拒绝接受该术语。然而,如果学者放弃民粹主义的术语,而替代性地选择"激进"和"极端"等标签时,恐怕依然面临同样的问题,即被贴上这些标签的人仍然无法心甘情愿地被右派或左派所接受。因此,我们认为,如果仔细界定,民粹主义一词可以用于帮助我们理解和解释各种各样的政治行为者。就像迪伦·托马斯(Dylan Thomas)将"酒鬼"定义为"你不喜欢的那个和你喝得一样多的人"一样,③民粹主义者经常被政客作为与其他政客相互攻讦时的标签。当一个政客承诺打击犯罪或降低税收,同时又承诺增加公共服务支出时,他就是民粹主义者。彼得·威尔斯则认为,"民粹主义"这个术语经常以宽松、不一致和未定义的方式表示"对人民有吸引力的""蛊惑人心的"和"所有我们不确定分类的新型政党"的含义。④ 由于"民粹主义"被模糊界定和滥用,有些学者完全放弃了这个词,转而支持其他标签,例如"极端""另类""激进"等。⑤

(三)民粹主义与民主:是权杖还是幽灵?

对特朗普的出现与美国政治系统之间的关系,人们有着完全不同的评价。有的人认为,特朗普的出现代表了民粹主义的胜利,是民主政治的失败;另一些人认为,特朗普的出现反而证明了民主政治的优越性,因为政治体系可以不被这样一位民粹主义总统干扰,且人人都能实现成为总统的美国梦。

---

① TARCHI M. L'Italia populista: dal qualunquismo ai girotondi[M]. New York:Il Mulino,2003.
② CANOVAN M. Populism[M]. New York:Harcourt Brace Jovanovich,1981.
③ THOMSA D,JONES D. The poems of dylan thomas[M]. New York:New Directions,2003.
④ WILES P. A syndrome, not a doctrine: some elementary theses on populism[J]. Populism: its meanings and national characteristics,1969(3):166-179.
⑤ COLLOVALD A. Le populisme du FN, un dangereux contresens[M]. Paris:Éditions Du Croquant,2004.

笔者在美国访学期间，对 USC 数字未来中心主任迈克尔·苏曼（Michael Suman）进行过一次访谈，其间，笔者问了一个问题："如果您认为特朗普很荒唐，那么为什么他会被选为美国总统？这是否说明了美国政治系统出现了问题或者已经不能适应时代发展？"

　　苏曼教授说："这并不能说明美国的政治制度出现了问题，相反，这说明了我们政治系统的成功。因为它保证了任何人都有机会成为总统，而且即便是特朗普成为总统，我们的社会仍然能够运作良好。"①

　　这样的回答乍一听好像很有道理，但他的基本假设值得怀疑，那就是，美国的社会是否真的仍然运作良好？特朗普的出现，究竟体现了民粹主义与民主政治之间怎样的关系？它是给民主政治赋权还是民主政治的梦魇？

　　事实上，民粹主义者的出发点充满着矛盾，一方面，他们认为现行民主体制是死水一潭，但另一方面，他们仍然认为民主是最好的政府形式。② 民粹主义者要让人民重新夺回"主权"权杖，他们并不认为自己是民主的威胁，而是它的救星。

　　然而，另一些学者认为，民粹主义是一种"浅意识形态"，因此它可以通过更厚重和更实质的意识形态来丰富自身，③如民族主义、自由主义或社会主义。民粹主义与民主保持着千丝万缕的联系。学者们描述其对民主存在着威胁和矫正两方面的影响。民粹主义对当代民主国家提出了严峻挑战，它反对民主国家的关键内容，如"权力制衡"。因此，克里西（Kriesi）认为，民粹主义的民主愿景是不自由的。④ 然而，民粹主义又是在民主制度内挑战民主制度，⑤而非反对民主制度和进行极端主义运动。⑥

　　卡诺万（Canovan）认为，"民粹主义是民主本身投射的阴影"⑦。而本杰明·阿迪蒂（Benjamin Arditi）认为，"我们应该把民粹主义称为民主的幽灵，而不是民主的影子"，作为幽灵的民粹主义具有内在的不可判断性，因为它既可以伴随着民主，也可以困扰民主。⑧ 伯纳德·克里克爵士用同样的比喻写道，"民粹主义确实是一个困扰民主的幽灵，在消费驱动的现代社会中，民主想要完全脱离民粹主义是困难的，甚至是不

---

① 笔者于 2019 年 8 月在 USC 数字未来中心采访了迈克尔·苏曼（Michael Suman）主任。
② STOKER G. Why politics matters: making democracy work[M]. Basingstoke: Palgrave Macmillan, 2006.
③ KRIESI H.The populist challenge[J].West European politics,2014,37(2):361-378.
④ KRIESI H.The populist challenge[J].West European politics,2014,37(2):361-378.
⑤ ABTS K,RUMMENS S.Populism versus democracy[J].Political studies,2007,55(2):405-424.
⑥ MUDDE C.The populist zeitgeist[J].Government and opposition,2004,39(4):542-563.
⑦ CANOVAN M.Trust the people! Populism and the two faces of democracy[J].Political studies,1999,47(1):2-16.
⑧ ARDITI B.Populism as a spectre of democracy:a response to canovan[J]. Political studies,2004,52(1):135-143.

可能的"①。无论他们有何不同的解释,有一个清楚的共识是,民粹主义和民主是密不可分的。尽管塔格特观察到"民粹主义政治家、运动或政党出现之后会迅速获得关注,但难以维持这种势头"②。伊夫·梅尼(Yves Mény)和伊夫·苏雷尔(Yves Surel)也在他们2002年的作品中断言,民粹主义党派本质上既不是持久的政党也不是可持续的政党,它们的命运最终或被主流收编,或者消失,或者永远处于反对党的角色之中。③ 这样的论点也许适用于荷兰的弗杜恩党(Lijst Pim Fortuyn)。然而,近年来发生的事件表明,情况可能已经不再如此。与所有人的期望相反,意大利的北方联盟党(Lega Nord)、奥地利的自由党和法国的国民阵线党(Front National)等民粹主义党派在几十年中都发展了数量相当多的党员。2005年,西尔维奥·贝卢斯科尼成为意大利共和国历史上在职时间最长的首相,得到了中右翼联盟[该联盟也包括了贝卢斯科尼和翁贝托博西等北方联盟党的领导者)]的支持,都没有试图掩饰他们的民粹主义者身份,但这并不妨碍他们成为主流且传统的政治家。

在2016年美国大选中,特朗普以共和党候选人的身份问鼎白宫,说明民粹主义成为民主政治无法摆脱的副产品,它正在进入传统政党并重新构造着主流政坛。因此,民粹主义被证明比许多评论家想象的更具活力、弹性,民粹主义幽灵正以人民的名义继续试图替代民主政治的中介,直接追求时代的权杖。

(四)民粹与媒体

在媒体和总统的博弈中,双方互相用民粹主义来攻击对方,主流媒体攻击特朗普以"反智言行"为表现形式的民粹主义,而特朗普则攻击媒体过于"政治正确"的民粹主义。总之,媒体在助力民粹主义传播上同样是一支不可或缺的力量。学者伊夫·梅尼(Yves Mény)和伊夫·苏雷尔(Yves Surel)认为,有三个政治条件对于当代民粹主义的出现具有决定性作用,其中之一就是媒体。

(1)政治中介结构的危机。
(2)政治权力的个性化。
(3)媒体在政治生活中的作用越来越大。

---

① CRICK B.Populism,politics and democracy[J]. Democratization,2005,12(5):625-632.
② TAGGART P.Populism and representative politics in contemporary Europe[J].Journal of political ideologies,2009(3):269-288.
③ MENY Y,SUREL Y.The constitutive ambiguity of populism[M]//MÉNY Y, SUREL Y. Democracies and the populist challenge.London:Macmillan,2002.

媒体中的民粹主义已经在理论上得到了讨论,①并在大众传播的各种渠道中被分析了,如政治演讲②、出版界③、电视和新闻广播等。虽然大众传媒坚持专业规范和新闻价值观,但当民粹主义出现在大众媒体上时,它必须遵守大众媒体逻辑,④并且需要接受新闻媒体的严格分析或负面评估。

不同的是,社交媒体使民粹主义者在攻击精英和排斥"他者"时获得了更加自由的空间,民粹主义者可以在社交媒体上使用"个人行动框架"⑤,围绕"人民""民族""国家"的概念,将"我们"凌驾于"他者"之上。社交媒体与人民直接联系,允许民粹主义者规避新闻守门人。通过这种方式,社交媒体为民粹主义者提供了无可争议的最有利的表达意识形态和传播信息的自由。社交媒体,例如推特和脸谱网对内容进行140个字符的限制。因此,碎片化成为民粹主义"浅意识形态"(thin ideology)⑥⑦和"固有不完整性"(inherent incompleteness)⑧最合适的生长土壤。

从具体应用上来看,像特朗普式的政治家们喜欢在社交媒体上以碎片化的形式传播民粹主义意识形态,其中有以下三个原因。⑨

第一,发言者可能旨在进一步降低意识形态的复杂性,以使社交媒体用户更容易理解。

第二,为了从"个人行动框架"的包容性中受益,政客们可能会保持民粹主义意识形态的含糊性和可塑性。⑩ 这意味着个体社交媒体用户可以用各种既有的、额外的意识形态元素来补充"他们所认为的"民粹主义意识形态。

---

① WIRTH W,ESSER F,WETTSTEIN M,et al. The appeal of populist ideas, strategies, and styles: a theoretical model and research design for analyzing populist political communication[J].Political commucation,2016,17(3):302-336.
② HAWKINS K A.Is chávez populist? Measuring populist discourse in comparative perspective[J].Comparative political studies,2009,42(8):1040-1067.
③ ROODUJIN M,AKKERMAN T.Flank attacks:populism and left-right radicalism in Western Europe[J].Party politics,2015,23(3):193-204.
④ KLINGER U,SVENSSON J.The emergence of network media logic in political communication:a theoretical approach[J].New media & society,2015,17(8):1241-1257.
⑤ BENNETT W L,SEGERBERG A.The logic of connective action:digital media and the personalization of contentious politics[J].Information,communication & society,2012,15(5):739-768.
⑥ KRIESI H.The populist challenge[J].West European politics,2014,37(2):361-378.
⑦ MUDDE C.The populist zeitgeist[J].Government and opposition,2004,39(4):542-563.
⑧ TAOOART P.Populism and representative politics in contemporary Europe[J].Journal of political ideologies,2004,9(3):269-288.
⑨ ENGESSERT S,ERNST N,ESSER F,et al. Populism and social media: how politicians spread a fragmented ideology[J]. Information, communication & society, 2017, 20(8): 1109-1126.
⑩ BENNETT W L,SEGERBERG A.The logic of connective action:digital media and the personalization of contentious politics[J].Information,communication & society,2012,15(5):739-768.

第三，民粹主义的碎片化让批评者更容易抓住漏洞进行批评，这在另一方面同样扩大了民粹主义内容在社交媒体用户之间的传播。

民粹主义往往代表着社会底层冲动的情感宣泄，他们将自己生活的不满甩给异族或异国，进行盲目排外，因此无法认为对民粹主义的操纵是一种理性思辨的操纵，其中用可感知的情感共振取代逻辑说理成为主要方式，因此本书选择感知操纵这一理论框架。

民粹主义是这个时代感知操纵的内容源泉，西方运用它操纵他国民众，但也受到了它的反噬。后现代、另类事实与后真相的产生，实际上是解释权分化的现象。发展到最后就是，只有我自己的感受才是真的，其他人的都不能够相信，因为"我"与代表他者的精英信息不对称，而且没有解释权。知道事实的权力和解释事实的权力不同，且后者更有力量，后者权力构成的核心往往有技术、经济地位等硬实力。

二、特朗普反智言论背后的民粹主义逻辑

特朗普相对于奥巴马和他的对手希拉里来说，他在推特上的言论完全违背了以往总统形象建设的原则：一致性。[①] 例如，奥巴马无论是在社交媒体，还是在主流媒体上，其形象总是审慎、善于言辞鼓励且简明扼要的；希拉里则通过好玩与时髦的话语试图与年轻人取得共鸣。但特朗普不然，他的媒体身份经常转变，甚至所作声明前后相反，被人们认为有反智的倾向，他为什么要把学者们认为的总统应该保持一致性的原则抛诸脑后呢？

原因是，在民粹主义的语境下，总统言辞的一致性不等于选票，更没有选票重要。本节笔者将给出两个案例来说明特朗普是如何利用民粹主义获得政治资本和选票的。第一个案例是特朗普反对科学共识，公开主张支持传统能源，反对清洁能源与高新企业，这背后的动机是为了争取民粹主义者的支持，获得选票。

笔者运用内容分析法，对从 2019 年 4 月到 2019 年 10 月的共 7 个月时间的特朗普推特内容进行抽样，以 7 天为一个抽样间距，每个抽样间距中随机抽取一天的特朗普推特内容作为样本单元。通过内容分析笔者发现，特朗普反对环保和清洁能源，反对高新科技企业，转而支持化石能源和传统行业，这在目前的国际社会中不得不说是"独树一帜"，令人难以理解。此次内容分析抽样得到的数据显示，在提到谷歌时，他多

---

① BLANKENSHIP C. President, wrestler, spectacle: an examination of Donald Trump's firing tweets and the celebrity appresident as response to Trump's media landscape[J]. Journal of communication inquiry, 2020, 44(2): 117-138.

次提到"腐败""应该感到羞愧"等内容；而提到宾夕法尼亚壳牌石油化工公司时，他则使用"令人难以置信""荣幸""羡慕"等正面词语。这与他对能源问题的态度不谋而合，特朗普反对气候变化言论，主张提振美国传统能源产业，以此增加美国工人就业率。

以下是特朗普描述代表传统能源企业的宾夕法尼亚壳牌石油化工公司的推文。

> 我很荣幸能在宾夕法尼亚壳牌石油化工公司向辛勤工作的美国爱国者发表讲话。今天，我们庆祝美国能源革命，这使得我们的经济让全世界羡慕。（2019年8月14日 4:35）

特朗普反对民主党的"绿色新政"，该政策要求美国在2030年前实现温室气体零排放，同时转向利用风能和太阳能等可再生能源。特朗普认为该政策太过激进，美国不能负担，也不能实现。同时，他强调传统能源行业的重要性，并且在考察宾夕法尼亚州时发表评论，认为美国不仅不应该替代传统能源，反而应该加大传统能源行业在国民经济中的占比。他在推特中称：

> 如果像拜登这样的民主党人能在2020年如愿以偿，他们将彻底淘汰所有化石燃料。他们想要扼杀数以百万计的美国就业机会，并通过一项价值93万亿美元的社会主义"绿色新政"。我们不能让这种事发生。（2019年8月14日 8:00）

特朗普在挺"煤矿"的同时，还不忘咒骂2016年大选中的竞争对手希拉里·克林顿和2020年大选的竞争对手乔·拜登，表达对他们的"憎恶"，他用骗子形容前者，用没睡醒和伪君子形容后者。他说：

> 没睡醒的乔·拜登和骗子希拉里·克林顿没什么不同。他们想让我们伟大的煤矿工人破产。

难道特朗普作为一国领袖不知道清洁能源和高科技企业是未来发展的方向？他当然知道，但为什么反对清洁能源和高科技企业？

他这么做要归因于美国的选举规则。美国选战主要打的是摇摆州，因为东岸的纽约和西岸的加州，都是移民众多、文化多元的地区，他们倾向于民主党，从西岸往内陆推移的西部，往往是美国的乡村，这些地区的人思想保守、种族单一、信仰单一，因此他们一般支持共和党,南方的德州因为蓄奴等历史原因,他们也更支持共和党,这些大州其实不需要有太多考虑,反而中西部地区是曾经的工业地带,传统能源行业地带,这些地方一方面白人居多,思想信仰单一,比较倾向于支持共和党;另一方面,因为民主党支持工会,给这些工人撑腰,所以他们有时又支持民主党。所以,这些地区的选票才是总统候选人主要考虑的,其中的缩影就是俄亥俄州,从 1964 年以来,有一个特殊的现象,就是俄亥俄州的选民支持哪位候选人,哪位就能入主白宫,毫无例外。①

　　无论是奥巴马,还是特朗普,他们都要去取悦中西部的工人。中西部依赖五大湖的地理优势而崛起,其中苏必利湖是世界上最大的淡水湖,是亚洲最大淡水湖贝加尔湖的 2.5 倍。这里从 19 世纪起就是汽车工业重镇,也有众多的煤矿企业。这些地区有 15% 的人直接从事制造业,间接养活 40% 左右的从事相关产业的人,可以说,这部分区域制造业兴,中西部兴;制造业衰,百业萧条。这个地区的重要性远远超过美国其他区域。可是所有要振兴这些工业或者传统能源行业的人都知道,这几乎是不可能的,这就让"美国制造"沦为了口号,奥巴马曾去中西部造势,座驾是两辆大巴"陆地一号",他去中西部大谈希望重新让"美国制造"回来,但他的这两辆大巴都是加拿大造的。

　　案例二是,比起宣讲共和党政治主张,特朗普更愿意咒骂民主党。因为在特朗普看来,仇恨往往比爱更能让人们产生行动的动力,也更有力量。他深知民粹主义者反感建制派,而选民支持他也多半是出于这个原因。

　　笔者的统计结果显示,特朗普推特上的文本,对民主党的负面言论有 121 条(占到了 81.76%),要远远多于对共和党认同的言论(44 条)。

　　总结 2016 年他当选的经验,不得不说,民主党奥巴马和希拉里这样的建制派给特朗普送的两次助攻让特朗普尝到了甜头。第一个助攻是,奥巴马任上,大家本以为黑人总统会让种族歧视和美国社会的撕裂得到缓解,但事实证明,奥巴马不粘锅的个性让分裂更加严重,他想要做全民总统,因此主动疏远黑人群体。《华盛顿邮报》的联合民调显示,在奥巴马下台之际,受访者中 63% 的人认为种族关系总体上是差的,而他上台前只有 20%,因此,这也让少数族裔对民主党的执政很失望,这也对希拉里 2016 年的败选有一定影响。② 分裂的不只是种族,城乡之间难以弥合的鸿沟也是十分巨大。奥巴马的黑人总统身份并不能让乡下人产生好感,他是一个好爸爸,他们却没有办法成为一个好爸爸;奥巴马穿着西装上班,而他们只能穿着工作服上班;蜜雪儿告诉

---

① 张经义.白宫义见[M].台北:先觉出版社,2019:113.
② 张经义.白宫义见[M].台北:先觉出版社,2019:145.

大家要吃健康食品,而乡下人特别痛恨这个,不是因为蜜雪儿说的是错的,相反,是因为蜜雪儿说的都对,精英们精致的衣食住行,让他们乡下人的生活更显粗鄙。

奥巴马给特朗普送的另一个助攻是,他的"从背后领导"(leading from behind)的国际政策,让美国从"世界警察"的角色中收缩,也让 ISIS 在伊拉克和叙利亚境内坐大(有学者认为美国有支持 ISIS 的行为),导致了恐怖主义威胁欧洲,欧洲反移民的民粹主义兴起,俄罗斯也在插手叙利亚战争时扩大了自己的势力范围,这些让共和党的鹰派很不满,认为奥巴马让美国成为缩头乌龟,而特朗普说要把 ISIS 打出屎(bomb the shit out of ISIS),赢得了美国鹰派的支持。实际上看,到底鹰派是想要振国威,还是想要卖武器,这是一个值得思考的问题。

特朗普在竞选总统期间,以"大嘴巴"著称,语不惊人死不休,其中最擅长的攻击对手的方式便是起外号,诸如"讨厌鬼卢比奥""说谎者希拉里"等,他用极其简单的语言,凝练了某些媒体对于其他候选人的评价,并将之反复重复,直到内化到选民心中。

如果说以上贴标签的策略运用的只是话术技巧,那么特朗普在其竞选时向选民做的主要保证和观点表达,则表明他深刻洞察了美国民众对民主党 8 年来执政的不满。他直指奥巴马政府在府院之争中的无能为力与失信,将普通美国人关心的"钱主政治""移民问题""工作机会"等问题用民粹主义的方式进行言说,与其说特朗普在表达自己的观点,不如说他在传达普通民众内心的不满与愤懑,而其中有多少是特朗普自己的观点与真心话却不得而知。温宪在他的《特朗普评传》中讲:"特朗普就是一个不断制造争议话题的小丑,他在利用民众对现行政治的不满来博得自己的选票;现在有很多美国人对自己的经济状况不满,也失去了美国 20 世纪五六十年代横行天下的骄傲,对两党政治的精英主义充满愤怒,而特朗普是最擅长利用甚至制造仇恨的人。"

两次助攻都揭示了一个规律,人们选择特朗普,或许不是因为喜欢他,而是因为讨厌建制派,这种恨比爱更能促使人行动,也更有力量。

第三节　双方博弈的经济共识

总统与传统媒体的博弈,显示出美国媒体与政治精英"打小架,帮大忙"的基本格局,历史上进步主义时代媒体与政治精英高度一致的态度显示出资本对媒体和政治的裹挟;而在互联网带来的信息社会中,公众的注意力既是资源,也是商品,可以说,特朗普正是把注意力作为商品,贩卖给了主流媒体,而主流媒体也同样用注意力资源进行流量交换,在注意力经济中,主流媒体和总统都是交易中的受益者。

一、媒体与政治的合谋

1882年,纽约中央铁路公司的威廉·H.范德比尔特(William H. Vanderbilt)一语道破了工业精英的心理世界:"公众,去××的吧!"①美国的第一代资本家几乎没有什么社会责任,他们信奉社会达尔文主义,相信"物竞天择,适者生存",认为社会不平等,是竞争的必然结果。当时的美国与欧洲大陆一样,在经济上取得了繁荣,但社会分裂相当严重,普通公民未能共享繁荣带来的利益。进步主义运动,正是人们出于对这种社会分裂的深切担忧而逐渐发展起来的一场声势浩大的美国改革运动。20世纪早期,西奥多·罗斯福(Theodore Roosevelt)和伍德罗·威尔逊(Woodrow Wilson)总统掀起了一场新的精英思潮,批判原有的社会精英缺少公共责任。胡佛时代,美国实行了一些新的治理措施,而到富兰克林·D.罗斯福(Franklin D. Roosevelt)推行新政时期,美国社会的改造更是进入了深水区,罗斯福"位高任重"的个人哲学思想,即"精英对公众利益负责,很快成为当时新的自由主义组织的时代思想,这也使得民众产生了一种认识:精英一直把他们的最高利益放在心上"②。

在这股进步主义潮流中,美国的媒体精英与政治精英保持了步调上的高度一致。如罗斯福通过炉边谈话,向美国人宣称要谋求人民的利益,要凝聚社会力量,去集体防范、抵御甚至扭转危机,引领社会发展。应该说,即使是在进步主义时代,普通民众也很难进入精英控制的传媒渠道,媒体报道的都是精英们精心选择的新闻信息,其中自然免不了有价值观的选择、态度倾向以及情感偏好等或隐或显的控制。美国的进步主义运动,实质是精英阶层对社会价值体系进行改造的运动。而这种改造一方面为了满足制度对生产力的适应性,另一方面也是为了保证既得利益者通过价值观的塑造使自身利益不被侵犯或掠夺。金主政治的格局由此形成。

美国政府长期由两大党轮流执政,号称"驴象治国",而这两大党没有稳定的组织结构,虽说有县、州、联邦三级,但它们之间联系并不紧密,两党都愿意别人打着自己的旗号做事,只要谈好条件;成员可以随时进出;也没有固定的纲领、制度;每个参与者都很清楚自己为什么加入某一方的阵营,就是为了选举,而选举就是为了政治"分肥",总统可以在胜选后"论功行赏",将政府部门的要职给自己的亲信。选举时的承诺并不重要,因为美国人民早已对总统上台后的食言司空见惯,虽然令人感到沮丧,但也没有任

---

① 戴伊,齐格勒,舒伯特.民主的反讽:美国精英政治是如何运作的[M].林朝晖,译.北京:新华出版社,2016:72.
② 戴伊,齐格勒,舒伯特.民主的反讽:美国精英政治是如何运作的[M].林朝晖,译.北京:新华出版社,2016:76.

何办法,因为这一切都是合法的。人们从小养成了个人主义,难以那么深地卷入一个政治组织,以致可以不考虑自己的利益。人们选择政党就是为了自己的利益。特朗普执政之后,不顾《反裙带关系法》的制约,让自己的女儿、女婿担任白宫要职,自己则成为因违反"利益冲突"规定被起诉的第一位美国总统。虽然特朗普已经表示他的组织将避开"新的外国交易",但特朗普集团一直在扩展其在迪拜、苏格兰和多米尼加共和国的业务。因此,多起诉讼被提起,指控特朗普违反美国宪法的薪酬条款,该条款禁止总统因其商业利益从外国政府手中取钱,认为这些利益会导致外国政府对他施加影响。但这些重要问题并没有成为媒体的主要报道对象,反而是特朗普的夸张言论、种族主义这些次要问题成为媒体报道的重点。简而言之,媒体的批评报道很少谈钱,只谈意识形态,即便是通俄门这样的丑闻,也只是在政治层面进行讨论,彼此形成一种不挡人财路的默契。特朗普入主白宫之后,毫不掩饰"金主政治"的本质,往往当其私人利益与国家利益发生冲突时,最终国家利益让位于特朗普的私人利益。

二、博弈在注意力经济上的双赢

在网络时代,注意力成为和土地、技术、资金一样的生产要素。注意力经济(attention economy)是指通过吸引消费者或者用户的注意力,通过培养潜在的消费群体,获得最大未来商业利益的一种特殊的经济模式。① 在互联网时代,信息爆炸且过剩,人们的注意力变得越来越稀缺,成为一种特殊的生产要素和资源。一位哲人说过:"绝对的光明与绝对的黑暗,对于一个人来说,结果是一样的——什么也看不见。"同样,没有信息与拥有无限多的信息,结果都是让用户或者消费者无所适从,迷失在信息的海洋而忘记真正需要的是什么。② 在传媒产业中,注意力几乎成为最主要的资源,然而在社交媒体产生之后,原来的传统媒体便不再是注意力资源的主要拥有者,自媒体用户进行大量的内容生产,这让原本竞争激烈的注意力资源更加紧缺。

2020年3月,特朗普在一则推文上称,在他上任之前,或者卸任之后,《纽约时报》都会成为"死报"。媒体和总统相互利用的关系在美国由来已久,只不过这一次的利用是通过彼此敌对的方式进行的,与曾经的总统和主流媒体打成一片的形式不同,但殊途同归。甚至可以说,特朗普的出现犹如"天降甘霖",让主流媒体能够大赚一笔流量,从这个角度来看,美国主流媒体确实像特朗普所说的那样,"它们爱我"。

---

① 张雷.经济和传媒联姻:西方注意力经济学派及其理论贡献[J].当代传播,2008(1):24-27.
② 潘红玲.注意力经济[J].企业管理,2000(11):53-54.

而特朗普也从博弈中获利不少。《纽约时报》在研究了 Media Quant 媒体数据分析公司公布的数据后,发现了特朗普在 2016 年 3 月之前所花费的竞选预算和其实际获得的传统媒体广告效果所需费用之间的差别,《纽约时报》认为,特朗普花费很少的 1 千万美元预算,却取得了传统媒体近 19 亿美元的免费宣传。对比于希拉里,特朗普的竞选预算约是其三分之一,但收益是其近三倍。而其他候选人更是望其项背。具体数据见图 6-3。

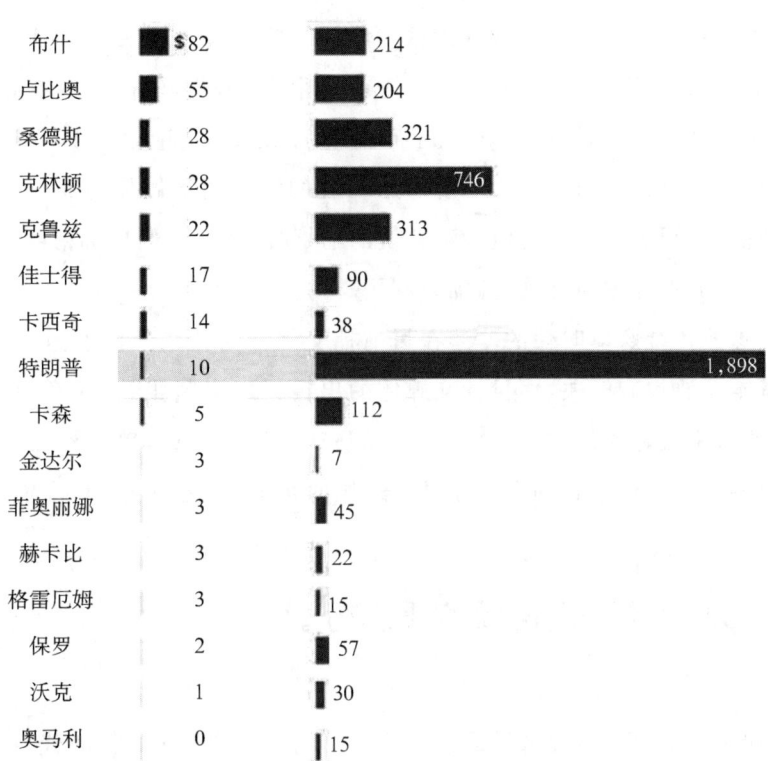

资料来源:《纽约时报》根据 SMG Delta 公布的数据发布。

图 6-3　2016 年美国总统候选人竞选经费与实际广告效果所需经费对比图

从美国总统竞选的历史来看,特朗普深受罗斯福总统的启发,在对待媒体和总统职位这件事上,特朗普多少有着罗斯福的影子,他们都能制造新闻,每天都要从白宫传出两三条新闻,甚至都有把联邦政府化为己有的心态,让政府的工作成为他每一个神奇念头的应声虫。罗斯福是 20 世纪操纵彼时"全新现代宣传机器"的头把好手,后来的总统和政治家都效仿他,他是一部"操纵的教程",整个国家都围绕在他的左右,新闻记者如果稍一疏忽,略有冒犯或错误解释了某项规定,他就会迅速做出反应,丝毫不讲情面地进行反击。他总是很"体贴"媒体,他竭力为每一篇报道设置框架,他常说,"如果我来写这篇报道,我就会把这层意思写进字里行间"①。而特朗普用推特来为编辑们制造标题和内容,这与罗斯福的做法很相似。

而杰克·肯尼迪作为第一位电视总统,也是特朗普的榜样。肯尼迪和电视是天造地设的一对,他使得电视的形象更为高大,电视也成就了他。宣传工具和总统的关系永远都是互相利用。肯尼迪深谙操纵新闻界的手段,他知道,记者们最为焦虑和担心的就是没有消息源,因此,如果消息源集中在自己手中,和媒体的关系中就会有主导权。他发现,他离华盛顿越远,他的党派属性就会越少,就会被更多人当作全体人民的总统,而如果离开美国本土,记者的消息源就会很少,因此,他们不得不向总统靠拢以获取消息源带来的安全感,由此顺理成章地成为总统的附庸,在不知不觉中失去正常的批评功能,加入欢呼的行列,为总统展示壮观的场面而不做任何非分之举。肯尼迪根据这些现象还写了一本论述电视和总统的书,他的继任者们也都精明地领悟到了电视广播公司的弱点和致命之处,并加以利用。

然而,这些传统媒体时代的论述在目前社交媒体时代依然没有过时。不但"金元新闻"的基本矛盾没有解决,而且社交媒体的出现让原本紧张的"注意力资源"更加稀缺。特朗普与主流媒体的对抗,就像是一场马戏表演,两只野兽无论在台上厮杀得多么激烈,目的都是获得看客的铜板而已。这场博弈中,总统与媒体都是赢家。

第四节 新语境下话语权的重新分配

权力问题是传播政治经济学的核心研究议题之一。传统媒体时代,精英把持媒体话语权,将其作为非强制性手段维护政治权威性,在更广阔的权力范畴内形成天然的"魅"之底色。科学技术的发展与社会结构的变化,为民粹主义的发展提供了硬件支持,精英不再完全掌握话语权以及对事实的解释权。互联网让普通人在赛博空间得以抒发自己的意见,精英们严肃且专业的话语体系在网络空间中显得越来越格格不入,对精英话语权"祛魅"的呼喊一浪高过一浪。"祛魅"意味着去权威化、世俗化;但同时也存在着弊端,那就是会有转向虚无、极化或民粹主义"再赋魅"的风险。② 互联网空

---

① 哈伯斯塔姆.媒介与权势:谁掌管美国[M].尹向泽,等译.北京:国际文化出版公司,2006.
② 盛希贵,贺敬杰.宣传话语的视觉"祛魅":新媒体环境下网民对政治类新闻图片的再解读[J].国际新闻界,2014,36(7):38-51.

间的文化现象不但与巴赫金所描述的狂欢式的广场生活类似,而且在碎片化、信息茧房的作用下,可能会让互联网用户从马尔库塞式缺乏批判精神、麻木顺从现实的"单向度"①转向后现代、个体化、民粹化的"单向度"。伴随着"赋魅""祛魅",甚至"再赋魅"的过程,传播的权力发生了转移和交接,媒体话语权在新语境下的重置是对总统与主流媒体博弈结果的复盘与反思。

媒介的演进和话语权的重置互相促进,甚至会成为改变社会形态的前兆。总统与媒体博弈过程所体现的传播权力的分化与转移,或成为人们对未来媒介进路进行预测的基础,本节将借助物理学中的熵增原理,解释这种技术与权力互相影响与重构的方向和进路。

一、博弈的本质是对话语权的争夺

学者奚立明等人认为,话语权就是人对社会中发生的现象的"说话权""解释权""发表权",即控制舆论的权力。②"话语权"的拥有意味着自身权益可以得到声明,可以影响舆论的走向,它是军事权力、经济权力与政治权力外化的形式。

尼采在其《权力意志》中指出,存在两种权力,一种是希腊人的、对事物命名的权力,另一种是罗马人的、执行的权力。"话语权"偏向第一种权力,是"确立规则的能力"或者"对事实进行定义、解释与评价的权力",这种权力的生产要以一系列与之相适应的文化价值和规则系统作为基础。③ 权力的归属并不是不变的,规则既支撑了权力又确定了权力行使的边界。话语的范畴甚至比权力的范畴还要大,二者相互定义,互为条件。中国有一句俗语:人微言轻。它就阐释了这种权力与话语之间的关系。同时,福柯的权力理论和马克思的有异曲同工之妙,他们并不认为权力是一种事物,而是一种相互交织的网络与关系,权力拥有者处于这网络的相对优势位置。

话语权在中文的语境中往往包含两个意思:一是话语权利,这是与义务相对等的概念;二是话语权力,这是一个政治概念,体现着一种通过法律进行的强制性。因此,话语权(right)不等于话语权(power)。

福柯认为,权力与知识统一的一面在于,权力创造知识——普通人只能知道被允许知道的知识或者是合法的知识;知识又创造权力——你所知之事限定着你能做之事。而两者矛盾的一面又在于,权力建立了探索和创造的规则和边界,而知识又将这

---

① 马尔库塞.单向度的人:发达工业社会意识形态研究[M].刘继,译.上海:上海译文出版社,2006.
② 奚立明,孔爱.掌握舆论话语权 赢得引导主动权:浅析网络媒体与话语权[J].传媒评论,2009(5):72-74.
③ 尼采.权力意志[M].吴崇庆,译.北京:台海出版社,2016.

些权力的限制暴露出来,并要求它改变。① 话语即权力,乔治·奥威尔在其《一九八四》中的描述更为直白:"谁控制过去,谁就控制未来;谁控制现在,谁就控制过去。"② 控制了过去的权力,将能够定义未来的知识;控制了现在的权力,将能够定义历史。这里的权力就是解释世界和知识的权力。

在《话语的秩序》中,"话语"还是一种"排斥系统",例如,一个主权国家只能有一套法律的话语,在历史课本上对历史事实的解释性话语也是相对稳定的,而这套话语体系与权力具有强制性,主体与执行对象也十分明确,只有规定的主体才能行使这套权力。③ 话语的身份性就体现在这里。福柯习惯探讨疯子,他举例说,疯子告诉你的明天会下雨和天气预报员说的明天会下雨,虽然内容一致,但对执行对象"你"的影响力截然不同,这种不同所体现的就是一种权力感。

人类对话语权最终合法性的争夺从未停止。例如,教育制度的设置就是为了保持或修正传递知识的权力,历史是任人打扮的小姑娘,只要掌握了今天的权力,昨天的话语即可修改,可塑性的历史为明天的权力拥有者的合法表述而服务。

总统与媒体的博弈,实质上是总统借助社交媒体对传统媒体话语权与解释权的争夺,谁能够对事物和事实进行定义并拥有对定义的选择权和解释权,那么谁就可以从潜意识中操纵人们对世界的感知。正如一个哲人所说的,军队能够决定是否开战,而只有文化才能决定能否取胜。这里的文化如果分解来看,也就是指对定义、话语、解释权力的掌控。

二、社交媒体重置传统媒体议程设置权力

主流意识形态是由占有统治地位的话语权支配。有研究认为,主流意识形态在社交媒体语境下遭遇的挑战就在于议程设置权力的分化。④ 由此可见,对于主流媒体来说,其话语权的集中体现就在于议程设置功能。议程设置理论是在1968年正式提出的,美国传播学奠基人之一李普曼最早关注到这个现象。他将《舆论学》一书的开篇章节命名为"现实世界与我们的想象",并证明了拟态环境的理论范式。⑤《舆论学》在20世纪20年代面世,那时第二次工业革命将西方城市化进程快速推进,乡村和传统

---

① 辛斌.福柯的权力论与批评性语篇分析[J].外语学刊,2006(2):1-6.
② 奥威尔.一九八四[M].董乐山,译.北京:清华大学出版社,2010.
③ 陶然.从话语分析到权力分析:论福柯《话语的秩序》[J].青年文学家,2011(10):145-146
④ 郭亚丹.自媒体对我国主流意识形态话语权的影响研究[D].郑州:郑州大学,2019.
⑤ 李普曼.舆论学[M].林珊,译.北京:华夏出版社,1989:1.

社群被裹挟进现代化的进程中。随着社会规模的膨胀，人们无法再用自身的直接体验来感受现实世界，于是，媒体作为中介来构造社会在我们头脑中的图景，这就是李普曼所说的拟态环境。绝大多数人只能通过媒体来获得二手信息，新闻媒体成为连接现实环境和公众认知的主要桥梁，这一说法与后来的议程设置理论不谋而合。

美国科学史学家伯纳德·科恩（Bernard Cohen）则将大众传媒与公众认知的关系概括为"新闻媒体在告诉人们怎么想这一方面可能并不成功，但在告诉人们想什么的方面异常成功"[1]。科恩的名言在世界新闻传播学领域广为流传，成为对议程设置理论最精要的概括。

议程设置理论在20世纪初就引起了西方学者的关注，而麦克斯维尔·麦库姆斯和唐纳德·肖在半个世纪之后通过"教堂山镇研究"将其确认。研究发现，选民对不同选题的关注程度与媒体的报道量高度相关，即议题的媒体显著性与选民对议题重要性的认知一致。[2] 更为重要的意义在于，该研究颠覆了1940年"伊里县研究"形成的"有限影响论"，重新提出了媒体的"强大效果论"。[3] 正如学者史安斌等人所说的，议程设置理论在前互联网时代一直占据着传播效果研究的主导地位，一定社会系统内少数传统主流媒体在很大程度上影响了公众对政治和社会议题的认知、立场。

直到互联网时代到来，媒体业界和传媒学界对传播权力版图变化有了新的发现，互联网让新闻生产众包化、信息来源多元化、信息消费碎片化，信息的流动不再是线性的，而成了网状，受众演变成为"产消者"（prosumer）、"制用人"（produser）和市民记者。[4] 细分网站在互联网的各个角落形成了独特的群落，受众被深度分化。[5] 在这样的语境下，无论是原先大众媒体的强大效果论还是媒体与受众之间的信任和传播权力归属都得到了重新审视。[6]

正如前文所说，社交媒体往往通过网络舆论产生流量，主流媒体为了流量不得不报道，网络议程收编了媒体议程。新闻迭代带来的蝴蝶效应有时就是信息操纵者精心策划的，他们所编造的故事甚至连原本的事实都没有，而是彻头彻尾的谣言或者假新闻，因为这些煽动性信息非常容易被编造出来。信息操纵者运用新闻性进行诠释与改

---

[1] COHEN B C. Press and foreign policy[M].Princeton：Princeton University Press，2015.
[2] MCCOMBS M E，SHAW D L. The agenda-setting function of mass media[J]. The agenda setting journal，2017，1(2).
[3] LAZARSFELD P F，BERELSON B，GAUDET H. The people's choice：how the voter makes up his mind in a presidential campaign[M]. New York：Columbia University Press，1948.
[4] NAPOLI P. Audience evolution：new technologies and the transformation of media audiences[M]. New York：Columbia University Press，2011：2.
[5] 史安斌.细分网站：互联网发展新突破口[J].人民论坛，2016(19)：24-27.
[6] 史安斌,王沛.议程设置理论与研究50年：溯源·演进·前景[J].新闻与传播研究，2017(10):13-28,127.

编,目的是引诱相关记者或编辑为了流量来报道他们的故事,只要有一个突破口,那么这些信息将会进入媒体的生态圈并呈病毒式扩散。而当网络议程吸引到足够多的流量时,便会成为媒体议程。特朗普虽然口无遮拦,但他在社交媒体上的热度让记者们不能不在意他说了些什么,不可否认的是,特朗普决定了人们想什么。同样,他通过对假新闻的指责削弱了主流媒体的公信力,从而让人们开始怀疑究竟应该相信谁,因此,他的言论就分解了原来主流媒体一手把持的解释权。

第五节 权力的博弈预示着媒介向熵增的方向进化

这场博弈让人们看到主流媒体逐渐衰微,新闻专业主义在社交媒体出现后显得力有不逮,甚至成为乌托邦式的意识形态,不能再为精英媒体筑起坚不可摧的铜墙铁壁,在假新闻的嘘声中丧失了神坛上的地位。后现代主义风格的内容生产甚嚣尘上,传播的权力到底将向何方转移?媒介究竟应该向哪里演化?这是这场博弈留给人们的另一些问题,也是对这场权力博弈从传播政治经济学框架进行评价的一种面向。

媒体的传播权力之所以发生转移,在于掌握媒介使用权的群体发生了变更,新意识形态冲击了既有意识形态。本尼迪克特·安德森在《想象的共同体》中讲,当代民族的概念是由民族主义者们想象出来的,而促成这种想象的核心要素便是资本印刷媒介。从媒介的发展进程来看,从前媒介时代到印刷媒介时代,再到电子媒介时代,[①]进一步到现在的互联网时代,传播权力不断从垄断走向相对民主,从中心化走向去中心化,从精英参与走向民众参与,传播速度由慢到快。这种种变化甚至导致了社会形态的变化。[②] 人类发展的进程同时也是媒介发展的进程,语言和文字的发明,使得人类的抽象思维能力较之前语言时代大大提升;古罗马时代,尤利乌斯·恺撒用一块涂有石膏的木板(后人称之为《每日纪事》),公布元老院及公民大会的议事记录,利用舆论制衡元老院中的反对派;东汉蔡伦造纸术与宋代毕昇的活字印刷术带给欧洲人约翰内斯·古登堡宝贵的灵感,他在15世纪中叶用印刷版的《古登堡圣经》催化文艺复兴的梦想;无线电广播与电视让传播无远弗届,互联网时代使传播的中心不断分散,使普通

[①] 谷月娟.后媒介时代的公共领域研究[D].北京:北京邮电大学,2006.
[②] 张焱,戴楷然,支宇珩,等.媒体对公共政策过程影响研究综述:"传统媒体"框架的失灵与"社交媒体"框架的缺失[J].西华大学学报(哲学社会科学版),2018(5):102-108.

人不仅能够倾听世界,还给他们与世界对话的可能性。① 在传统媒体时代,西方世界传播的权力属于资产阶级,他们促成消费主义文化的传播。尼尔·波兹曼的以大众媒体研究为基础的《娱乐至死》,描述了资本主义既得利益者通过媒体使得人们丧失批判的能力,并成为娱乐的附庸过程,这便是资本主义工业社会的集权主义。② 直到互联网诞生,互联网打破了原来传统媒体稳定的市场格局,新的传播模式使原有的诸多传播理论在新的环境下表现出越来越多不符合时代的局限性。

如果说曾经的媒体和如今的媒体对美国政治的影响方式有什么不同,那就是控制政治事件走向的媒体形态发生了变化,而总体来说,总是那些新出现的媒体形态和技术能够产生更大的影响力。罗斯福运用"炉边谈话"的形式得到民众的支持,而特朗普则是用推特得到了民众的支持。

特朗普现象的出现,证明在传统媒体形态成为铁板一块时,只有一种新晋媒体形态能够从外围监督这种传统媒体的越位表现。美国对于"政治正确"长期以来心存忌惮,无非就是媒体的泛道德化,造成了反向歧视,政治家的意见一不小心就会被媒体抓住政治不正确的辫子,以至于美国社会的改革困难重重,特朗普利用推特治国,正是对这种媒体越位的反抗,他能够利用社交媒体突破大型媒体集团的围剿在2016年顺利当选,正是社交媒体对传统媒体监督的一种表现。

"后现代总统"特朗普的诞生,反映出美国社会形态已较从前发生了变化,那么这种变化自然伴随着媒介演进的影响。一叶落而知天下秋,社会形态的变化与媒介进化相辅相成,及早了解这种变化,有助于我们重新审视所处时代的传播理论和实践,并对未来媒介演进趋势做出准备,有助于国家提高社会现代化治理层次。

"熵"的概念来自物理学,后来在人文社科领域被广泛引用,用以描绘社会结构的特征。社会结构对传播体系的影响,是传播政治经济学讨论的范畴。笔者受后现代大师鲍德里亚"熵"的概念的启发,探讨这场博弈之后传播权力转移所导致的媒介演进方向的转变,并对这种"熵增"的媒介演进特点和模式做出分析,通过"熵"的概念来描述社会结构和媒介技术发展对传播体系的影响。

一、熵增原理预示着媒介发展方向

熵是热力学中表征物质状态的指标之一,其物理意义是能度量体系混乱程度。熵

---

① 张焱,戴楷然,支宇珩,等.媒体对公共政策过程影响研究综述:"传统媒体"框架的失灵与"社交媒体"框架的缺失[J].西华大学学报(哲学社会科学版),2018(5):102-108.
② 波兹曼.娱乐至死[M].章艳,译.北京:中信出版社,2015.

的通俗理解就是"混乱程度",是描述事物混乱程度的一个参量。在 1854 年,德国物理学家克劳修斯首次提出了"熵"的概念,认为"在孤立的系统内,分子的热运动总是会从原来集中、有序的排列状态逐渐趋向分散、混乱的无序状态,系统从有序向无序的过程中,熵总是增加",这个发现被称为"熵增原理"。伟大的物理学家爱因斯坦曾评论说,熵理论对于整个科学界来说是第一法则。① 熵增定律是克劳修斯提出的热力学定律,即热量从高温物体流向低温物体是不可逆的。

物理学家普利高津的"排熵"说在耗散结构理论的支持下被人们所熟悉甚至得到了更为详尽的解释。有学者将其称为在科学史上可说是罕见的,无论物理、化学、生物、地学、医学、农学、工程技术,还是哲学、历史、文艺和经济等,都可以应用它的研究成果。② 美国南加利福尼亚大学实验物理学博士杰克·霍金凯认为:生物体为免于使自身死亡的这场战争,它必须从它的外界环境中吸收高度有序的低熵物质,用这些物质去维持有序。反过来,生物体因此要向外界环境释放大量以高熵为特点的退化物质,这便是生命有机体为维持生存和进化而进行的高熵与低熵之间的交换。③

在人文社科领域,鲍德里亚引入熵的概念,他认为现代化过程是一种机械化的扩张,是一种"外爆"过程,而"内爆"则是指对所有界限、地域或差异进行消弭的后现代性过程。鲍德里亚借助熵的概念解释了加拿大传播学者麦克卢汉的内爆概念,他认为,"信息把意义和社会消解为迷雾,难以辨认,由此而产生的不是不断的创新,而是熵"。

熵在他的内爆理论中指不确定因素累积到极点时发生的爆炸,一切意义、界限、真实与虚拟都将完全被同化,最后归于沉寂。大众媒体所生产的符号和信息充斥于社会各个领域,严肃的信息被娱乐、广告冲淡,受众体验真实的基础也不复存在。整个社会处在计算机、信息技术、大众传媒的拟像世界之中,光与影冲击着人类的眼球和心灵,视觉与形象文化让传统意义上的真实被超真实所取代,最终这种虚假的超真实将比真实还要真实。

特朗普作为政治素人成功问鼎白宫,从一定意义上看,不得不归功于其脱口秀主持人和演员的职业技能,他显然在任何一次竞选演讲或辩论中都能够发挥出脱口秀主持人的专业功底,能成功地将所有人或者媒体的注意力吸引过来,哪怕是坏名声也总比没名声强。这种消弭了娱乐与政治之间界限的现象,亦十分符合鲍德里亚对内爆和

---

① 简书.令人胆寒的"熵增"定律[EB/OL].(2019-03-27)[2021-07-06]. https://www.jianshu.com/p/6e034a9cdbaa.
② 简书.令人胆寒的"熵增"定律[EB/OL].(2019-03-27)[2021-07-06]. https://www.jianshu.com/p/6e034a9cdbaa.
③ 沈小峰,湛垦华.耗散结构理论和自然辩证法[J].自然辩证法通讯,1980(2):37-43.

熵功能的论述,一切事实和意义都被化为了情绪,人们不再关注事实,而是将自身的情绪当作了事实。特朗普用分裂和矛盾让普通的美国民众得以发泄对现实的不满,脱口秀式的手法消弭了政治与娱乐之间的界限,世俗文化收编着精英文化,共同的价值和意义已经因为个体的情感而内爆。

二、熵增让内容供给由"他者"转向"自我"

熵增指系统信息混乱程度的增加,在传播领域,熵增首先表现为原来的内容消费者兼任了内容生产者的角色,他们通过一种"圣经推理"式的手段为自己生产内容,从而被自己所设定的议程信息框架和信息解释框架所影响。从传播学的角度来看,人是信息的集合体,基因包含着物质生命的信息,而社会化的信息决定了人的"法身慧命",左右着人的思考与行动框架。如果我们认定社会控制是一场关乎"信息决定行为"的战争,那么我们便可以轻松抛弃有关人类"性善"或"性恶"的无谓争论。[①]

保守派都持有这样一种信念,即存在着基本的真理,由此,他们将在圣经中读到、看到的内容,与他们的生活经历对比;同时,他们还把在圣经中学到的知识用于媒体文本解读,即批判性地质疑媒体信息,这种批判性阅读过程即为"圣经推理"。

保守派等支持特朗普的人往往通过圣经推理的方法审视媒体上的内容,圣经推理的核心植根了这样一个信念:"一个人要想了解真相,就不能只是看文本,而需要做自己的研究。"他们不相信媒体,所以需要自己去做研究,听上去非常不错,可是对于这些信仰、价值观单一的保守派人士来说,他们做研究,无非就是在谷歌上搜索一下,然后阅读排名最靠前的三五个推荐内容,他们认为这是一种媒介素养。

问题在于,谷歌上搜索出来的答案,是中立的吗?这种运用谷歌对比信息的基本手法能带给他们客观的答案吗?保守派对主流媒体抱持着怀疑态度,但他们对赖以进行研究的信息平台并没有给予同样的审视。他们对谷歌的排序和推荐方式并不了解,总是把搜索频率混同为事件的真实性、相关性、效用性、重要性。

这种误区表明,谷歌用户对谷歌返回结果的机制理解得并不清楚。我们中的大多数人对我们非常依赖的技术所知甚少,通过丰富且深入的研究我们发现,许多技术例如数据库、算法、搜索引擎、建模、人工智能、传播技术被运用得越来越广泛,但并非中

---

① 霍金凯.无序的科学[M].王芷,译.长沙:湖南科学技术出版社,2007.

立的信息传递工具。①②③

学者索菲亚（Safiya Umoja Noble）认为，谷歌故意不将其算法透明化，目的是取悦用户，由此保护谷歌商业利益。谷歌可以强化人们现有的意识形态信念，④即便人们想要通过谷歌来核查信息或者挑战自己的既有信念，他们也不可避免地会发现搜索引擎会推送给他们同质化的信息。例如，6·17美国教堂枪击案的嫌疑人迪兰（Dylann Roof）在查尔斯顿教堂谋杀9人，他在法庭上坦言，他在谷歌上只要搜索"黑人对白人的犯罪"，谷歌就会把他带进一个白人至上主义网站，该网站名叫"保守党公民委员会"（Council of Conservative Citizens）。

笔者在谷歌搜索引擎中还做了一个有趣的实验，可以证明内容生产已经不再只是作为他者的媒体的工作，受众开始自我生产。具体的实验如下。

特朗普在其2018年9月24日的推特上要求开除在奏国歌时下跪的球员们，引起了全民有关"对NFL的收视率是否会下降"的大讨论。那么NFL的收视率是否会降低？如果你怀有这样的疑问并询问谷歌，你会发现很有意思的情况。如果你输入关键词"NFL收视率下降"，你会发现置顶的一些信息都在暗示其收视率下降，福克斯新闻网更是明显地把收视率下降的原因归结为"国歌抗议"（见图6-4）。

然而，如果你以关键词"NFL收视率上升"为关键词进行搜索，则会出现相反的情况，这些头条声称即使特朗普如此评论，粉丝们也依然会支持NFL（见图6-5）。

两次搜索的结果说明了，即便受众自己不写新闻稿，他们也在生产喂饱自己的新闻，因为受众通过谷歌进行圣经推理，看到的多半是他们想看到的信息，最后不可避免地落入信息茧房。

笔者在2020年2月面向在美华人做了一项有关"特朗普能否连任"的调查，调查结果同样佐证了这样的观点：议程设置理论已经显现出式微，媒体（这里的媒体既包括传统媒体，又包括社交媒体）不能决定人们怎么想，现在甚至连受众想什么也无法左右了。

笔者以2020年美国大选为契机，采用问卷调查和访谈的研究方法，对2016年之后有过赴美经历的华人群体进行调研，试反映他们对大选结果的预测以及什么影响了他们对大选的看法。在美华人多数有中英双语阅读能力，他们的媒体选择会更加宽

---

① 沈小峰，湛垦华.耗散结构理论和自然辩证法[J].自然辩证法通讯，1980(2)：37-43.
② 霍金凯.无序的科学[M].王芷，译.长沙：湖南科学技术出版社，2007.
③ 哈伯斯塔姆.媒介与权势：谁掌管美国[M].尹向泽，等译.北京：国际文化出版公司，2006.
④ NOBLE S U, ROBERTS S T. Through Google-colored glasses: design, emotion, class, and wearables as commodity and control[M]//SHARON T, SAFIYA N.Emotions, technology, and design. Cambridge：Academic Press, 2016：187-212.

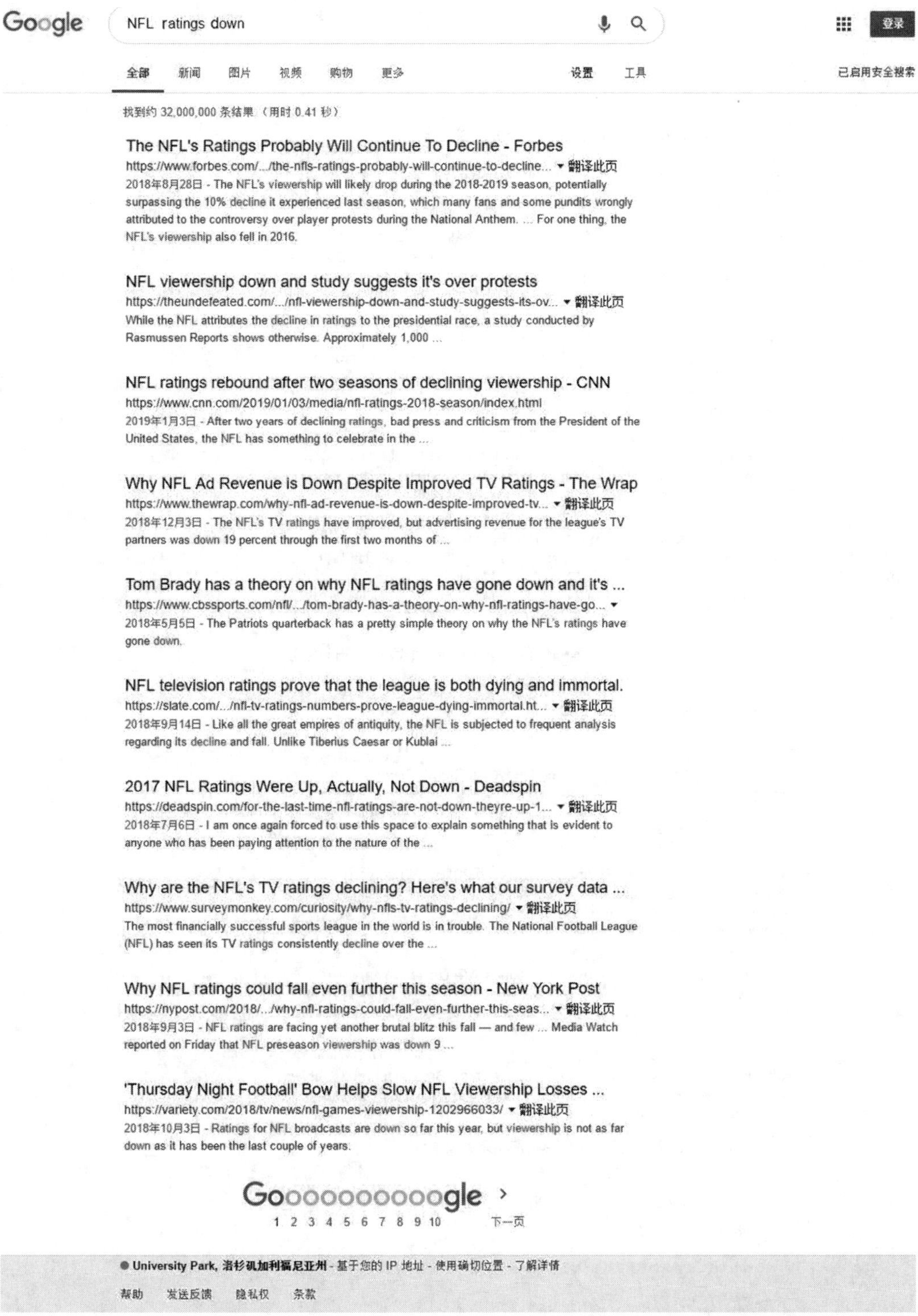

图 6-4　在谷歌输入关键词"NFL 收视率下降"(NFL ratings down)的搜索结果

图 6-5　在谷歌输入关键词"NFL 收视率上升"(NFL ratings up)的搜索结果

泛,由此调查可以反映出被调查者使用不同媒体的习惯与他们对美国大选等问题的看法之间是否存在联系。在美华人既能站在他者的角度审视特朗普统治下的美国的"自我",回应大多数美国(白)人的意见盲点;又能以局内人的视角,脱离本国媒体塑造的拟态环境而直接接触美国社会,形成直观的认识,这对于预测性研究来说有着得天独厚的优势,更能反映美国的客观现实。

其中一个非常有意思的发现是,"使用不同信息渠道"与对"特朗普能否连任"的预测没有显著相关性。相比之下,"受访者性别"与"特朗普能否连任"的预测具有显著相关性。具体结果见表6-1。

表6-1 "使用不同信息渠道"与对"特朗普能否连任"的预测相关性分析表

Category	Q20(%)					Total(n=50)
	1.0(n=4)	2.0(n=5)	3.0(n=16)	4.0(n=10)	5.0(n=15)	
Q21_A1	2(50.00)	3(60.00)	9(56.25)	5(50.00)	13(86.67)	32(64.00)
Q21_A2	2(50.00)	1(20.00)	5(31.25)	5(50.00)	8(53.33)	21(42.00)
Q21_A3	1(25.00)	1(20.00)	2(12.50)	2(20.00)	7(46.67)	13(26.00)
Q21_A4	0(0.00)	1(20.00)	1(6.25)	2(20.00)	2(13.33)	6(12.00)
Q21_A5	2(50.00)	4(80.00)	9(56.25)	5(50.00)	9(60.00)	29(58.00)
Q21_A6	0(0.00)	4(80.00)	8(50.00)	8(80.00)	9(60.00)	29(58.00)
Q21_A7	1(25.00)	1(20.00)	4(25.00)	3(30.00)	3(20.00)	12(24.00)
Q21_A8	1(25.00)	0(0.00)	5(31.25)	4(40.00)	4(26.67)	14(28.00)
Q21_A9	1(25.00)	0(0.00)	1(6.25)	1(10.00)	3(20.00)	6(12.00)
Q21_A10	1(25.00)	3(60.00)	5(31.25)	4(40.00)	1(6.67)	14(28.00)

假设1:"使用不同信息渠道"与受访者对"特朗普是否连任"的预测之间相关性。

卡方检验结果 $p>0.05$,不支持原假设1,结论是"使用不同信息渠道"与受访者对"特朗普能否连任"的预测之间没有显著相关性。

假设2:"受访者性别"与对"特朗普是否连任"的预测显著相关。

因为皮尔逊相关性在0.01级别,呈现显著相关性,表明原假设2成立,即不同性别的人对特朗普是否连任态度不同,通过交叉表可以看出,认为特朗普将会连任的男性受访者比例远大于女性受访者(见表6-2)。

表 6-2 "受访者性别"与对"特朗普能否连任"的预测相关性分析表

		Q1(性别)	Q20
Q1(性别)	皮尔逊相关性	1	-.539**
	Sig.(双尾)		.000
	个案数	86	86
Q20	皮尔逊相关性	-.539**	1
	Sig.(双尾)	.000	
	个案数	86	86

南加州大学安妮伯格新闻与传播学院的霍利汉(Hollihan)教授在接受笔者的访谈时，[1]提出受众对抗假新闻、污染性信息的解决办法是增加媒介素养，但当我问到他如何去做，以及这是否现实时，他承认，"这是理想化的"。他也认为增强媒介素养来让人们对抗假新闻的办法并不符合现实。事实上，相当多的研究表明，这些支持特朗普的保守派，运用他们自己的研究方式来质疑主流媒体，但他们更有可能在社交媒体上传播垃圾新闻，或访问假新闻网站；[2]而这些假新闻比特朗普的言论更疯狂"。[3]

在熵增的媒体进化方向上，内容生产已经由原来的机构生产、受众消费转向了受众自我生产。信息来源已经得到极大扩展，但受众注意力有限，受众选择而非信息渠道成为影响态度的主要原因，媒体的议程设置作用在目前社交媒体语境下显现出局限性，原有的传播模式和理论需要在熵增的方向上重新审视。

三、熵增让内容消费者逻辑坍缩

熵增指混乱程度的增加，从传播政治经济学的角度来看，熵增意即传播权力与解释权力的混乱程度增加，这种混乱程度增加的原因是传播权力和解释权力由思想较为复杂的精英群体转移到思维层次较低的普通大众中去，这种转移必然导致内容消费者对媒介事件解释与理解的逻辑坍缩。

逻辑坍缩是指受众逻辑思考的深度和维度向低层次跃迁的现象，意即把复杂问题、结构问题、系统问题，用简单逻辑进行因果推导，使得问题真正的变量和主要矛盾

---

[1] 本人于2019年10月在南加大安妮伯格新闻与传播学院采访了政治传播领域的霍利汉教授。
[2] NOBLE S U. Algorithms of oppression：how search engines reinforce racism[M]. New York：New York University Press，2018.
[3] NARAYANAN V，BARASH V，KELLY J，et al. Polarization，partisanship and junk news consumption over social media in the US comprop data memo，1-6[J]. Arxiv preprint arxiv，2018(3).

被极度简化。但这种现象不能只归咎于受众本身,而要放在更为广阔的媒介进化、新闻业内容生产和新闻业的绩效中进行考察。

熵增意味着受众在信息爆炸时代,被吸入逻辑和信息的黑洞,无所适从。诚如里根所言,"如果你不能让人们看到光明,那么就让他们感受到温度吧"。人们已经无从辨别光明与黑暗,更多的是靠自己的本能和直觉去判断信息,这就导致了个体对信息的思考能力的下降,更加感情用事。

特朗普就是一个炙手可热的人。他继承了肯尼迪电视辩论的经验。在肯尼迪和尼克松的辩论中,凯旋者不光有肯尼迪,还有彼时彼刻作为新兴媒体的电视,好几个小时的辩论让人们难以记得他们究竟说了些什么,只记得他们的模样和给人留下的感觉,当天晚上,全国百姓都在电视机前,总统以非常个性化的方式进入了寻常百姓家,人们打开所有感觉器官,感受着他们,而辩论的目的是争取选票,选民不是哲学家或政治家,他们无法判断谁更在理,他们唯一能够判断的就是谁给他们的感受更为深刻。①特朗普的电视辩论以及惊人之语,总是能让记者感受到"前方高能"的炽热。

《媒体与权势》中说,新闻的时效性让记者的思考能力下降,直播能力的提升和他们分析能力的下降同时出现。而现在已经不仅仅是电视直播的时代了,还是全民记者的时代、社交媒体和"人工智能"的时代,新闻的产生是实时的。白宫首位华人记者团成员张经义在其《白宫义见》中提出,当苹果手机有了推播功能之后,白宫新闻发言人结束发言后30秒,他的手机上就有了当天的新闻,这让他一度怀疑自己在现场的意义。事实上,记者在现场的意义就在于可以选择信息,可以解读新闻意义,以及直观地感受到温度。然而,现在给记者深度思考的时间越来越少,时效性等绩效标准,让记者团体产生了极大压力。

连专业的新闻工作者都无法深入思考,深陷信息泥沼,何况业余的受众?于是,"碎片化""假新闻"和"后真相"等词语开始大行其道。学者李·麦金太尔(Lee McIntyre)在他的文章《后真相》中论述了他所谓的后真相意识形态及其危险含义。他指出:

> 2016年11月,就在美国大选之前,《牛津英语词典》将"后真相"纳入年度词汇,由于英国退欧和美国总统大选,该词的使用率飙升了2,000%,他们将"后真相"定义为"客观事实对真相及舆论的塑造让位于情感和个人诉求的

---

① ALLCOTT H,GENTZKOW M. Social media and fake news in the 2016 election[J]. Journal of economic perspectives,2017,31(2):211-235.

现象"。换句话说，意识形态优先于现实……正如耶鲁大学哲学家詹森·斯坦利（Jason Stanley）所言："法西斯主义政治首先是要确定敌人，诉诸集团（通常是多数集团）并粉碎真相，并用权力代替真相。"①

美国神经学家罗伯特·伯顿认为，人们的认知分为两个部分，神经系统接收信息与潜意识识别信息。我们常常看到人们对自己所相信的东西深信不疑，例如有的人相信进化论，有的人相信神创论，这些被相信的事物之间往往充满着本质的矛盾，但各自又有一套自身逻辑。因此，笔者认为，人们这种充满缺陷的确定感，与其说是来源于不同的事实，不如说是人们各自相信了一套逻辑，而逻辑往往与事实没有那么直接的关系，就像神话故事，逻辑上都是自洽的，然而它与事实大相径庭。这种确定感导致他们相信不同类型的媒体，他们选择的媒体往往能够提供证明他们正确的事实，然后他们用这些选择性事实进一步强化自身的确定感，看似严密的逻辑推理，其实充斥着生理结构带给人类的内在限制。这种限制所外化的行为影响了个人生活与公共生活的方方面面。确定感往往使人不能够接受其他意见，也不接受自身确定感的片面与错误。而那些能够利用这种限制的人，就能够操纵人类的感知，让人们的行为朝着他想要的方向发展，不可否认的是，特朗普就是发现了这种内在限制，并将其充分利用的天才。罗伯特在其著作《确信无疑》（On Being Certain）中做了如下实验，他要求读者先阅读如下一段文字，并让读者关注阅读时的感受。

> 报纸比杂志好，海边比大街好，一开始就跑比走好，你可能得试几次，也可能需要借助某种技巧，但很容易学，就连孩子都能享受其中的乐趣。一旦成功了，它就一点儿也不复杂了。鸟儿们很少会离太近，雨能迅速把它浸透。如果有很多人做同样的事就会引发问题，因为仅仅一个人就需要许多空间。不过只要不发生纠纷，一切就会显得很祥和。岩石可以当作停放的地方，可是一旦挣脱开，你就不会有第二次机会了。

看完这段话，读者会感到云山雾罩，不知所云，因为这段话虽然句子很简单，却没有任何的逻辑联系，直到你看到一个词"风筝"时，你再回头去看，原来的别扭感变成了令人愉悦的确定感，一切都那么顺畅且符合逻辑。但是，罗伯特接着又提了几个问题。

---

① 哈伯斯塔姆.媒介与权势：谁掌管美国[M].尹向泽，等译.北京：国际文化出版公司，2006.

你认为风筝就是这段话的正确解释吗？这是有意识的决定，还是不知不觉的想法？

大脑的哪种技能创建了从不知道到知道的转变？

这种转变是何时发生的，是在你读这段话之前、之中还是之后？

在重读这段话后，你知道风筝就是这段话所描述的事物，但你能自觉地把这种知道感和经过推理的理解区分开吗？

你确定风筝是正确答案吗？如果确定，你又是如何知道的？

显然，我们并不能说风筝是唯一正确的答案，但风筝这个答案提供了一种简单明了的逻辑，人们顺着风筝的逻辑重新验证那些只言片语，是自洽的，因此人们对风筝是这一系列混乱句子的描述对象产生了确信感，但罗伯特想提醒大家思考的问题可归结为一句话，就是不要被这种确信感欺骗，要好好思考一下，到底是风筝符合了这些句子的描述，还是这些句子描述了风筝？

这个小实验清晰地展示了人们对逻辑的需求，本书则想通过这个实验，来进一步说明特朗普感知操纵的主要工具之一——"逻辑坍缩"，即把复杂问题、结构问题、系统问题，用简单逻辑进行因果推导，使得问题真正的变量和主要矛盾被极度简化。特朗普也罢，美国主流媒体也罢，两者现在习惯于为普通民众提供简单明了且符合两者期待的逻辑。民众的信息消费过程已经进入"逻辑坍缩"的陷阱，并且他们甘之如饴。

特朗普的边境移民政策在其上任之初一直遭到美国有限电视新闻网、《纽约时报》、《时代》周刊等自由派主流媒体的抨击，它们声称特朗普对非法移民的过度打击导致了很多被美国政府逮捕的非法移民家庭骨肉分离。《时代》周刊刊登了一则由该政策造成的"母女分离"的故事，令舆论哗然，《时代》周刊甚至将女孩哭喊找妈妈的照片和特朗普放在了一起作为《时代》周刊的封面。这让特朗普一度在美国的新闻舆论场上显得十分被动（见图6-6）。

然而，就当主流媒体以为特朗普已被它们击败时，剧情发生了反转。路透社采访图中小女孩的父亲发现，他们根本没有被警察强行分离，母女俩一直都在一起。而且，此事还得到了这家人所在地区洪都拉斯的官方确认。图中女童的母亲说，孩子当时哭闹是因为"又渴又累"。

《时代》周刊在得知此消息之后，不得不发布一则"更正声明"，把原先杂志封面中"女孩哭喊着被边防人员带走"的文字，更正为"女孩被她的母亲带走了，两人之后一直在一起"（见图6-7）。

特朗普的长子闻讯发推特对《时代》周刊进行批评："我早已对《时代》周刊这种垃

图 6-6 抨击特朗普让非法移民家庭骨肉分离的《时代》周刊的封面

图 6-7 《时代》周刊发布的更正声明

圾媒体的表演不奇怪了。他们什么不要脸的事干不出来？"而此时支持特朗普的右派媒体也立即挺身而出，抨击自由派媒体制造假新闻（见图6-8）。

特朗普本人则更加老道地用另一套简单逻辑轻松反杀主流媒体，他的团队组织了一批美国家庭，让他们来哭诉自己的亲人被非法移民杀害的痛苦往事，表达他们内心对特朗普政策的支持和对非法移民的憎恶。而且特朗普还特别强调：这些家庭恰恰是被美国主流媒体所刻意忽视的群体（见图6-9）。

图 6-8　特朗普儿子抨击《时代》周刊的推文

图 6-9　特朗普邀请被非法移民杀害了至亲的家庭
　　　　诉说对非法移民的痛恨

在此案例中,无论是主流媒体,还是特朗普,都已经抛弃了移民问题的复杂性,没有从历史、经济和社会等更为广阔的背景和维度上对移民政策进行解读,也许他们没有时间思考,也许他们更认为公众没有能力去深刻理解一项政策带来的影响和意义,于是便没有必要去生产有深度的内容。反而,"逻辑坍缩"的招式十分有用,把复杂问题简化为一种感情,便可以引起共鸣,引来流量。正如美国南加大安妮伯格新闻与传播学院杜伯教授所言,"美国人已经变得越来越傻,越来越多的人丧失了关心严肃或者深刻问题的能力"①。

这种"逻辑坍缩"带来的影响,在洛杉矶流浪汉社区尤为突出。② 这些流浪汉被允许寄居在城市的中心街区,据说这样做一方面能够彰显流浪汉的人权,另一方面,流浪汉的存在能让周围居民尤其是富人,降低抑郁,因为他们可以时常对比这些人的生活,并且可以用施舍来增加自己内心的满足感。具体因为什么美国喜欢在最中心的城区划一片地方供流浪汉搭建帐篷来群居我们暂且不论,最令人震撼的是,这些流浪汉的生活状态,他们显得十分自豪,每当笔者和同伴去给他们发食物时,他们并没有一丝卑怯的神情,有的唱着歌,有的健身,有的还对发的食物进行挑选,有的还向我们呼喊LGBT群体的权益。后来我向教会的朋友打听,他们中很多人并不是老弱病残,为何不去工作?教会的朋友告诉我,他们中至少有30%的人是把做流浪汉当作一种生活方式,这是他们的自由。

笔者实在不相信有那么多人会选择贫穷和无家可归,居住在臭气熏天、充满暴力和毒品的危险街区。但事实上,就有那么多人被一个简单的逻辑忽悠了,他们安心地成为社会的最底层,这个逻辑可以表述为"选择流浪是我的自由,选择流浪是我的权利"。他们中间很少有人关心阶级和剥削,更不会思考整个社会系统出现了什么问题,他们只在乎自由不自由,或者抱怨给他们的救济金少了。美国这一套"愚民"的操作,真的让笔者惊讶。图6-10为笔者在洛杉矶流浪汉社区发食物时的照片。

四、高熵媒体传播模式及其特征

"高熵媒体"是相对于"低熵媒体"而言的,指内容生产与消费过程中权力更加分散,传播过程混乱程度更高的媒体形态,社交媒体相对于传统媒体就是高熵媒体。而相对于没有大众媒体之前的封建时代或前现代时代,20世纪的传媒业将原本控制在君主或教会特权阶级手中的传播权力转移到资产阶级手中,这个过程也是熵增的。因为大众媒体促进了思想的多元,使更多的意见得以被表达出来,教会和政府难以垄断言论。而互联网产生之后,舆论空间的"杂音"更多,混乱程度更高。反之,传播权力更为集中的媒体则是低熵媒体,由传播权力的转移方向可知,媒介是由低熵媒体向高熵

---

① 笔者在2019年10月于USC采访中美关系研究院杜伯教授。
② 笔者在2019年洛杉矶访学期间多次赴downtown流浪汉社区送食物,与流浪汉近距离接触交流。

图 6-10　笔者调研美国流浪汉社区时给流浪汉发放食物的照片

媒体进化的。

高熵媒体的传播模式和低熵媒体的传播模式究竟有什么不一样？我们以大众媒体时代的德弗勒互动过程模式为例进行说明（见图 6-11）。

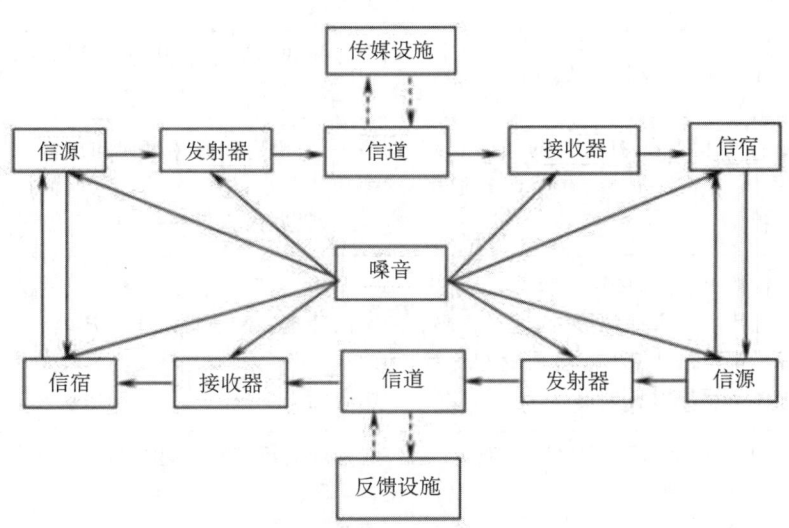

图 6-11　德弗勒互动过程模式图

在香农-韦弗模式的基础上,加上信源与信宿的双向互动,便组成了图 6-11 所示的德弗勒互动过程模式。然而,这个模式不能反映出"信道"的不同性质,尤其是以社交媒体为代表的高熵媒体,其性质与传统媒体有巨大区别:首先,社交媒体上的内容生产者不再是专业媒体机构;其次,社交媒体的"把关人"功能远远低于传统媒体,其价值判断能力弱于传统媒体,更没有固定的办报理念对用户的内容进行限制,而且传者和受者的界限十分模糊,每个人既是传播者,又是接收者,在社交媒体上被统称为"用户",反馈机制也有所不同,传统媒体的反馈机制是定向的,是针对某个媒体的反馈;最后,反馈的效果是媒体可以控制的,但社交媒体的反馈机制是网状的,它可以针对某一内容重新向自己的粉丝进行观点表达,观点的传播不再是线性的,在两点之间进行,而是网状的,多向度进行,观点被传播出去之后,在某些节点上又可能产生新的内容,这些内容又被二次甚至多次传播,"噪音"变成了内容。表 6-3 列举了低熵媒体和高熵媒体传播模式中各元素的特征。

表 6-3　低熵媒体与高熵媒体传播模式构成元素及其差异对比表

德弗勒互动过程模式构成元素	低熵媒体	高熵媒体	高熵媒体传播模式元素
	双方元素特征对比		
信源、信宿	角色分明,分别是内容的生产者和内容的消费者	界限消弭,兼为内容生产者与消费者。每一个用户都有自己的背景,这部分"噪音"成为其生产的内容的一部分	用户
发射器、接收器	功能分明,专业程度不同	用户之间的移动通信设备既是接收器也是发射器	移动终端
信道	专业媒体机构,有特定的倾向和宗旨,人工进行把关,有严格的业务流程	网络平台,没有明确的倾向和宗旨,把关功能弱,靠程序把关,不负责内容生产,没有内容生产流程	社交媒体 App
噪音	在信源、信宿和传播过程中,都有来自环境各个方面的影响,这对解码、编码都会产生影响,这是专业传播媒体所不愿意看到的	每一个用户都有自己的背景,都在一定的环境和利益诉求下生产内容和观点,这部分"噪音"成为其生产的内容的一部分	内容
双向线性反馈	有明确的反馈路线,线性、双向反馈,易于控制	没有明确的反馈路线,网状、多向度反馈,不易于控制	立体网状反馈
媒介进化方向:低熵　———————————————→　高熵			

根据上述高熵媒体构成元素的特点,笔者总结了高熵媒体的传播模式(见图6-12)。

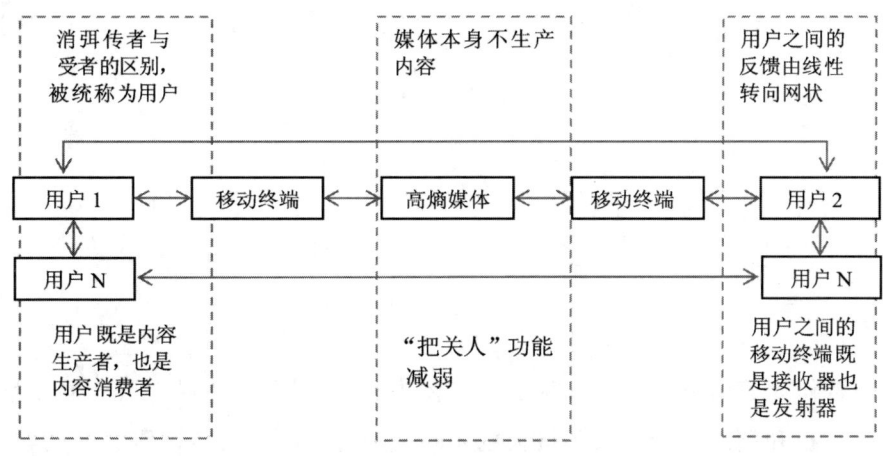

图 6-12　高熵媒体传播模式图

需要说明的是,熵增是媒介进化的方向,并不是一个替换关系,而是一个补充关系。高熵媒体的出现并不意味着低熵媒体就会消失,相反,每一种媒体的出现都是对旧媒体功能的补充,就像麦克卢汉所说的,媒介即人的延伸。每一种媒体都在延伸人的某种功能,如同文字补充了声音的易逝性,广播延伸了耳朵,电视延伸了眼睛,而目前的社交媒体则延伸了人的嘴巴,让普通人有了话语权,而不再是只有专业媒体机构才会有话语权和解释权,这让传播系统进一步熵增。特朗普在与主流媒体的权力博弈过程中,就充分利用了社交媒体这一高熵媒体,生动地展示了传播权力由专业组织向个体转移的过程,这不但是媒介技术带来的变革,而且从传播政治经济学角度来看,还体现了资本和权力对传播体系和社会结构的再塑造。

第七章

结论

　　特朗普作为美国第一个能够从精英媒体中成功突围的"推特总统",自上任以来就给美国本土和国际社会带来了极大的不确定性,尤其是他和媒体之间的"战争",成了世界性的议题。本书拟以美国主流媒体和特朗普之间的权力博弈为切入点,反映美国主流媒体所面临的困境,以及新闻专业主义发端于美国,现今又在美国受到前所未有的挑战背后的思想与社会基础;分析特朗普行为的逻辑框架与修辞特点,及其在与媒体博弈之中对主流媒体的操纵策略和模式;阐释博弈背后所表现出的媒介演进方向;揭示总统权力与媒体权力博弈背后,美国资本势力对民主社会和媒体的深层影响。

　　第一,美国的媒体权力与政治权力博弈历史已久,从特朗普现象中可以看出,当前主流媒体权力对政治权力的影响正在式微。其主要原因是社交媒体出现之后,公众对新闻专业主义的价值产生怀疑,并对新闻界长久以来用新闻专业主义的意识形态掩盖其逃避公共部门监管而实行资本自治现象进行抗议。同时,从传播政治经济学理论视角,本书总结了新闻界在当前的媒介生态中存在着的六重困境,分别是"陷入污染性信息扩散悖论""可量化指标的绑架""网络议程对媒体议程的收编""人的劳动与内容的双重商品化""想象中的受众同质化""编辑室霸权",以此来分析美国媒体权力壁垒遭受攻击的具体表现和原因。

　　第二,本书论证了美国政治权力核心的总统职位,已经进入"后现代总统"阶段,而特朗普是"后现代总统"的典范。笔者从媒介批评、符号学、后现代理论的角度对特朗普现象进行解释,总结其后现代风格与修辞特点,指出特朗普在社交媒体中与其支持者的"狂欢"消解了"真实",营造出一种"超真实"的媒体奇观与符号,进而使得美国社会对其符号进行"拟像",而他的信徒则并不在意真实与虚假的界限在何处,转而主动进行现实过滤和父像投射,他们试图从特朗普身上得到情绪宣泄和安全感。

第三,特朗普除了通过社交媒体对选民进行直接感知操纵之外,还积极操纵主流媒体进入其设置的议程。他以感知操纵的"信息战"手法,营造出"用美国反对美国""用后现代反对后现代"的政治现实。特朗普不仅继承了罗斯福、肯尼迪等前任总统的传统媒体时代的操纵策略,他还在当前美国社会撕裂加剧、社交媒体技术成熟的背景下,巧妙借助美国公众对"政治正确"的反感、反建制派运动流行,以及"另类右翼",创新性地使用了"利用社交媒体主动挑战主流媒体""大量派发白宫记者证来对冲反对媒体""运用娱乐和幽默对禁忌议题反制"等媒体操纵策略,为主流媒体创造议程框架。

第四,本书对特朗普和主流媒体的权力博弈进行了传播政治经济学视域下的分析和评价。从博弈的实质上来说,特朗普和美国主流媒体并非仅仅存在对抗关系,利用与对抗的"叠加态"才是对博弈关系的最好总结。

其原因从政治利益上来说,特朗普使用社交媒体来充分激发民粹主义的能量以获取选票。其诸多反智言论,例如支持传统能源使用、反对奥巴马全民医保、建立边境墙等言论,都是为了取悦民粹主义势力,他还使用"逻辑坍缩"的方式来掩盖问题的复杂性,且效果十分显著;媒体对民粹主义的发展同样起到了推波助澜的作用,因为西方在商业化媒体长久的宣传之下,一切以受众品位和消费主义为中心来获得经济利益,这必然催化社会走向民粹主义。和总统取悦选民才能获得选票一样,媒体也只有取悦民粹主义者才能获得"政治正确"的合法性(区别仅在于取悦的是持不同立场的民粹主义者),实际上依然在政治上充当着民粹主义者的传声筒。

从经济利益上来看,在初选的时候,特朗普就通过和媒体的博弈,获得了近20亿美元的免费曝光,这近乎希拉里的三倍,但其投入只有希拉里的三分之一;而主流媒体在社交媒体时代遭遇收入断崖式下跌的背景下,竟然在特朗普竞选及执政时期,获得了近年来最高的订阅量和关注度,用特朗普的话来说,这对双方来说都是一个好生意。流量在注意力经济时代就是金钱。美国主流媒体在某种意义上只是借助批判特朗普来获得民粹主义者的注意力资本。

第五,笔者以传播政治经济学中的核心议题之一——传播权力转移现象为切入点,借鉴后现代主义大师鲍德里亚"熵"的概念,通过熵增原理,对此概念在媒介演进的理论分析上做进一步扩展,阐释传统传播理论在美国媒介环境中所面临的局限,提出权力博弈预示着媒介向高熵媒体方向进化的规律。话语权的分散趋势是一种熵增的趋势,未来,媒体将会继续在这个方向上演进,高熵媒体与低熵媒体在将来会互相补充,同时存在;熵增模式让媒体的内容生产者由"他者"转向"自我",且内容消费者更加趋向于"逻辑坍缩"的特征。特朗普现象的出现,说明媒体不是铁板一块,在主流媒体形态长久以"第四权力"自居而不惧挑战时,新晋媒体形态能够从外围监督传统媒体的越位表现。

参考文献

哈贝马斯. 公共领域的结构转型[M]. 曹卫东,译. 北京:学林出版社,1999.

哈贝马斯. 公共领域(1964)[J]. 天涯,1997(3):139-142.

RÖSSLER P,HOFFNER C A,VAN ZOONEN L. The international encyclopedia of media effects[J]. Media representation:minoritie,2017:1-10.

于海. 公共领域的起源和演化——读哈贝马斯的《公共领域的结构转变》[J]. 社会,1998(6):47-48.

CHOMSKY N. What makes mainstream media mainstream[J]. Z magazine,2015(10):17-23.

LAWRENCE R G. Book review:Trump and the media Trump and the media[M]. Cambridge:The MIT Press,2018:272.

DEBORD G. Society of the spectacle[M]. Kalamazoo:Black & Red,2002.

KELLNER D. Media spectacle[M]. New York:Routledge,2003.

BLANKENSHIP C M. President,wrestler,spectacle:an examination of Donald Trump's firing tweets and the celebrity appresident as response to Trump's media landscape[J]. Journal of communication inquiry,2020,44(2):117-138.

高崇,李敏. 虚拟民族志在传播研究中的运用——以对"SZ人在北京"QQ群组的研究为例[J]. 青年记者,2015(2):11-12.

虞鑫,陈昌凤. 政治性与自主性:作为专业权力的新闻专业主义[J]. 新闻大学,2018(3):8-16.

HEARNS-BRANAMAN J O. Journalistic professionalism as indirect control and fetishistic disavowal[J]. Journalism,2013,15(1):21-36.

郭镇之. 舆论监督:客观性与新闻专业主义[J]. 电视研究,2000(3):70-72.

杨凯.美国新闻专业主义发展研究[D].广州:暨南大学,2013.

PULITZER J,WHITE H.The school of journalism in Columbia University[J]. Inkling books,2006(19).

KAUL A J.The proletarian journalist:a critique of professionalism[J].Journal of mass media ethics,1986:50.

W.兰斯·班尼特,班尼特,杨晓红,等.新闻:政治的幻象:政治传播学经典之作[M].北京:当代中国出版社,2005.

阿特休尔.权力的媒介[M].黄煜,等译.北京:华夏出版社,1989:5.

HACKETT R,ZHAO Y Z.Sustaining democracy? Journalism and the politics of objectivity[M].Toronto:Garamond Press,2005.

GANS H.Deciding what's news:a study of CBS evening news,NBC nightly news,*Newsweek and Time*[M].New York:Vintage Books,1980.

SCHUDSON M,ANDERSON C.Objectivity,professionalism,and truth seeking in journalism[M]//KARIN W,THOMAS H.The handbook of journalism studies. New York:Routledge,2009:108-121.

SINGER J B.Who are these guys? The online challenge to the notion of journalistic professionalism[J].Journalism,2003,4(2):139-163.

郭镇之.舆论监督与西方新闻工作者的专业主义[J].国际新闻界,1999(5):32-38.

黄旦.新闻专业主义的建构与消解——对西方大众传播者研究历史的解读[J].新闻与传播研究,2002(2):2-9,94.

吴飞.新媒体革了新闻专业主义的命?——公民新闻运动与专业新闻人的责任[J].新闻记者,2013(3):13-21.

芮必峰.描述乎? 规范乎? ——新闻专业主义之于我国新闻传播实践[J].新闻与传播研究,2010(1):57-63,112.

潘忠党,陆晔.走向公共:新闻专业主义再出发[J].国际新闻界,2017,39(10):91-124.

陆晔,周睿鸣."液态"的新闻业:新传播形态与新闻专业主义再思考——以澎湃新闻"东方之星"长江沉船事故报道为个案[J].新闻与传播研究,2016,23(7):24-46, 126-127.

胡翼青,汪睿.新闻专业主义批判:一种传播政治经济学的视角[J].现代传播(中国传媒大学学报),2013,35(10):46-51.

胡翼青.自媒体力量的想象:基于新闻专业主义的质疑[J].新闻记者,2013(3):

6-11.

虞鑫,陈昌凤.政治性与自主性:作为专业权力的新闻专业主义[J].新闻大学,2018(3):8-16,146.

韦伯斯特.信息社会理论[M].曹晋,译.北京:北京大学出版社,2011.

卡拉-穆尔扎.论意识操纵:上[M].徐昌翰,译.北京:社会科学文献出版社,2004:34.

利西奇金,谢列平.第三次世界大战——信息心理战[M].徐昌翰,赵海燕,殷剑平,等译.北京:社会科学文献出版社,2003.

王璐.精神信息战:操纵思想的艺术[D].长沙:国防科学技术大学,2008.

沈苏儒.关于"宣传"的英语词[J].对外传播,1998(4):14-15.

中国大百科全书总编辑委员会《新闻出版》.中国大百科全书:新闻出版[M].北京:中国大百科全书出版社,1990.

李良荣.新闻学概论[M].4版.上海:复旦大学出版社,2011.

赛佛林,坦卡德.传播理论起源、方法与应用[M].郭镇之,徐培喜,等译.北京:华夏出版社,2000:106.

BERNAYS E L.Propaganda[M].New York:Ig Publishing,2005.

拉斯韦尔.世界大战中的宣传技巧[M].北京:中国人民大学出版社,2003:22.

BERNAYS E L. Crystallizing public opinion[M]. New York:Open Road Media,2015.

张巨岩.权力的声音:美国的媒体和战争[M].1版.北京:生活·读书·新知三联书店,2004:107.

LEE A, LEE E B. The fine art of propaganda[J].ETC:a review of general semantics,1979:117-127.

HERMAN E S,CHOMSKY N. Manufacturing consent:the political economy of the mass media[M].New York:Random House,2010.

GREEN F. American propaganda abroad[M].New York:Hippocrene Books,1988:36.

GOLDMAN R M,DOUGLAS W A.Promoting democracy:opportunities and issues[J].Praeger publishers,1988.

SZANTO G H.Theater & propaganda[M].Lake Austin:University of Texas Press,1977.

RIEGEL O W. Mobilizing for chaos:the story of the new propaganda[M]. New

Haven：Yale University Press，1934.

MOSCO V. The political economy of communication：rethinking and renewal[J].Sage,1996,13.

马克思,恩格斯.马克思恩格斯全集：第三卷[M].北京：人民出版社,1960：52.

曹晋,赵月枝.传播政治经济学的学术脉络与人文关怀[J].南开学报(哲学社会科学版),2008.

席勒.信息拜物教：批判与解构[M].邢立军,方军祥,凌金良,译.北京：社会科学文献出版社,2008.

GANDY O H. The political economy approach：a critical challenge[J].Journal of media economics,1992,5(2)：23-42.

卢卡奇.历史与阶级意识：关于马克思主义辩证法的研究[M].杜章智,等译.北京：商务印书馆,1995：170-304.

葛兰西.狱中札记[M].曹雷雨,等译.北京：中国社会科学出版社,2000：7.

阿尔都塞.意识形态和意识形态国家机器[M]//李恒基,杨远婴.外国电影理论文选.李迅,译.北京：生活·读书·新知三联书店,2006.

霍克海默,阿道尔诺.启蒙辩证法[M].渠敬东,曹卫东,译.上海：上海人民出版社,2006.

范敬宜,李彬.马克思主义新闻观十五讲[M].北京：清华大学出版社,2007.

WINSECK D. Reconstructing the political economy of communication for the digital media age[J].The political economy of communication,2017,4(2).

张志华."新地球村"的想象——赵月枝谈传播研究新实践[J].国际新闻界,2016(10)：54-67.

李琨.传播的政治经济学研究及其现实意义[J].国际新闻界,1999(3)：51-55.

郭镇之.传播政治经济学理论泰斗达拉斯·斯麦兹[J].国际新闻界,2001(3)：58-63.

刘晓红.大众媒介与公共领域——传播政治经济学的观点及启示[J].新闻界,2005(3)：75-76.

曹晋,兰凯伦.中国大陆批判传播理论的建构与对话：以传播政治经济学和文化研究为中心的考察[J].新闻大学,2019(12)：67-77.

吴鼎铭.网络"受众"的劳工化：传播政治经济学视角下网络"受众"的产业地位研究[J].国际新闻界,2017(6)：126-139.

列宁.列宁选集：第4卷[M].北京：人民出版社,1995.

李大钊.李大钊文集:第三卷[M].北京:人民出版社,1999.

马克思,恩格斯.马克思恩格斯全集:第三十卷,1857—1858[M].北京:人民出版社,1995.

马树颜.社会制约权力:一种权力制约的途径研究[D].曲阜:曲阜师范大学,2006.

米尔奇斯,尼尔森.美国总统制:起源与发展(1776—2007)[M].上海:华东师范大学出版社,2008.

张倩.美国总统权力制约机制研究[D].沈阳:辽宁大学,2012.

陈建云.自由新闻业的民主"看门狗"功能:理想图景及现实审视[J].新闻大学,2013(2):6-12.

明安香.从"叭儿狗"到"牧羊狗":美国传媒与政府关系的角色转变[J].国际新闻界,2005(4):16-23.

卡斯特尔.网络社会与传播力[J].曹书乐,吴璟薇,等译.全球传媒学刊,2019,6(2):74-92.

张明新,刘伟.互联网的政治性使用与我国公众的政治信任——一项经验性研究[J].公共管理学报,2014,11(1):90-103.

韩克新,张茂涛.政治与媒体的联姻:第四种权力的强化——以美国"水门事件"为例的研究[J].商业文化(学术版),2007(11):174.

麦克切斯尼.富媒体 穷民主:不确定时代的传播政治[M].北京:新华出版社,2004.

PHILLIPS W. The oxygen of amplification:better practices for reporting on extremists,antagonists,and manipulators online[EB/OL].(2018-05-02)[2021-06-05]. https://datasociety.net/wp-content/uploads/2018/05/2-PART-2_Oxygen_of_Amplification_DS.pdf.

LEWANDOSKY S,ECKER U K H,SEIFERT C M,et al.Misinformation and its correction continued influence and successful debiasing[J]. Psychological science in the public interest,2012,13(3):106-131.

POSTMAN N. Amusing ourselves to death:public discourse in the age of show business[M].New York:Penguin Books,1985.

MCCHESNEY R W. Rich media,poor democracy:communication politics in dubious times [M].New York:The New Press,1999.

CHROSTIN A.When it comes to chasing clicks,journalists say one thing but feel pressure to do another [EB/OL].(2014-08)[2021-07-08]. http://www.

niemanlab. org/2014/08/ when-it-comes-to-chasing-clicks-journalists-say-one-thing-but-feel-pressure-to-doanother/.

PHILLIPS W. The oxygen of amplification:better practices for reporting on extremists,antagonists,and manipulators online[EB/OL].(2018-05-02)[2021-09-01]. https://datasociety.net/wp-content/uploads/2018/05/2-PART-2_Oxygen_of_Amplification_DS.pdf.

LAVINE J M,WACKMAN D B.Managing media organizations:effective leadership of the media[M].New York:Longman,Inc.,1988.

DEWERTH-PALLMEYER. The audience in the news[M]. New York:Routledge,1997.

WEST J. Humans are losing the battle against kardashian-loving algorithmsfor the soul of new media[J/OL]. Quartz,2016(3)[2016-04-19]. https://qz.com）664591/humans-are-losingthe-battle-against-kardashian-loving-algorithms-forthesoul-of-new-media/.

MUSGRAVE S.How white nationalist fooled the media about florida shooter [J].Politico,2018(2)[2019-02-16]. https://www.politico.com/story/2018/02/16/flo-ridashooting-white-nationalists-415672.

FARIS R,ROBERTS H,ETLING B, et al. Partisanship, propaganda, and disinformation: online media and the 2016 US presidential election[D]. Cambridge: Harvard University,2017.

PILON M,GUTHRIE M. Panic hits Hollywood and media elite:which harasser will be outed next?[EB/OL].(2017-11-01)[2021-09-01].https://www.hollywoodreporter. com/news/general-news/shitty-media-men-list-accused-sexual-harassers-is-spreading-panic-1053468.

TANI M. Business insider:the far right is floating conspiracy theories about a CNN reporter who profiled a pro-Trump reddit user[EB/OL].(2017-07-10)[2021-07-11].https://www.businessinsider.com/conspiracy-theories-andrew-kaczynski.

WEBSTER J G,PHALEN P F,LICHTY L W. Ratings analysis:audience measurement and analytics[M].New York:Routledge,2014.

PHILLIPS W. The oxygen of amplification:better practices for reporting on extremists,antagonists,and manipulators online[EB/OL].(2018-05-02)[2021-05-12]. https://datasociety.net/wp-content/uploads/2018/05/2-PART-2_Oxygen_of_Amplification_DS.pdf.

ETTEMA J S,WHITNEY C D. Audiencemaking:how the media create the audience[M].London:Sage Publications,1994.

GARCIA-NAVAPRO L. How to talk race with your family:ask code switch[EB/OL].(2017-08-20)[2021-08-21].https://www.npr.org/sections/codeswitch/2017/08/20/544483288/how-to-talk-race-with-your-family-ask-code-switch.

DANIELS J. White lies:race,class,and sexuality in white supremacist discourse[M].New York:Routledge,1998.

POSTMAN N. Amusing ourselves to death:public discourse in the age of show business[M].New York:Penguin Books,1985.

MCCHESNEY R W. Rich media,poor democracy:communication politics in dubious times[M].New York:The New Press,1999.

郑保卫,李玉洁.美国新闻专业主义观念发展史的评述与反思[J].新闻与传播研究,2013,20(8):78-91.

王维佳.追问"新闻专业主义迷思"——一个历史与权力的分析[J].新闻记者,2014(2):16-22.

吴飞,龙强.新闻专业主义是媒体精英建构的乌托邦[J].新闻与传播研究,2017,24(9):5-25,126.

马克思,恩格斯.马克思恩格斯全集:第3卷[M].北京:人民出版社,1956:52.

甘斯.什么在决定新闻[M].石琳,李红涛,译.北京:北京大学出版社,2009:52.

HALLIN D C. The"uncensored war":the media and vietnam[M].New York:Oxford University Press,1986:70.

布尔迪厄.政治场、社会科学场和新闻场[M]//本森,内维尔.布尔迪厄与新闻场域.张斌,译.杭州:浙江大学出版社,2017:18-45.

段卉.新闻客观性原理的职业社会学分析——兼论新媒体环境中新闻客观性的价值[J].西部学刊,2016(6),13-16.

莫斯可 V,莫斯可 M,等.传播政治经济学[M].上海:上海译文出版社,2013.

WRIGHT C R. Mass communication:a sociological perspective[M].New York:Random House,1986.

罗钢,刘象愚.文化研究读本[M].北京:中国社会科学出版社,2000.

赵月枝.传播与社会:政治经济与文化分析[M].北京:中国传媒大学出版社,2011.

WASKO J,MURDOCK G,SOUSA H. Introduction:the political economy of communications:core,concerns and issues[M]. New York:John Wiley & Sons,2011:10.

COMPAINE B M,GOMERY D. Who owns the media? Competition and concentration in the mass media industry[M].New York:Routledge,2000.

PICARD R G.Media economics:concepts and issues[M].Los Angeles:SAGE Publications,Incorporated,1989.

GOMERY D. Media economics:terms of analysis[J]. Critical studies in media communication,1989,6(1):43-60.

胡翼青,汪睿.新闻专业主义批判:一种传播政治经济学的视角[J].现代传播(中国传媒大学学报),2013,35(10):46-51.

博哲斯.美国思想渊源[M].符鸿令,朱光骊,译.太原:山西人民出版社,1988.

SLOAN W D. Pespectives on mass communication history[M].Hillsdale:Lawrence Erlbaum Associates,Inc.,Publishers,1991.

PERRIN A,ANDERSON M. Share of U.S.adults using social media,including Facebook,is mostly unchanged since 2018[EB/OL]. (2019-04-10)[2021-10-11]. https://www.pewresearch.org/fact-tank/2019/04/10/share-of-u-s-adults-using-social-media-including-facebook-is-mostly-unchanged-since-2018/.

MATSA K E,SHEARER E. News use across social media platforms 2018:most Americans continue to get news on social media,even though many have concerns about it saccuracy[EB/OL].(2017-08-20)[2021-10-12].https://www.journalism.org/2018/09/10/news-use-across-social-media-platforms-2018/.

周烈琼.《世界新闻报》窃听事件的成因分析[D].北京:中国青年政治学院,2013.

邹东升.危机管理视角下的现代政府形象塑造[J].社会科学战线,2005(2):325-326.

希斯.危机管理[M].王成,等译.北京:中信出版社,2004.

许文惠,张成福.危机状态下的政府管理[M].北京:中国人民大学出版社,1998.

薛澜,张强,钟开斌.危机管理[M].北京:清华大学出版社,2003.

张焱,刘沫潇,张学骞,等.危机事件中社交媒体传播动力分析——以微博热议"保姆纵火案"为例[J].西华大学学报(哲学社会科学版),2019,38(4):68-75.

MAYER V,BANKS M J,CALDWELL J. Production studies:cultural studies of media industries[M].Abingdon,Oxon:Routledge,2009.

CALWELL J T,HOLT J,PERREN A. Media industries:history,theory,and method[M].New York:John Wiley & Sons,2011.

BENKLER Y. The wealth of networks:how social production transforms markets and freedom[M].New Haven:Yale University Press,2006.

SHORTHOSE J. A more critical view of the creative industries:production,consumption and resistance[J]. Capital & class,2004,28(3):1-9.

BRUNS A. Blogs,wikipedia,second life,and beyond:from production to produsage[M].Bern:Peter Lang,2008.

ROSS A. Nice work if you can get it:life and labor in precarious times[M].New York:NYU Press,2009.

MOSCO V. The political economy of communication:rethinking and renewal[M].New York:Sage,1996.

PILON M,GUTHRIE M. Panic hits hollywood and media elite:which harasser will be outed next? [R/OL].(2017-11-01)[2021-08-09].http://www.hollywoodreporter. com/news/shitty-media-men-list-accused-sexual-harassers-is-spreading-panic-1053468.

JONES D A.Why Americans don't trust the media:a preliminary analysis[J]. Harvard international journal of press/politics,2004,9(2):60-75.

TRUSSLER M,SOROKA S. Consumer demand for cynical and negative news frames[J].The international journal of press/politics,2014,19(3):360-379.

利奥塔尔.后现代状态:关于知识的报告[J].车槿山,译.检察风云,2012(20):83-83.

BENNINGTON G,DERRIDA J. Derrida[M].Chicago:University of Chicago Press,1993.

BAUMAN Z.Intimations of postmodernity[M].New York:Routledge,2003.

RICOEUR P. Facts and values[M].New York:Springer,1986:121-132.

KIMBALL R.Tenured radicals:how politics has corrupted our higher education[M].New York:Harper & Row,1990.

SCHULTE-SASSE J. Electronic media and cultural politics in the reagan era:the attack on libya and "hands across America" as postmodern events[J].Cultural critique,1987(8):123-152.

HANSON V D.Fake news:postmodernism by another name[J].Defining ideas,2017,26(1).

BLOOM A. Closing of the American mind[M]. New York: Simon and Schuster, 2008.

ERNST D. Donald Trump is the first president to turn postmodernism against itself[J]. The federalist, 2017.

KAKUTANI M. The death of truth: how we gave up on facts and ended up with Trump[J]. The guardian, 2018, 14: 2018.

MCINTYRE L. Post-truth[M]. Massachusetts: MIT Press, 2018.

KKAUTANI M. The death of truth[M]. New York: Tim Duggan Books, 2019.

EBNER N. Begun, the trust war has: teaching negotiation when truth isn't truth[J]. Negotiation journal, 2019, 35(1): 207-210.

ARENDT H. The origins of totalitarianism: a reply[J]. The review of politics, 1953, 15(1): 76-84.

BAUMAN Z. Intimations of postmodernity[M]. London: Routledge, 2003.

FAHRENTHOLD D A. 20 times Donald Trump has changed his mind since June[J]. The Washington Post, 2015.

NOAH T. Will the real Donald Trump please stand up? [J]. Politico, 2015.

TIMM J C. A full list of Donald Trump's rapidly changing policy positions[J]. NBC news, 2016.

LYOTARD J F. The postmodern condition[J]. Sociology of education: theories and methods, 2000, 1: 362.

BARILLEAUX R J. The post-modern presidency: the office after ronald reagan[M]. New York: Praeger, 1988.

STEVEN E S. The postmodern presidency: Bill Clinton's legacy in US politics[M]. Pittsburgh: University of Pittsburgh Press, 2000.

STEVEN E S. Postmodern presidency: Bill Clinton's legacy in US politics[M]. Pittsburgh: University of Pittsburgh Press, 2000: 1.

SCHALLER T F, WILLIAMS T W. The contemporay presidency: postpresidential influence in the postmodern era[J]. Presidential studies quarterly, 2003, 33(1): 188-200.

PARRY-GILES S J, PARRY-GILES T. Constructing Clinton: hyperreality & presidential image-making in postmodern politics[M]. Bern: Peter Lang Pub Incorporated, 2002.

赵可金.现代总统制中的"后现代总统"——美国总统权力的扩张及其制度制约[J].美国研究,2016(6):20-40.

KERNELL S.Going public:new strategies of presidential leadership[M].New York:CQ Press,2006.

MUELLER J E. War,presidents,and public opinion[M]. London:John Wiley&Sons,1973:69-74.

LYOTARD J F.The postmodern condition[J].Sociology of education:theories and methods,2000,1:362.

巴尔特.形象的修辞:广告与当代社会理论[M].北京:中国人民大学出版社,2005.

张一兵.伪消费背后的需求幻象——鲍德里亚《符号政治经济学批判》解读[J].马克思主义与现实,2009(3):114-119.

ZALTMAN G. How customers think:essential insights into the mind of the market[M].Cambridge:Harvard Business Press,2003.

KYFF R. Word watch:trump the master of metaphors[J].Hartford courant,2017(25).

NOONAN P. Melania's Misstep and Michelle's Mystery:the current first lady joins the White House chaos,while her predecessor answers an old question[EB/OL].(2018-09-15)[2021-09-18]. https://www.wsj.com/articles/melanias-misstep-and-michelles-mystery-1542327167.

BERNSTEIN B. Class,codes and control:applied studies towards a sociology of language[M]. London:Psychology Press,2003.

SHUGERMAN E. Trump speaks at level of 8-year-old,newanalysis finds[EB/OL].(2018-01-09)[2021-09-20]. https://www.independent.co.uk/news/world/americas/us-politics/trump-language-level-speaking-skills-age-eight-year-old-vocabulary-analysis-a8149926.html.

SCOTT E.Trump believes in God,but hasn't sought forgiveness[J].CNN politics,2015(7):18.

WEIGEL D. In Michigan,Trump attacks China,critiques auto bailout,and judges Bernie Sanders "weak"[N].The Washington Post,2015-08-22.

FISCHER R. Casting notes:Donald Trump cameos in Wall Street 2; Jeremy Piven and Kate Walsh go to Canada[EB/OL].(2009-09-30)[2020-09-18]. https://www.slashfilm.com/casting-notes-donald-trump-cameos-in-wall-street-2-jeremy-piven-and-kate-walsh-go-to-canada/.

LAFRANCE A. Three decades of Donald Trump film and TV cameos[J]. The atlantic,2015.

YINGBIAO Z,WENHUI T,ZAILAN W,et al.Parallel analysis of ecological integrity and regional eco-modernization—a case study for Tibet[J].Ecology and environmental ences,2010.

HANDEL J.How did Donald Trump get a ＄110 K SAG pension?［J］.The Hollywood reporter,2016(6):17.

NEWS B. China makes nice with ivanka and jared[J]. Business week,2016(4511):27-27.

SNELLINGS A.Punk politics:the evolution of a rebellion[D].California: California State University,2017.

BEACHAM W. Understanding Trump[J].ICIS chemical business,2016.

LUHRMANN T.The paradox of Donald Trump's appeal[J].Sapiens,2016,29.

EASTERLIN N. A biocultural approach to literary theory and interpretation[M].Baltimore: JHU Press,2012.

SAVELLE-ROCKLIN N. Food for thought: perspectives on eating disorders[M].Washington: Rowman & Littlefield,2016.

FREUD S.The future of an illusion[M].Peterborough: Broadview Press,2012.

王江伟.幸福:修辞抑或正义——解读《高尔吉亚篇》[J].道德与文明,2013(3):121-127.

LEAVER B. Source:Guardian,is Donald Trump a rhetorical genius[EB/OL].(2019-04-10)[2020-09-09].https://www.theguardian.com.

IGOR B. Status[EB/OL].(2016-01-25)[2022-10-12].https://twitter.com/igorbobic/691778232664887296.

ALEMANY J.Confident Trump unloads on "stupid" GOP rivals in New Hampshire[EB/OL].(2015-08-15)[2022-10-12].https://www.cbsnews.com/news/election-2016-confident-trump-unloads-on-stupid-gop-rivals-in-new-hampshire.

TRUMP D J[Z/OL].(2015-05-30)[2022-10-12].https://twitter.com/realdonaldtrump/status/604838076586856448.

TANI M. Donald Trump confronts debate moderator:"very few people listen to your radio show"［EB/OL］.(2016-02-03)[2022-02-25]. https://www.businessinsider.com/donald-trump-hugh-hewitt-ratings-debate.

CAMPBELL C. "Try getting it out": Trump berates "naive" reporter during interview[EB/OL].(2015-06-08)[2020-07-09].https://www.businessinsider.com/trump-nbc-interview-immigration-comments.

ROMM J J. Language intelligence: lessons on persuasion from Jesus, Shakespeare, Lincoln, and Lady Gaga[M]. Scotts Valley: CreateSpace, 2012.

TRUMP D J[EB/OL].(2011-01-05)[2020-11-06].https://twitter.com/realDonaldTrump/status/265895292191248385?ref_src=twsrc％5Etfw％7Ctwcamp％5Etweetembed％7Ctwterm％5E265895292191248385 &ref_url=https％3A％2F％2Fthinkprogress.org％2Fdonald-trump-may-sound-like-a-clown-but-he-is-a-rhetoric-pro-like-cicero-ac40fd1cda79％2F.

HOSH K A. Washington post: Trump golf club in Loudoun removes hundreds of trees near river[EB/OL].(2010-08-12)[2020-08-13].http://www.washingtonpost.com/wp-dyn/content/article/AR2010081206471.html?tid=a_inl_manual.

VIGIL P, COUNTWAY P, ROSE J, et al. Rapid shifts in dominant taxa among microbial eukaryotes in estuarine ecosystems[J]. Aquatic microbial ecology, 2009, 54(1): 83-100.

ALVAREZ-RIVERA L L. An inquiry into the impact of suspect race on police use of tasers[J]. Policing: an international journal of police strategies & management, 1997.

亚里士多德.亚里士多德全集(1—10):第九卷[M].苗力田,译.北京:中国人民大学出版社,1992.

DIONNE JR E J. The Washington Post: Trump's grip on power depends on splitting the nation in two[EB/OL].(2018-10-22)[2022-04-10].https://www.washingtonpost.com/opinions/trumps-grip-on-power-depends-on-splitting-the-nation-intwo/2018/10/28/c7ba9bca-d958-11e8-aeb7-ddcad4a0a54e_story.html?utm_term=.c830e29eff5e.

KITAMURA P. Book review: Trump[J]. The art of the deal, 1988, 29(2): 110-111.

PILYARCHUK K, ONYSKO A. Conceptual metaphors in Donald Trump's political speeches: framing his popics and (self-)constructing his persona.[J]. Colloquium: new philologies, 2018: 98-156.

PINCHIN K. Insects,floods and"the snake":what Trump's use of metaphors reveals[EB/OL].(2019-10-01)[2022-06-11]. https://www.pbs.org/wgbh/frontline/article/insects-floods-and-the-snake-what-trumps-use-of-metaphors-reveals/.

WEISS M. When Donald Trump was more Anti-NATO than Vladimir Putin [N].The Daily Beast,2016-11-04.

KURTZLEBEN D.Trump embraces one of Russia's favorite propaganda tactics—whataboutism[J].NPR,2017,17:2017.

沈国麟.控制沟通:美国政府的媒体宣传[M].上海:上海人民出版社,2007.

马莎.美国总统与新闻界[J].媒体时代,2011(5):72-74.

哈伯斯塔姆.媒介与权势[M].尹向泽,译.北京:国际文化出版公司,2006.

旁观者.中央情报局与媒体的50个事实[DB/OL].(2018-06-03)[2022-11-12].http://m.kdnet.net/share-13312744.html.

DAVIS D. Katharine the great : Katharine graham and her Washington Post empire[J].Sheridan square press,1991.

DEFLEUR M,DENNIS E. Understanding mass communication[M]. Boston:Houghton Mifflin Company,1994.

LAWRENCE R G. Book review:Trump and the media[J].Journalism & mass communication quarterly,2018.

BLANKENSHIP C M. President, wrestler, spectacle:an examination of Donald Trump's firing tweets and the celebrity appresident as response to Trump's media landscape[J]. Journal of communication inquiry,2019.

JASON K. Van Jones on Trump:he became president of the United States in that moment[EB/OL].(2017-03-01)[2020-10-08]. https://edition.cnn.com/2017/03/01/politics/van-jones-trump-congress-speech-became-the-president-in-that-moment-cnntv/index.html.

KIRBY J,NELSON L.The "winners" of Trump's fake news awards,annotated [EB/OL].(2018-01-17)[2020-01-18].https://www.vox.com/2018/1/17/16871430/trumps-fakenews-awards-annotated.

张经义.白宫义见[M].台北:先觉出版社,2019.

LAKOFF G. Understanding Trump[J]. George lakoff,2016,19.

LUHRMANN T. The paradox of Donald Trump's appeal[J]. Sapiens,2016,29.

SCHAFFNER B F, MACWILLIAMS M, NTETA T. Understanding white polarization in the 2016 vote for president: the sobering role of racism and sexism[J]. Political science quarterly, 2018, 133(1): 9-34.

LOPEZ G. Study: racism and sexism predict support for Trump much more than economic dissatisfaction[J]. Vox, 2017(1).

MAJOR B, BLODORN A, MAJOR BLASCOVICH G. The threat of increasing diversity: why many White Americans support Trump in the 2016 presidential election[J]. Group processes & intergroup relations, 2018, 21(6): 931-940.

LUTTING M D, FEDERICO C M, LAVINE H. Supporters and opponents of Donald Trump respond differently to racial cues: an experimental analysis[J]. Research & politics, 2017, 4(4).

POSNER S, NEIWERT D. How Trump took hate groups mainstream[J]. Mother jones, 2016, 14.

PETER B. Popular culture in early modern Europe[M]. New York: Harper&Row, 1978.

BAKHTIN M. Rabelais and his world[M]. Bloomington: Indiana University Press, 1984.

BLOK A. Honour and violence[M]. Cambridge: Polity, 2001.

STALLYBRASS P, WHITE A. The politics and poetics of transgression[J]. A reader in the anthropology of religion, 2002: 275-287.

IRVINE J T. Leaky registers and eight-hundred-pound gorillas[J]. Anthropological quarterly, 2011, 84(1): 15-39.

FLEMING L, LEMPERT M. Introduction: beyond bad words[J]. Anthropological quarterly, 2011, 84(1): 5-13.

GOLDSTEIN D M. Laughter out of place: race, class, violence, and sexuality in a Rio shantytown[M]. Oakland: University of California Press, 2013.

GOFFMAN E. Encounters: two studies in the sociology of interaction[M]. Dublin: Ravenio Books, 1961.

GOLDSTEIN D M. Laughter out of place: race, class, violence, and sexuality in a Rio shantytown[M]. Oakland: University of California Press, 2013.

SCHEPER-HUGHES N. Death without weeping: the violence of everyday life in Brazil[M]. California: University of California Press, 1992.

GARDNER D B. Election 2016: where are we with the affordable care act?[J]. Nursing economics, 2016, 34(5): 251.

TRUMP D J, SCHWARTZ T. Trump: the art of the deal[M]. New York: Ballantine Books, 2009.

ERNST N, ENGESSER S, BÜCHEL F, et al. Extreme parties and populism: an analysis of Facebook and Twitter across six countries[J]. Information, communication & society, 2017, 20(9): 1347-1364.

JAGERS J, WALGRAVE S. Populism as political communication style[J]. European journal of political research, 2007, 46(3): 319-345.

ENLI G. Twitter as arena for the authentic outsider: exploring the social media campaigns of Trump and Clinton in the 2016 US presidential election[J]. European journal of communication, 2017, 32(1): 50-61.

WILLIAMS C B. Introduction: social media, political marketing and the 2016 US election[J]. Journal of political marketing, 2017.

RIVERS D J, ROSS A S. Authority (de) legitimation in the border wall Twitter discourse of president Trump[J]. Journal of language and politics, 2020.

ORESKES M. Trump gives a vague hint of candidacy[N]. The New York Times, 1987-09-02(3).

BUTTERFIELD F. Trump urged to head gala of democrats[N]. The New York Times, 1987-11-18(1).

KRANISH M, FISHER M. Trump revealed: the definitive biography of the 45th president[M]. New York: Simon and Schuster, 2017.

LINDA C. What I saw of the revolution: reflections of a corporate environmental manager in the 1990s BC coastal forest industry[J]. The forestry chronicle, 2000, 76(2): 263-274.

MACASKILL E. Donald Trump bows out of 2012 US presidential election race[J]. The Guardian, 2011, 16.

TRUMP D. Being politically correct takes too much time. We have too much to get done[EB/OL]. (2016-01-28)[2020-08-07]. https://twitter.com/realdonaldtrump/status/692735015428431872.

张琦. 美国社会中"政治正确"现象的发展及其最新演变[J]. 国际论坛, 2018, 20(3): 69-75.

邢悦.美国的"政治正确"及其社会影响[EB/OL].(2019-04-15)[2020-07-05].https://mp.weixin.qq.com/s/sSnMeo2plZNiG449VIun8w.

兴国论坛.为什么白左痴迷政治正确[EB/OL].(2019-09-27)[2020-08-05].http://www.sohu.com/a/344910641_656012.

张昆鹏.特朗普"美国优先"政策的深层动因及对华影响[J].和平与发展,2017(6):45-59.

TRIPODI F. Searching for alternative facts[J]. Data & society research institute, 2018.

DENNIS P. The left ruins everything[EB/OL].(2019-03-25)[2020-06-25].https://www.prageru.com/video/the-left-ruins-everything.

NORTON M I, SOMMERD S R. Whites see racism as a zero-sum game that they are now losing[J].Perspectives on psychological science, 2011, 6(3): 215-218.

GOODE D, ALLEN V M, BARROE P A. Reduction of experimental salmonella and campylobacter contamination of chicken skin by application of lytic bacteriophages[J]. Applied and environmental microbiology, 2003, 69(8): 5032.

MATTHEW Y. The hack gap: how and why conservative nonsense dominates American politics: republicans have a huge strategic advantage in shaping the news[EB/OL].(2018-10-23)[2020-06-05]. https://www.vox.com/2018/10/23/18004478/hack-gap-explained.

MCLEOD J M, DAILY K, GUO Z, et al. Community integration, local media use, and democratic processes[J]. Communication research, 1996, 23(2): 179-209.

WANTA W, FOOTE J. The president-news media relationship: a time series analysis of agenda-setting[J]. Journal of broadcasting & electronic media, 1994, 38(4): 437-448.

GROSHEK J, AL-RAWI A. Public sentiment and critical framing in social media content during the 2012 US presidential campaign[J]. Social science computer review,2013,31(5):563-576.

VARGO C J, GUO L, AMAZEEN M A. The agenda-setting power of fake news: a big data analysis of the online media landscape from 2014 to 2016[J]. New media & society,2018,20(5):2028-2049.

史安斌,邱伟怡.美国电视新闻业的复苏与隐忧[J].青年记者,2017(7):85-87.

WANTA W, FOOTE J. The president-news media relationship: a time series analysis of agenda-setting[J]. Journal of broadcasting & electronic media,1994,38(4):437-448.

VARGO C J,GUO L,AMAZEEN M A. The agenda-setting power of fake news:a big data analysis of the online media landscape from 2014 to 2016.2018,20(5):2028-2049.

布若威.制造同意:垄断资本主义劳动过程的变迁[M].北京:商务印书馆,2008.

高鹏.从量子到宇宙:颠覆人类认知的科学之旅[M].北京:清华大学出版社,2018.

SPICER S. The briefing:politics,the press,and the president[M]. New York:Simon and Schuster,2018.

BONDARENKO V.Trump keeps saying "enemy of the people"—but the phrase has a very ugly history[J].Business insider,2017.

BUMP P. Trump makes it explicit:negative coverage of him is fake coverage[J]. The Washington Post,2018.

TRAN D. The law of attribution:rules for attribution the source of a cyber-attack[J]. Yale journal of law & technology,2019(8).

MORINI M. Lessons from Trump's political communication[M]. Berlin:Springer,2020:49-66.

李勇,李司坤,等.特朗普与媒体大战进入高潮 美媒体人称要"穿燕尾服去领奖"[N].环球时报,2018-01-19(2).

HEMSLEY J. Followers retweet! The influence of middle-level gatekeepers on the spread of political information on Twitter[J]. Policy & internet,2019,11(3):280-304.

GARBER M. Donald Trump gets a comedy central series[J].The atlantic retrieved,2017(8).

MCCANN,ALLISON. Hip-Hop is turning on Donald Trump[N]. Five thirty eight,2016-07-14(1).

KOFFLER J. Donald Trump's 16 biggest business failures and successes[J]. Time,2015-08-07(1).

GRYNBAUM M,PARKER A. Donald Trump the political showman,born on "the apprentice"[N]. The New York Times,2016-07-16.

TRUMP D J,SCHWARTZ T. Trump:the art of the deal[M].New York:Ballantine Books,2009.

SRNICEK N.Platform capitalism[M].Malden:Polity Press,2017.

TAGUIEFF P A.L'illusion populiste,De l'archaïque au médiatique[M].Paris:Berg International,2002.

海涅.论德国宗教和哲学的历史[M].海安,译.北京:商务印书馆,1974:100.

林红.民粹主义——概念、理论与实证[M].北京:中央编译出版社,2007:94.

LONESCU G,ERNEST G.Populism:its meaning and national characteristics[M].New York:Macmillan,1969.

ALBERTAZZI D,McDonnell D.Twenty-first century populism:the spectre of Western European democracy[M].Berlin:Springer,2007.

WILLIAMS R.Marxism and Literature[M].Oxford:Oxford University Press,1977.

LACLAU E.On populist reason[M].London:Verso,2005.

TAGUIEFF P A.L'illusion populiste:de l'archaïque au médiatique[M].Paris:Editeurs Berg International,2002.

BETZ H G,JOHNSON C.Against the current-stemming the tide:the nostalgic ideology of the contemporary radical populist right[J].Journal of political ideologies,2004,9(3):311-27.

BAUMAN Z.Community-seeking safety in an insecure world[M].Cambridge:Polity,2001.

TAGGART P.Populism[M].Buckingham:Open University Press,2000.

PANIZZA F.Populism and the mirror of democracy[M].London:Verso,2005.

CANOVAN M.Trust the people! Populism and the two faces of democracy[J].Political studies,1999,47(1):2-16.

CRICK B.Populism,politics and democracy[J].Democratization,2005,12(5):625-632.

MUDDE C.The populist zeitgeist[J].Government and opposition,2004,39(4):541-563.

MASTROPAOLO A.La mucca pazza della democrazia[M].Torino:Bollati Boringhieri,2005.

BLANKENSHIP C.President,wrestler,spectacle:an examination of Donald Trump's firing tweets and the celebrity appresident as response to Trump's media landscape[J].Journal of communication inquiry,2020,44(2):117-138.

LINCOLN A.The gettysburg address[M].London：Penguin UK,2009.

CANOVAN M.Populism[M].New York：Harcourt Brace Jovanovich,1981.

MUDDE C.The populist zeitgeist[J].Government and opposition,2004,39(4)：541-563.

马衍阳.《想象的共同体》中的"民族"与"民族主义"评析[J].世界民族,2005(3)：70-76.

TARCHI M.L'Italia populista,Dal Qualunquismo ai Girotondi[M].Bologna：Il Mulino,2003.

CANOVAN M.Populism[M].New York：Harcourt Brace Jovanovich,1981.

THOMAS D.The poems of dylan thomas[M].New York：New Directions Publishing,2003.

WILES P.A syndrome,not a doctrine：some elementary theses on populism[J].Populism：its meanings and national characteristics,1969(3)：166-179.

STOKER G.Why politics matters：making democracy work[M].Basingstoke：Palgrave Macmillan,2006.

KRIESI H.The populist challenge[J].West European Politics,2014,37(2)：361-378.

MUDDE C,KALTWASSER C R.Populism.The Oxford handbook of political ideologies[G].Oxford：Oxford University Press,2013：493-512.

ABTS K,RUMMENS S.Populism versus democracy[J].Political studies,2007,55(2)：405-424.

MUDDE C.The populist zeitgeist[J].Government and opposition,2004,39(4)：542-563.

CANOVAN M.Trust the people！Populism and the two faces of democracy[J].Political studies,1999,47(1)：2-16.

ARDITI B.Populism as a spectre of democracy：a response to canovan[J].Political studies,2004,52(1)：135-143.

CRICK B.Populism,politics and democracy[J].Democratization,2005,12(5)：625-632.

TAGGART P.Populism and representative politics in contemporary Europe[J].Journal of political ideologies,20049(3)：269-288.

MENY Y,SUREL Y.The constitutive ambiguity of populism[M]// MÉNY Y,

SUREL Y. Democracies and the populist challenge. London: Macmillan, 2002.

HAWKINS K A. Is Chávez populist? Measuring populist discourse in comparative perspective[J]. Comparative political studies, 2009, 42(8): 1040-1067.

ROODUJIN M, AKKERMAN T. Flank attacks: populism and left-right radicalism in Western Europe[J]. Party politics, 2015, 23(3): 193-204.

JAGERS J, WALGRAVE S. Populism as political communication style: an empirical study of political parties' discourse in Belgium[J]. European journal of political research, 2007, 46(3): 319-345.

BOS L, VAN DER BRUG W, DE VREESE C. How the media shape perceptions of right-wing populist leaders[J]. Political communication, 2011, 28(2): 182-206.

CRANMER M. Populist communication and publicity: an empirical study of contextual differences in Switzerland[J]. Swiss political science review, 2011, 17(3): 286-307.

KLINGER U, SVENSSON J. The emergence of network media logic in political communication: a theoretical approach[J]. New media & society, 2015, 17(8): 1241-1257.

BENNETT W L, SEGERBERG A. The logic of connective action: digital media and the personalization of contentious politics[J]. Information, communication & society, 2012, 15(5): 739-768.

KRIESI H. The populist challenge[J]. West European politics, 2014, 37(2): 361-378

MUDDE C. The populist zeitgeist[J]. Government and opposition, 2004, 39(4): 542-563.

TAOOART P. Populism and representative politics in contemporary Europe[J]. Journal of political ideologies, 2004, 9(3): 269-288.

ENGESSER S, ERNST N, ESSER F, et al. Populism and social media: how politicians spread a fragmented ideology[J]. Information, communication & society, 2016: 1-18.

BENNETT W L, SEGERBERG A. The logic of connective action: digital media and the personalization of contentious politics[J]. Information, communication & society, 2012, 15(5): 739-768.

BLANKENSHIP C. President, wrestler, spectacle: an examination of Donald

Trump's firing tweets and the celebrity appresident as response to Trump's media landscape[J].Journal of communication inquiry,2020,44(2):117-138.

张经义.白宫义见[M].台湾:先觉出版社,2019-04:113.

戴伊,齐格勒,舒伯特.民主的反讽——美国精英政治是如何运作的[M].林朝晖,译.北京:新华出版社,2016:72.

王沪宁.美国反对美国[M].上海:上海文艺出版社,1991:158

张雷.经济和传媒联姻:西方注意力经济学派及其理论贡献[J].当代传播,2008(1):24-27.

潘红玲.注意力经济[J].企业管理,2000(11):53-54.

哈伯斯塔姆.媒介与权势:谁掌管美国(上下卷)[M].尹向泽,等译.北京:国际文化出版公司,2006:8.

观察者网转.金融时报:特朗普喷得越狠 美国主流媒体卖得越好[EB/OL].(2017-02-19)[2020-08-09].http://www.guancha.cn/global-news/2017_02_19_394988.shtml.

盛希贵,贺敬杰.宣传话语的视觉"祛魅":新媒体环境下网民对政治类新闻图片的再解读[J].国际新闻界,2014,36(7):38-51.

马尔库塞.单向度的人:发达工业社会意识形态研究[M].上海:上海译文出版社,2006.

奚立明,孔爱.掌握舆论话语权,赢得引导主动权——浅析网络媒体与话语权[J].传媒评论,2009(5):72-74.

尼采.权力意志[M].吴崇庆,译.北京:台海出版社,2016.

辛斌.福柯的权力论与批评性语篇分析[J].外语学刊,2006(2):1-6.

奥威尔.一九八四[M].王勋,纪飞,译.北京:清华大学出版社,2010.

陶然.从话语分析到权力分析——论福柯《话语的秩序》[J].青年文学家,2011(10):145-146.

郭亚丹.自媒体对我国主流意识形态话语权的影响研究[D].郑州:郑州大学,2019.

李普曼.舆论学[M].林珊,译.北京:华夏出版社,1989.

COHEN B C.The press and foreign policy[M].Princeton:Princeton University Press,1963:13.

MCCOMBS M E,SHAW D L. The agenda-setting function of mass media[J]. Public opinion quarterly,1972,36(2):176-187.

LAZARSFELD P F,BERELSON B R,GAUDET H. The people's choice:how the voter makes up his mind in a presidential campaign[M].New York:Columbia University Press,1948.

NAPOLI P M. Audience evolution:new technologies and the transformation of media audiences[M].New York:Columbia University Press,2011.

史安斌.细分网站:互联网发展新突破口[J].人民论坛,2016(19):24-27.

史安斌,王沛.议程设置理论与研究50年:溯源·演进·前景[J].新闻与传播研究,2017(10):13-28,127.

张焱,戴楷然,支宇珩,等.媒体对公共政策过程影响研究综述:"传统媒体"框架的失灵与"社交媒体"框架的缺失[J].西华大学学报(哲学社会科学版),2018(5):102-108.

谷月娟.后媒介时代的公共领域研究[D].北京:北京邮电大学,2006.

波兹曼.娱乐至死[M].章艳,译.北京:中信出版社,2015.

简书.令人胆寒的"熵增"定律[EB/OL].(2019-03-27)[2020-08-01]. https://www.jianshu.com/p/6e034a9cdbaa.

沈小峰,湛垦华.耗散结构理论和自然辩证法[J].自然辩证法通讯,1980(2):37-43.

霍金凯.无序的科学[M].王芷,译.长沙:湖南科学技术出版社,2007.

哈伯斯塔姆.媒介与权势:谁掌管美国(上下卷)[M].尹向泽,等译.长沙:湖南科学技术出版社,2007.

TRIPODI F. Searching for alternative facts:analyzing scriptural inference in conservative news practices[R/OL].(2018-05-16)[2020-08-09]. https://datasociety.net/wp-content/uploads/2018/05/Data_Society_Searching-for-Alternative-Facts.pdf.

CRAWFORD K,TARLETON G. What is a flag for? Social media reporting tools and the vocabulary of complaint[J].New media & society,2016(18):410-428.

CHARMAZ K. Constructing grounded theory[M].London:SAGE Publications Ltd,2014.

GILLESPIE T. The politics of platforms[J].New media & society,2010(12):342-367.

NOBLE S U. Algorithms of oppression:how search engines reinforce racism[M].New York:New York University Press,2018.

ALLCOTT H,GENTZKOW M. Social media and fake news in the 2016 election

[J]. Journal of economic perspectives,2017,31(2):211-235.

MCINTYRE L. Post-truth[M]. Boston:MIT Press,2018.

BURKE G,MENDOZA M. Toddlers separated from parents at the border are being detained in "tender age"shelters[N]. Time,2018-06-20.

COLVIN J. President Trump's family separation policy is dividing republicans[N]. Time,2018-06-18.

图书在版编目(CIP)数据

媒介权力与总统操纵的变奏:特朗普与主流媒体的博弈/张焱著.--北京:中国传媒大学出版社,2024.1
ISBN 978-7-5657-3099-3

Ⅰ.①媒… Ⅱ.①张… Ⅲ.①传播学—政治经济学—研究—美国 Ⅳ.①G206②F0

中国国家版本馆CIP数据核字(2023)第168587号

媒介权力与总统操纵的变奏——特朗普与主流媒体的博弈
MEIJIE QUANLI YU ZONGTONG CAOZONG DE BIANZOU——TELANGPU YU ZHULIU MEITI DE BOYI

著 者	张 焱
策划编辑	裴向敏
责任编辑	裴向敏
封面设计	风得信设计・阿东
责任印制	李志鹏
出版发行	中国传媒大學出版社
社 址	北京市朝阳区定福庄东街1号 邮 编 100024
电 话	86-10-65450528 65450532 传 真 65779405
网 址	http://cucp.cuc.edu.cn
经 销	全国新华书店
印 刷	唐山玺诚印务有限公司
开 本	787mm×1092mm 1/16
印 张	11.5
字 数	224 千字
版 次	2024年1月第1版
印 次	2024年1月第1次印刷
书 号	ISBN 978-7-5657-3099-3/G・3099 定 价 59.00元

本社法律顾问:北京嘉润律师事务所 郭建平